O LIVRO DO
VIVER E DO MORRER

Osho

O LIVRO DO
VIVER E DO MORRER

Celebre a Vida e Também a Morte

Tradução
DENISE DE C. ROCHA DELELA

Editora Cultrix
SÃO PAULO

Título do original: *The Book of Living and Dying*.

Copyright © 2002 Osho International Foundation, Suíça. Www.osho.com.

Copyright da edição brasileira © 2006 Editora Pensamento-Cultrix Ltda.

1ª edição 2006.
7ª reimpressão 2018.

Todos os direitos reservados. Nenhuma parte deste livro pode ser reproduzida ou usada de qualquer forma ou por qualquer meio, eletrônico ou mecânico, inclusive fotocópias, gravações ou sistema de armazenamento em banco de dados, sem permissão por escrito exceto nos casos de trechos curtos citados em resenhas críticas ou artigos de revistas.

Texto criado a partir de excertos selecionados dos arquivos dos trabalhos originais do autor.

OSHO é uma marca registrada da Osho International Foundation, usada com a devida permissão e licença.

Quaisquer fotos, imagens ou arte final de Osho, pertencentes à Osho Foundation ou vinculadas a ela por copyright e fornecidas aos editores pela OIF, devem conter uma permissão explícita da Osho Foundation para seu uso.

A Editora Cultrix não se responsabiliza por eventuais mudanças ocorridas nos endereços convencionais ou eletrônicos citados neste livro.

Dados Internacionais de Catalogação na Publicação (CIP)
(Câmara Brasileira do Livro, SP, Brasil)

Osho, 1931-1990.
 O livro do viver e do morrer : celebre a vida e também a morte / Osho ; tradução Denise de C. Rocha Delela. -- São Paulo : Cultrix, 2006.

 Título original : The book of living and dying
 ISBN 978-85-316-0942-8

 1. Morte 2. Osho, 1931-1990 - Ensinamentos 3. Vida I. Título.

06-4445   CDD-299.93

Índices para catálogo sistemático:
1. Vida e morte : Osho : Ensinamentos : Religiões de natureza universal 299.93

Direitos de tradução para o Brasil adquiridos com exclusividade pela
EDITORA PENSAMENTO-CULTRIX LTDA.
Rua Dr. Mário Vicente, 368 – 04270-000 – São Paulo, SP
Fone: (11) 2066-9000 – Fax: (11) 2066-9008
E-mail: atendimento@editoracultrix.com.br
http://www.editoracultrix.com.br
que se reserva a propriedade literária desta tradução.
Foi feito o depósito legal.

Sumário

Introdução 7

Parte Um
Enfrente o Último Tabu
1. Em Busca da Imortalidade 11
2. Advertência: O Problema da Crença 18
3. As Várias Faces da Morte 27
4. Oriente e Ocidente, Morte e Sexo 35
5. Questões Não-resolvidas 43
6. Respostas a Perguntas 54

Parte Dois
Jornada Desconhecida: Compreenda e Enfrente os seus Medos
1. Em Busca da Imortalidade 85
2. A Morte não é uma Inimiga, mas uma Amiga 90
3. A Coragem de Viver 104
4. Respostas a Perguntas 112

Parte Três
Marcos no Caminho
1. Mergulhando no Vazio 131
2. O Uso da Dor como uma Meditação 133
3. Respostas a Perguntas 135
4. Técnicas para Lidar com a Dor 161
5. Chaves para a Aceitação e a Transformação 168
   Meditação Nadabrahma 168
   Conclua as Coisas 169
   Aaaahhh! 172
   Desapareça 173

A Meditação do OM   174
Vida/Morte   176
A Experiência do Eu Além do Corpo   177
Meditação da Luz Azul   178
Flutuar, Desintegrar-se, Ficar no Estado de Aceitação do que é   179
Sentir como se Você Estivesse Morrendo   181
O Imortal   182
Meditação da Expiração   183
O Corpo Queimando   185
O Mundo Queimando   187

Parte Quatro
A Hora de Dizer Adeus: Idéias para Pessoas com Parentes ou Amigos à Beira da Morte
1. A Grande Revelação   189
2. Na Presença da Morte   192
3. Respostas a Perguntas   195

Epílogo
1. Um Floco de Neve se Desmanchando no Ar   229

INTRODUÇÃO

A vida se estende por um longo período — setenta, cem anos. A morte é intensa, porque ela não se estende; ela se concentra num único instante. A vida tem de se prolongar por setenta, cem anos; ela não pode ser tão intensa. A morte vem de uma vez só; vem inteira, não vem em partes. Ela será tão intensa que nada que você conhece a superará em intensidade. Mas, se ficar com medo, se antes da morte chegar você fugir, se ficar inconsciente por causa do medo, você perderá uma oportunidade de ouro, o portal dourado. Se durante toda a sua vida você aceitar as coisas, quando a morte vier, com paciência e passividade, você a aceitará também e irá ao encontro dela sem fazer nenhum esforço para fugir. Se você conseguir aceitar a morte passivamente, em silêncio, sem esforço, ela desaparece.

Nos *Upanishades* conta-se uma história antiga de que eu sempre gostei muito. Um grande rei chamado Yayati fez cem anos. Já era o suficiente; ela já vivera demais. Tinha aproveitado tudo o que a vida lhe dera. Fora um dos maiores reis de seu tempo. Mas a história é belíssima...

A morte chegou e disse a Yayati, "Prepare-se. Chegou a sua hora e eu vim buscá-lo". Diante da morte, Yayati, que fora um grande guerreiro e vencera muitas guerras, começou a tremer e disse, "Mas é cedo demais!" A morte então disse, "Cedo demais!? Você viveu cem anos! Até os seus filhos já estão velhos. O seu primogênito tem oitenta anos. O que mais você quer?"

Yayati tinha cem filhos, pois tivera cem esposas. Ele perguntou à morte, "Você pode me fazer um favor? Eu sei que você tem de levar alguém. Se eu conseguir convencer um dos meus filhos, você pode me deixar aqui por mais cem anos e levá-lo no meu lugar?" A morte respondeu, "Para mim não há problema algum se houver alguém preparado para ir. Mas eu não acho que haverá... Se você não está preparado, você que é o pai, já viveu mais e aproveitou tudo o que tinha para aproveitar, por que o seu filho estaria preparado?"

Yayati chamou os seus cem filhos. Os mais velhos permaneceram calados. Fez-se um grande silêncio, ninguém dizia nada. Só um, o filho mais novo, com dezesseis anos apenas, levantou-se e disse, "Eu estou preparado". Até a morte lamentou pelo menino e lhe disse, "Talvez você seja inocente demais. Não vê que os seus noventa e nove irmãos ficaram em absoluto silêncio? Um tem oitenta anos, o outro tem setenta e cinco, o outro tem setenta e oito, o outro tem setenta, o outro tem sessenta — eles já viveram, mas querem viver mais. E você ainda nem viveu. Até mesmo eu me entristeço por levar você. Pense melhor".

O rapaz respondeu, "Não, só de ver a situação já tenho certeza. Não se entristeça nem lamente; eu vou com absoluta consciência. Posso ver que, se o meu pai não se satisfez em cem anos, que sentido faz permanecer aqui? Como eu posso me sentir satisfeito? Estou vendo os meus noventa e nove irmãos; ninguém está satisfeito. Então para que perder tempo? Pelo menos eu posso fazer esse favor a meu pai. Na sua idade avançada, deixe-o aproveitar mais cem anos. Mas para mim acabou. Diante dessa situação em que ninguém está satisfeito, uma coisa ficou bem clara para mim: mesmo que eu viva cem anos, também não ficarei satisfeito. Portanto, que diferença faz partir hoje ou daqui a noventa anos? Pode me levar".

A morte levou o rapaz. Depois de cem anos ela voltou e Yayati teve a mesma atitude. Ele disse, "Esses cem anos passaram tão rápido! Todos os meus filhos morreram, mas eu tenho outros. Posso lhe dar um deles. Só tenha misericórdia de mim".

E essa situação continuou, conta a história, durante mil anos. Dez vezes a morte veio e nove vezes ela levou um dos filhos, deixando que Yayati vivesse mais cem anos. Na décima vez, Yayati disse, "Embora eu esteja tão insatisfeito quanto estava quando você veio pela primeira vez, agora, embora de má vontade, relutante, eu irei, pois não posso continuar a lhe pedir favores. Já chega. Uma coisa ficou clara para mim: se mil anos não me trouxeram contentamento, mais mil anos também não trarão".

Isso é apego. Você pode continuar vivendo, mas como a idéia da morte é chocante, você ficará apreensivo. Mas, se você não estiver apegado a nada, a morte pode vir neste exato momento e você a receberá de bom grado. Estará absolutamente preparado para partir. Diante de uma pessoa assim, a morte é derrotada. Ela só é derrotada por aqueles que estão prontos para morrer a qualquer momento, sem nenhuma relutância. São esses que se tornam imortais, que se tornam budas.

Essa liberdade é o objetivo de toda busca religiosa.
Libertar-se do apego é libertar-se da morte.
Libertar-se do apego é libertar-se da roda de nascimento e morte.
Libertar-se do apego torna você capaz de seguir para a luz universal e de se fundir a ela. E essa é a maior de todas as bênçãos, o êxtase absoluto, além do que nada mais existe. Você estará em casa.

PARTE UM

ENFRENTE O ÚLTIMO TABU

A morte não pode ser negada repetindo-se que ela não existe.
A morte terá de ser conhecida, terá de ser encontrada, terá de ser vivida.
Você terá de se familiarizar com ela.

1. EM BUSCA DA IMORTALIDADE

Deus não é, na verdade, o ponto central da inquirição religiosa — a morte é. Sem a morte, não haveria religião nenhuma. É a morte que faz o ser humano buscar e sondar o transcendental, a imortalidade.

A morte nos cerca como o oceano cerca uma pequena ilha. A ilha pode ser inundada a qualquer momento. O momento a seguir pode nunca acontecer, o amanhã pode nunca chegar. Os animais não são religiosos pelo simples fato de que não têm consciência da morte. Eles não podem se imaginar morrendo, embora vejam outros animais morrendo. Trata-se de um salto quântico ver outro ser morrendo e concluir: "Eu também vou morrer". Os animais não estão tão alertas, tão conscientes, a ponto de chegar a essa conclusão.

E a maioria dos seres humanos é também sub-humana. Um homem só é maduro quando ele chega a esta conclusão: "Se a morte acontece para todo mundo, eu não posso ser uma exceção". Depois que essa constatação cala fundo no seu coração, a sua vida pode nunca mais ser a mesma. Você não conseguirá continuar apegado à vida assim como antes. Se ela um dia será tirada de você, então para que ser tão possessivo? Se ela vai acabar um dia, então para que se apegar e sofrer? Se a vida não vai durar para sempre, então por que ficar infeliz, angustiado, preocupado desse jeito? Se ela está escoando a cada dia que passa, não importa quando ela vai acabar. Então o tempo não tem importância — hoje, amanhã, depois de amanhã, a vida vai escorrer pelos vãos dos nossos dedos.

No dia em que você tomar consciência de que vai morrer, de que a sua morte é uma certeza absoluta... na verdade, a única certeza da vida é a morte. Nada mais é tão absolutamente certo. Mas, de um jeito ou de outro, nós continuamos a evitar essa questão, a questão da morte. Continuamos nos ocupando de outros assuntos. Às vezes falamos de coisas grandiosas — Deus, o céu e o inferno — só para evitar a *verdadeira* questão. A verdadeira questão não é Deus, não pode ser, pois que familiaridade temos com Deus? O que sabemos de Deus? Como podemos investigar algo que é absolutamente desconhecido para nós? Será uma investigação vazia. Será no máximo curiosidade, algo imaturo, infantil, tolo.

As pessoas tolas perguntam sobre Deus, as pessoas inteligentes perguntam sobre a morte. As pessoas que vivem perguntando sobre Deus nunca o encontrarão, mas a pessoa que pergunta sobre a morte com certeza encontrará Deus, pois é a morte que transforma você, que muda a sua visão das coisas. A sua consciência é talhada, pois você levantou uma questão verdadeira, autêntica, a questão mais importante da vida. Você criou um desafio tão grande que não pode mais continuar adormecido; você terá de acordar, terá de ficar suficientemente alerta para se deparar com a realidade da morte.

Foi assim que se iniciou a busca de Gautama Buda:

No dia em que Buda nasceu... Ele era filho de um grande rei, o filho único, que nasceu quando o rei já estava muito velho; daí haver uma grande comemoração em todo o reino. As pessoas já esperavam há muito tempo. O rei era muito amado pelo povo; ele o servira, fora bondoso e compassivo, muito amoroso e solidário. Ele fizera do reino um dos mais ricos e admirados daqueles dias.

As pessoas rezavam para que o rei pudesse ter um filho, pois ele não tinha herdeiros. E, então, Buda nasceu quando o rei já estava numa idade avançada e seu nascimento já nem era esperado. Houve grande celebração, grande alegria! Todos os astrólogos do reino se reuniram para fazer previsões sobre Buda. Seu nome era Sidarta e o rei lhe dera esse nome porque significava "satisfação, preenchimento". O rei estava realizado, o seu desejo fora satisfeito, seu maior anseio fora preenchido; ele desejara um filho durante toda a sua vida; daí o nome Sidarta, que significa simplesmente satisfação do desejo mais profundo.

Esse filho fez com que a vida do rei ganhasse mais sentido, mais significado. Os grandes astrólogos fizeram previsões. Todos eles concordavam entre si, com exceção de um jovem astrólogo. O nome dele era Kodanna. O rei perguntou, "O que acontecerá na vida do meu filho?" E todos os astrólogos levantaram dois dedos, exceto Kodanna, que só levantou um.

O rei pediu então, "Por favor, não falem por meio de símbolos. Eu sou um homem simples, não sei nada sobre astrologia. Digam-me, o que vocês querem dizer com dois dedos?"

E todos eles responderam, "Ou ele será um *chakravartin* — um governante do mundo — ou renunciará ao mundo e se tornará um buda, uma pessoa iluminada. Essas duas alternativas existem, por isso levantamos dois dedos".

O rei ficou preocupado com a segunda alternativa, que seu filho renunciaria ao mundo. "Então outra vez o problema surgirá, quem herdará o meu reino?" E então ele perguntou a Kodanna, "Por que você só levantou um dedo?"

Kodanna respondeu, "Estou absolutamente certo de que ele renunciará ao mundo e se tornará um buda, um iluminado, um desperto".

O rei não ficou nada satisfeito com Kodanna. A verdade é muito difícil de aceitar. Ele ignorou Kodanna, que não foi nem sequer recompensado, pois a verdade não é recompensada neste mundo. Pelo contrário, a verdade é punida de mil e uma formas. Na verdade, o prestígio de Kodanna diminuiu depois desse dia. Pelo fato de não ter sido recompensado pelo rei, espalharam-se os boatos de que ele era um tolo. Quando todos os astrólogos concordavam entre si, ele fora o único a discordar.

O rei perguntou aos outros astrólogos, "Que sugestão vocês me dão? O que devo fazer para que ele não renuncie ao mundo? Eu não quero que ele seja um mendigo, não gostaria de vê-lo se tornar um monge, um *saniasin*. Eu gostaria que ele se tornasse um *chakravartin*, um governante de todos os seis continentes". Essa é a vontade de todos os pais. Quem gostaria que seu filho ou filha renunciasse ao mundo, fosse para as montanhas e mergulhasse em seu mundo interior, em busca do seu próprio eu?

Os nossos desejos estão voltados para as coisas externas. O rei era uma pessoa comum, assim como todo mundo, com os mesmos desejos e as mesmas ambições. Os astrólogos disseram, "Isso pode ser arranjado. Propicie a ele todos os prazeres possíveis, faça com que viva cercado de todos os luxos e confortos humanamente possíveis. Não deixe que ele conheça a doença, a velhice e principalmente a morte. Não deixe que ele venha a saber sobre a morte e assim ele nunca renunciará".

Num certo sentido, eles estavam certos, pois a morte é a questão central. Depois que ela surge no seu coração, o seu estilo de vida fatalmente muda. Você não consegue continuar vivendo da maneira tola de sempre. Se esta vida vai acabar na morte, então ela não pode ser a verdadeira; então ela deve ser uma ilusão. A verdade precisa ser eterna para ser verdadeira; só as mentiras são momentâneas. Se a vida é momentânea, então ela deve ser uma ilusão, uma mentira, um equívoco, um mal-entendido; então a nossa idéia da vida deve estar enraizada na ignorância. Devemos estar vivendo-a de tal modo que um dia ela chega ao fim, mas podemos vivê-la de maneira diferente, de tal modo que possamos nos tornar parte do fluxo eterno da existência. Só a morte pode nos propiciar essa mudança radical.

Assim, os astrólogos sugeriram que não deixassem Sidarta saber nada a respeito da morte e o rei tomou todas as providências. Ele construiu três palácios para Sidarta em lugares diferentes, um para cada estação, de modo que ele nunca viesse a sentir os desconfortos das estações. Quando o tempo estava quente, ele poderia ir para um palácio num certo lugar das montanhas, onde o tempo sempre estaria fresco. Quando estava frio demais, ele poderia ir para outro lugar às margens de um rio, onde a temperatura estava sempre agradável. O rei tomou todas as providências para que o filho nunca sentisse nenhum desconforto.

Nenhuma pessoa idosa tinha permissão para entrar no palácio em que ele estava, apenas os jovens. Em torno de Sidarta o rei reuniu todas as belas jovens do reino, de modo que ele passasse os dias enfeitiçado, fascinado, perdido em sonhos e desejos. Um doce mundo de sonhos foi criado para ele. Os jardineiros tinham ordem de recolher à noite as folhas e flores envelhecidas e mortas, pois quem sabe se, ao ver uma folha morta, o príncipe não começasse a fazer perguntas sobre o que acontecera a essa folha e a questão da morte viria à baila. Diante de uma rosa murchando, com as pétalas caindo, ele poderia perguntar, "O que aconteceu com esta rosa?" E poderia começar a refletir e a meditar sobre a morte.

Mantiveram-no completamente alheio à morte durante vinte e nove anos. Mas por quanto tempo se pode evitar? A morte é um fenômeno importante demais. Por quanto tempo se pode enganar alguém? Mais cedo ou mais tarde Sidarta teria de conhecer o mundo. Nessa época o rei já estava bastante velho e o filho tinha de conhecer os caminhos deste mundo. Assim, aos poucos ele foi autorizado a sair, mas, sempre que passava por qualquer rua da capital, os idosos eram afastados, os mendigos eram afastados. Nenhum *saniasin* tinha permissão para cruzar com a carruagem do príncipe, pois, ao ver um *saniasin*, ele poderia perguntar, "Que tipo de homem é esse? Por que ele está vestindo uma túnica ocre? O que aconteceu a ele? Por que parece tão diferente? Tão desapegado? Tão distante? Os olhos dele são diferentes, a atmosfera em torno dele é diferente, sua presença tem um aspecto diferente. O que aconteceu a esse homem?" E então surgiria a questão da renúncia e, basicamente, a questão da morte... Mas um dia tinha de acontecer. Era inevitável.

Nós estamos todos fazendo a mesma coisa. Se alguém morre e o enterro está passando, a mãe empurra o filho para dentro de casa e fecha a porta.

Essa história é muito significativa, simbólica, típica. Nenhum pai quer que os filhos saibam sobre a morte, pois eles imediatamente começarão a fazer perguntas difíceis. É por isso que construímos os cemitérios fora da cidade, de modo que ninguém precise passar por lá. A morte é um fato central; os cemitérios deveriam ser bem no meio da cidade, de modo que todo mundo passasse por eles várias vezes por dia. Indo para o escritório, voltando para casa, indo para a escola, para a faculdade, voltando para casa, indo para a fábrica... de modo que a pessoa se lembrasse várias vezes da morte. Mas nós fazemos cemitérios fora da cidade e deixamos tudo ali muito bonito, com flores e árvores. Nós tentamos esconder a morte — principalmente no Ocidente, ela é um tabu. Assim como o sexo um dia foi tabu, agora a morte é um tabu.

A morte é o último tabu.

É preciso alguém como Sigmund Freud — alguém que possa trazer a morte de volta para este mundo, possa apresentar as pessoas ao fenômeno da morte.

Quando uma pessoa morre no Ocidente, o corpo dela é enfeitado, banhado, perfumado, maquiado. Agora existem profissionais que fazem todo esse trabalho. E, se vê uma pessoa morta, você fica surpreso. Ela parece muito mais viva do que jamais pareceu em vida! Maquiada, com as bochechas rosadas, o rosto brilhante; parece que está num sono profundo num lugar calmo e tranqüilo.

Estamos enganando a nós mesmos! Não estamos enganando à pessoa que morreu; ela não está mais ali. Não há ninguém ali, só um corpo morto, um cadáver. Mas estamos enganando a nós mesmos, maquiando o seu rosto, enfeitando o seu corpo, vestindo-lhe com belas roupas, carregando o seu corpo num carro luxuoso, com uma grande procissão atrás e muitos elogios para a pessoa que morreu. Ela nunca foi elogiada em vida, mas agora ninguém a critica, todo mundo a elogia.

Estamos tentando enganar a nós mesmos; estamos tornando a morte o mais bonita possível para que a questão não venha à baila. E continuamos a viver na ilusão de que é sempre o outro que morre — obviamente, você não verá a sua própria morte, você sempre verá os outros morrendo. É sempre o outro que morre, essa é uma conclusão lógica; então, por que se preocupar? Parece que você é alguém excepcional, Deus fez uma lei diferente para você.

Lembre-se, ninguém é exceção. Buda diz, *Aes Dhammo Sanantano* — uma só lei a tudo rege, uma lei eterna. O que quer que aconteça a uma formiga, acontecerá ao elefante também e, o que quer que aconteça ao mendigo, acontecerá ao imperador também. Pobre ou rico, ignorante ou culto, santo ou pecador, a lei não faz distinção — a lei é muito justa.

A morte é muito comunista — ela nivela as pessoas. Ela não repara em quem você é. Nunca olha nas páginas dos livros publicados, livros como *Who's Who*. Ela simplesmente não se incomoda em saber se você é um indigente ou Alexandre, o Grande.

Um dia, Sidarta *tinha* de tomar consciência e ele tomou. Ele ia participar de um festival para a juventude; ia inaugurá-lo. Esperava-se que o príncipe, evidentemente, oficializasse a abertura do festival anual para a juventude. Era um belo entardecer; os jovens do reino se reuniam para dançar, cantar e festejar durante a noite toda. Era o primeiro dia do ano e haveria uma noite inteira de celebração. E Sidarta estava a caminho para fazer a abertura do festival.

No caminho, ele encontrou o que o pai temia que ele um dia encontrasse; ele se deparou com certas coisas. Primeiro, ele viu um homem doente, a sua primeira experiência da doença. Ele perguntou, "O que aconteceu a esse homem?"

A história é muito bonita. Conta-se que o cocheiro estava prestes a mentir, mas uma alma desencarnada se apossou dele, forçando-o a falar a verdade. Ele teve de dizer, mesmo contra a vontade, "Este homem está doente".

E Buda imediatamente fez uma pergunta inteligente, "Então eu também posso ficar doente?"

O condutor da carruagem mais uma vez teve a intenção de mentir, mas a alma de um deus, uma alma iluminada, uma alma desencarnada, forçou-o a dizer, "Sim". O cocheiro ficou aturdido, pois ele queria ter dito "Não", mas dos seus lábios o que aflorou foi, "Sim, você também pode ficar doente".

Então Sidarta cruzou com um homem idoso — e o mesmo questionamento. Então ele cruzou com um cadáver sendo carregado para o crematório e a mesma pergunta... E, quando Buda viu o corpo e perguntou, "Eu também posso morrer um dia?", o cocheiro disse, "Sim, senhor, ninguém é exceção. Perdoe-me por dizer isso, mas ninguém é exceção — até mesmo o senhor vai morrer".

Buda disse, "Então volte para o palácio. Não há sentido em ir a um festival para a juventude. Eu já fiquei doente, já fiquei velho, já estou à beira da morte. Se um dia eu vou morrer, então para que toda essa bobagem? Viver e esperar pela morte. Antes que ela chegue, eu gostaria de conhecer algo que nunca morre. Agora eu devotarei a minha vida à busca de algo imortal. Se existe algo que seja imortal, então a única coisa que faz sentido na vida é sair em busca disso".

E, enquanto dizia isso, ele teve uma quarta visão — um *saniasin*, vestido com uma túnica ocre, caminhando de modo extremamente meditativo. Buda disse, "O que aconteceu a esse homem?" E o cocheiro respondeu, "Senhor, isso é o que o senhor está pensando em fazer. Esse homem viu a morte e saiu em busca da imortalidade".

Na mesma noite, Buda renunciou ao mundo, deixou o seu lar e saiu em busca da imortalidade, em busca da verdade.

A morte é a mais importante questão da vida. E aqueles que aceitam o desafio da morte, são *imensamente* recompensados.

2. ADVERTÊNCIA: O PROBLEMA DA CRENÇA

Se você acredita, você também desacreditará. Ninguém pode acreditar sem desacreditar. Que isso fique resolvido de uma vez por todas: ninguém pode acreditar sem desacreditar. Toda crença encobre uma descrença.

A crença é só a circunferência do centro chamado dúvida, pois a dúvida está onde você cria a crença. A dúvida machuca, é como uma ferida, é dolorosa. Por ser uma ferida, ela machuca; faz você sentir o seu vazio interior, a sua ignorância. Você quer encobri-la; mas esconder uma ferida atrás de um botão de rosa resolve alguma coisa? Você acha que a rosa poderá fazer com que a ferida desapareça? Pelo contrário! Mais cedo ou mais tarde a rosa começa a fazer com que a ferida comece a cheirar mal. A ferida não desaparecerá por causa da rosa; na verdade, a rosa desaparecerá por causa da ferida.

Você pode conseguir enganar alguém que esteja olhando de fora; os seus vizinhos podem achar que não existe ferida nenhuma, só um botão de rosa. Mas como você pode enganar a si mesmo? Isso é impossível! Ninguém pode enganar a si mesmo; lá no fundo você sabe, com certeza você sabe, que a ferida existe e que você a está encobrindo com uma rosa. E você sabe que a rosa é arbitrária; ela não brotou dentro de você, ela foi trazida de fora, enquanto a ferida crescia dentro de você; a ferida não foi trazida de fora.

A criança traz a dúvida em si, uma dúvida íntima, que é natural. É por causa da dúvida que ela questiona, pergunta. Leve uma criança para passear num bosque pela manhã e ela fará tantas perguntas que você ficará incomodado, mandará que ela fique quieta. Mas ela vai continuar perguntando.

De onde vêm essas perguntas? Elas são naturais da criança. A dúvida é um potencial interior; é o único jeito possível de a criança questionar, investigar, buscar. Não há nada de errado nisso. Os padres contam a você uma mentira, dizem que existe algo errado com a dúvida. Não existe nada errado com a dúvida. Ela é natural e tem de ser aceita e respeitada. Quando você respeita a sua dúvida, ela deixa de ser uma ferida; quando você a rejeita, ela vira uma ferida.

Que fique bem claro: a dúvida em si não é uma ferida. Ela é extremamente útil, pois faz de você um explorador, um aventureiro. Ela o levará até a mais longínqua estrela em busca da verdade, fará de você um peregrino. Ter dúvida não é prejudicial. A dúvida é bela, é inocente, é natural. Mas os padres a condenaram ao longo das eras. Por causa dessa condenação, a dúvida que poderia se tornar o florescer da verdade passou a ser apenas uma ferida pestilenta. Condene algo e isso vira uma ferida; rejeite algo e isso vira uma ferida.

Aconselho que, antes de mais nada, você não tente acreditar. Por quê? Se a dúvida existe, ela existe! Não há por que escondê-la. A bem dizer, deixe-a, ajude-a, permita que ela se torne uma grande busca. Deixe que ela se transforme em milhares de perguntas. Você acabará percebendo que o importante não são as perguntas, mas o ponto de interrogação! A dúvida não é a busca pela crença; a dúvida é simplesmente a busca às cegas pelo mistério, um grande esforço para compreender o incompreensível — um tatear na escuridão.

Se você continuar procurando, buscando, sem se sobrecarregar com crenças emprestadas, duas coisas acontecerão. Primeiro, você nunca terá descrenças. Lembre-se, dúvida e descrença não são sinônimos. A descrença só acontece quando você já acreditou, quando já enganou a si mesmo e às outras pessoas. A descrença só surge quando você já acreditou, quando você já enganou a si mesmo e aos outros. A descrença só aparece quando já existe a crença; ela é a sombra da crença.

Todos os crentes são descrentes — eles podem ser hindus, podem ser cristãos, podem ser jainas. Eu conheço todos eles! Todos os crentes são descrentes porque a crença traz a descrença, ela é a sombra da crença. Você pode acreditar sem desacreditar? É impossível; isso vai contra a natureza das coisas. Se você quer desacreditar, precisa primeiro acreditar. Você pode acreditar sem que a descrença entre pela porta dos fundos? Ou pode desacreditar sem ter cultivado antes nenhuma crença? Acredite em Deus e a descrença imediatamente entrará em cena. Acredite na vida após a morte e surgirá a descrença. A descrença vem depois; a crença vem primeiro.

Mas milhões de pessoas no mundo todo só querem a crença, elas não querem a descrença. Eu não posso fazer nada, ninguém pode. Se você só está interessado na crença, terá de sofrer de descrença também. Você ficará dividido; dividido em dois, esquizofrênico. Você não consegue sentir uma unidade orgânica; você mesmo impede que ela aconteça.

Qual é a minha sugestão? Primeiro, pare de acreditar. Descarte as crenças, todas elas não passam de lixo! Confie na dúvida, essa é a minha sugestão; não tente escondê-la. Confie na dúvida. Essa é a primeira coisa a trazer para o seu ser — confie na sua dúvida e veja a beleza que ela tem, veja de que maneira bela a confiança surgirá.

Eu não estou dizendo para acreditar, estou dizendo para confiar. A dúvida é uma dádiva natural; ela sempre vem de Deus — de onde mais poderia vir? Você traz a dúvida com você; confie nela, confie no seu questionamento e não tenha pressa para satisfazê-lo e encobri-lo com crenças emprestadas do mundo lá fora. Emprestadas dos pais, dos padres, dos políticos, da sociedade, da Igreja. A sua dúvida é uma beleza, pois ela é sua; é uma beleza porque é sua. Dessa dúvida autêntica, um dia nascerá a flor da confiança verdadeira. Esse será um crescimento interior, não será uma imposição de fora.

Esta é a diferença entre a crença e a confiança: a confiança vem de dentro, da sua interioridade, da sua subjetividade. Assim como a dúvida é interior, a confiança também é. E só o que é interior pode transformar o eu interior. A crença vem de fora; ela não serve para nada, pois não pode atingir o âmago do seu ser, e é ali que está a dúvida.

Por onde começar? Confie na sua dúvida. É assim que surge a confiança. Não acredite em Deus, não acredite na alma, não acredite na vida após a morte. Confie na sua dúvida e imediatamente uma conversão se inicia. A confiança é uma força tão poderosa que, mesmo que você confie na sua dúvida, terá trazido luz para dentro de si. E a dúvida é como a escuridão. Basta uma pequena confiança na dúvida para que ela comece a mudar o seu mundo interior, a sua paisagem interior.

E pergunte! Por que ter medo de perguntar? Por que ser tão covarde? Questione, questione todos os budas, questione a mim, porque, se existe uma verdade, ela não tem medo do seu questionamento. Se os budas são verdadeiros, então eles são de fato; você não precisa acreditar neles. Continue duvidando deles... e, mesmo assim, um dia você verá a confiança surgir.

Quando você duvida e continua duvidando até o fim, até o mais lógico dos fins, você acaba se deparando com a verdade. Duvidar é tatear na escuridão, mas existe uma porta. Se Buda encontrou a porta, se Jesus a encontrou, se eu a encontrei, por que você não a encontraria? Todo mundo é capaz de encontrar a porta, mas você tem medo de tatear às cegas na escuridão, então você se senta no seu canto escuro e passa a acreditar em alguém que encontrou a porta. Você nunca viu essa pessoa antes, só ouviu histórias a respeito dela, contadas por outras pessoas que também a ouviram da boca de outras e assim sucessivamente.

Como você pode acreditar em Jesus? Por quê? Você nunca o viu! E, mesmo que tivesse visto, você não o teria reconhecido. No dia em que ele foi crucificado, milhares de pessoas se reuniram para vê-lo e você sabe o que elas fizeram? Cuspiram no rosto dele! Talvez você estivesse nessa multidão, pois a multidão é a mesma. O ser humano não mudou.

Nós temos estradas melhores, veículos melhores para levar as pessoas de um lado para o outro, tecnologia avançada; o homem já pisou na lua, mas não mudou em nada. É por isso que eu digo que muitos de vocês pertenciam àquela multidão que cuspia no rosto de Jesus. As pessoas não mudaram. Como você pode acreditar em Jesus? Você cuspiu no rosto dele quando ele estava vivo e agora você acredita nele, depois de dois mil anos? Isso é apenas um esforço desesperado para esconder a dúvida. Por que você acredita em Jesus?

Se uma coisa for excluída da história de Jesus, todo o Cristianismo desaparecerá. Se uma coisa, uma única coisa, o fenômeno da ressurreição — que, depois de ter sido crucificado e continuado morto durante três dias, Jesus voltou —, se essa parte for excluída, todo o Cristianismo desaparecerá. Você acredita em Jesus porque tem medo da morte e ele parece ter sido o único homem que voltou à vida, que derrotou a morte.

O Cristianismo tornou-se a maior das religiões do mundo. O Budismo não chegou a tanto pela simples razão de que o medo da morte leva as pessoas a acreditar mais em Cristo do que em Buda. Na verdade, para acreditar em Buda é preciso ter coragem, pois Buda disse, "eu ensino a você a morte absoluta". Essa pequena morte, Buda não se satisfez com ela. Ele diz, "Essa pequena morte não vale; você voltará outra vez. Eu ensino a você a morte *absoluta*, a morte definitiva. É a aniquilação que eu ensino, de tal modo que você nunca mais volte, que você desapareça, desintegre-se na existência, não exista mais, nunca mais; não deixe nem sequer um rastro atrás de si".

Na Índia, o Budismo desapareceu, desapareceu completamente. Um país considerado tão religioso como a Índia e o Budismo desapareceu completamente. Por quê? As pessoas acreditam nas religiões que pregam a vida após a morte, a imortalidade da alma. Buda estava dizendo que a única coisa que vale a pena perceber é que você não existe. O Budismo não podia sobreviver na Índia, porque ele não lhe proporcionava algo para encobrir o seu medo.

Buda não disse às pessoas, "Acreditem em mim". Por isso seus ensinamentos desapareceram da Índia; as pessoas queriam acreditar. Elas não queriam a verdade, elas queriam acreditar.

Acreditar é fácil. A verdade é perigosa, árdua, difícil; a pessoa precisa pagar para ver. Ela tem de buscar e procurar, e não existe garantia de que a encontrará, não há garantia de que existe mesmo uma verdade. Ela pode nem mesmo existir.

As pessoas querem acreditar — e Buda disse, sua última mensagem para o mundo foi, *appo dipo bhava*, "seja uma luz para si mesmo". Os seus discípulos estavam chorando, dez mil *saniasin* em volta dele... evidentemente eles estavam tristes, as lágrimas escorriam; o mestre estava partindo. E Buda lhes disse, "Não chorem. Por que estão chorando?"

Um dos discípulos, Ananda, respondeu, "Porque você está nos deixando, porque você era a nossa única esperança, porque tínhamos a esperança de que seria por seu intermédio que alcançaríamos a verdade".

Foi em resposta à pergunta de Ananda que Buda disse, "Não se preocupem com isso. Eu não posso lhes dar a verdade; ninguém mais pode, ela não é transferível. Mas vocês podem atingi-la sozinhos. Sejam uma luz para si mesmos".

A minha atitude também é essa. Vocês não precisam acreditar em mim. Eu não quero crentes aqui, quero buscadores, e o buscador é um fenômeno completamente diferente. O crente não é um buscador. O crente não quer buscar nada, é por isso que ele acredita. O crente quer evitar a busca, é por isso que ele acredita. O crente quer ser salvo, ele precisa de um salvador. Ele está sempre à procura de um messias — alguém que possa comer por ele, mastigar por ele, digerir por ele. Mas, se eu como, a sua fome não será saciada. Ninguém pode salvar você exceto você mesmo.

Eu preciso de buscadores aqui, não de crentes. Os crentes são as pessoas mais medíocres, menos inteligentes deste mundo. Portanto, esqueça a crença; você está criando problema para si mesmo. Comece a acreditar em mim e a descrença surgirá, ela fatalmente surgirá, pois eu não estou aqui para preencher as suas expectativas.

Eu vivo do meu próprio jeito, não levo você em consideração. Eu não levo ninguém em consideração — porque, se você começar a levar os outros em consideração, não conseguirá viver de modo autêntico. Leve os outros em consideração e você vai virar uma farsa.

George Gurdjieff costumava dizer aos discípulos uma das coisas mais fundamentais que existem: "Não leve os outros em consideração, senão você nunca crescerá". E é isso o que está acontecendo no mundo inteiro, todo mundo está levando os outros em consideração: "O que a minha mãe acha disso? O que o meu pai acha disso? O que a sociedade acha disso? E a minha mulher, o meu marido...?" O que dizer dos pais? Até mesmo os pais têm receio dos filhos! Eles pensam, "O que os meus filhos vão pensar?" As pessoas estão levando as outras em consideração e existem milhões de pessoas para se considerar. Se continuar a levar todo mundo em consideração, você nunca será um indivíduo, você será apenas uma miscelânea. Fazendo tantas concessões, você teria se suicidado há muito tempo.

Dizem que as pessoas morrem aos trinta anos e só são enterradas aos setenta. A morte acontece muito cedo, eu acho que não é nem aos trinta, mas até antes disso. É algo em torno dos vinte e um, quando a lei e o estado reconhecem você como um cidadão; esse é o momento em que a pessoa morre. Na realidade, é por isso que eles reconhecem você como um cidadão: porque você deixou de ser perigoso, deixou de ser impetuoso, deixou de ser indomável, em estado bruto. Tudo é colocado nos eixos em você, é corrigido; você passa a se ajustar à sociedade. É isso o que significa obter da nação o direito de voto: a nação pode ter certeza de que a sua inteligência foi destruída — você pode votar. Você não causa medo; você é um cidadão, uma pessoa civilizada. Você deixou de ser um ser humano e passou a ser um cidadão.

Segundo observei, as pessoas morrem em torno dos vinte e um anos. A partir daí, tudo o que resta é uma existência póstuma. Nas lápides temos de começar a escrever três datas: o nascimento, a morte e a morte póstuma.

Dizem que a pessoa astuta é a que sabe superar as dificuldades e a pessoa sábia é a que sabe como não criá-las jamais. Seja sábio. Por que não cortar a própria raiz? Não acredite. Assim não haverá por que desacreditar e a dualidade nunca vai aparecer; você não precisará encontrar um modo de sair dela. Por favor, não entre nessa.

A verdade é individual e as massas não se importam com a verdade. Elas só querem saber de consolo; só querem saber de conforto. As massas não se constituem de exploradores, de aventureiros, de pessoas que exploram o desconhecido sem temor, arriscando toda a sua vida para encontrar o significado e o sentido da própria vida e da vida de toda a existência. As massas simplesmente querem que lhe digam coisas agradáveis, confortáveis e simpáticas. Sem fazer nenhum esforço, elas podem relaxar com essas mentiras reconfortantes.

A última vez em que fui à minha cidade natal foi em 1970. Um dos meus antigos professores, com quem eu sempre tive uma grande amizade, estava em seu leito de morte, por isso a primeira coisa que eu fiz foi visitá-lo.

O filho dele me recebeu e disse. "Por favor, não o perturbe. Ele está à beira da morte. Ele ama você, sempre se lembra de você, mas nós sabemos que a sua simples presença pode lhe tirar todos os consolos. Não faça isso com ele no momento da morte."

Eu disse, "Se agora não fosse o momento da morte, eu ouviria o seu conselho, mas eu tenho de vê-lo. Se ao menos no momento da morte ele deixar de lado suas mentiras e consolos, a morte dele terá muito mais valor do que toda a sua vida".

Eu afastei o filho para o lado e entrei na casa. O ancião abriu os olhos, sorriu e disse, "Eu estava me lembrando de você e, ao mesmo tempo, estava com medo. Ouvi dizer que você estava na cidade e pensei que talvez, antes de morrer, eu conseguisse vê-lo uma vez mais. Mas ao mesmo tempo havia um medo enorme, pois encontrar você pode ser muito perigoso!"

Eu disse, "Com certeza será perigoso. Eu cheguei na hora certa. Quero tirar de você todos os consolos antes que morra. Se você morrer inocente, a sua morte terá grande valor. Deixe de lado todo o seu conhecimento, porque ele é todo emprestado. Deixe de lado o seu Deus, pois ele é só uma crença e nada mais. Deixe de lado a idéia de céu e de inferno, porque eles são só a sua ganância e o seu medo. Durante toda a vida, você se agarrou a essas coisas. Pelo menos antes de morrer, crie coragem; agora você já não tem mais nada a perder!"

"Um homem à beira da morte não tem nada a perder: a morte vai acabar com tudo. É melhor você mesmo deixar de lado esses consolos e morrer com inocência, cheio de assombro e indagações, porque a morte é a experiência suprema da vida. Ela é o próprio *crescendo*."

O ancião disse, "Eu estava com medo e agora você está me pedindo o que sempre pediu. Adorei a Deus durante toda a minha vida e eu sei que ele é só uma hipótese, eu nunca o conheci por experiência própria. Rezei aos céus e sei que nenhuma prece jamais foi respondida; não há ninguém lá para me respondê-la. Mas a prece tem sido um consolo diante dos sofrimentos e das preocupações da vida. O que mais um homem fraco e impotente pode fazer?"

Eu disse, "Agora você não é mais fraco e impotente, agora não existe mais preocupação, sofrimento e problemas; isso tudo só diz respeito à vida. Agora a vida está escorrendo por entre os seus dedos; talvez daqui a alguns minutos você já não esteja mais nesta margem. Crie coragem! Não vá ao encontro da morte como um covarde!"

Ele fechou os olhos e disse, "Estou fazendo o melhor que posso".

Toda a família dele se reuniu; estavam todos zangados comigo. Pertenciam à classe superior dos Brahmins, eram muito ortodoxos e não podiam acreditar que o ancião tivesse concordado comigo. A morte foi um choque tão grande que ela acabou com todas as suas mentiras.

Na vida, você pode continuar acreditando em mentiras, mas, na morte, você sabe perfeitamente bem que não pode atravessar o oceano num barco de papel. É melhor saber que você terá de nadar e que não tem nenhum barco. Agarrar-se a um barco de papel é perigoso; ele pode impedi-lo de nadar. Em vez de levar você até a outra margem, ele pode fazer com que você se afogue.

Eles estavam todos zangados comigo, mas não conseguiram dizer nada. O ancião, com os olhos fechados, disse sorrindo, "É uma pena que eu nunca tenha ouvido você. Estou me sentindo tão leve e aliviado. Estou tão sem medo; não apenas sem medo, mas curioso para morrer e ver qual é o mistério da morte".

Ele morreu e o sorriso permaneceu em seu rosto.

3. AS VÁRIAS FACES DA MORTE

É possível encontrar três expressões de morte na história da mente humana. Uma delas é a do homem comum, que vive apegado ao corpo, que nunca conheceu nada maior do que o prazer da comida ou do sexo, cuja vida inteira nada mais é do que comida e sexo; que gosta de comer, gosta de sexo, cuja vida é muito primitiva, muito grosseira, que passou a vida no portão do seu palácio e nunca entrou, e que acha que a vida se resume a isso. No momento da morte, esse homem tentará se agarrar à vida. Ele resistirá à morte e lutará contra ela. A morte será encarada como uma inimiga. Daí em todas as sociedades, do mundo todo, a morte ser retratada como algo sombrio e diabólico. Na Índia, dizem que a mensageira da morte é muito feia — sombria, negra — e que ela vem sentada num búfalo enorme e muito feio.

Essa é a atitude comum. Essas pessoas não entendem nada; não são capazes de conhecer todas as dimensões da vida. Não conseguem tocar as profundezas da vida nem alcançar as suas alturas. Elas perderam a plenitude e perderam a graça divina.

Existe então um segundo tipo de expressão. Os poetas e os filósofos às vezes dizem que a morte não tem nada de mal, que a morte não é ruim; ela é só repousante — um grande repouso, como o sono. Essa expressão é melhor do que a primeira. Pelo menos essas pessoas conhecem algo que vai além do corpo; conheceram algo da mente. Elas não tiveram só comida e sexo; não passaram a vida toda só comendo e reproduzindo. Elas têm um pouco da sofisticação da alma; são um pouco mais aristocráticas e cultas. Elas dizem que a morte é como um grande descanso; a pessoa está cansada e ela morre e descansa. É repousante. Mas essas pessoas também estão bem longe da verdade.

Aqueles que conheceram a vida no seu âmago mais profundo dizem que a morte pertence ao divino. Não se trata apenas de um descanso, mas também de uma ressurreição, de uma nova vida e de um recomeço; uma nova porta se abre.

Quando um místico sufi, Bayazid, estava morrendo, as pessoas que haviam se reunido à volta dele — os seus discípulos — ficaram de repente surpresas porque, ao dar o último suspiro, o rosto dele ficou radiante, intensamente radiante. Tinha uma aura belíssima. Bayazid era um belo homem e seus discípulos sempre sentiram uma aura em torno dele, mas eles nunca tinham visto nada parecido com aquilo. Tão radiante!

Eles perguntaram, "Bayazid, diga-nos o que aconteceu com você. O que está acontecendo com você? Antes de nos deixar, transmita-nos a sua última mensagem".

Ele abriu os olhos e disse, "Deus está me dando as boas-vindas. Estou indo para os braços dele. Adeus!"

Ele então fechou os olhos e parou de respirar. Mas, no momento em que a sua respiração cessou, houve uma explosão de luz. O quarto ficou cheio de luz e então a luz desapareceu.

Quando a pessoa conhece o transcendental em si mesma, a morte nada mais é do que outra face do divino. Então a morte é uma dança ao encontro dele.

A ilusão da morte é um fenômeno social. Isso precisa ficar muito bem entendido.

Você vê um homem morrendo e então acha que ele está morto. Como você mesmo não está morto, você não tem direito de pensar desse jeito. É muito tolo da sua parte concluir que o homem esteja morto. Tudo o que você tem de dizer é, "Não sou capaz de determinar se ele é a mesma pessoa que eu conheci em vida". Dizer mais do que isso é perigoso e falta de educação.

Tudo o que a pessoa tem de dizer é, "Até o dia de ontem esse homem estava conversando, agora ele não conversa mais. Antes ele costumava caminhar, agora não caminha mais. O que até o dia de ontem era, aos meus olhos, a vida dele agora acabou. A vida que ele viveu até o dia de ontem não existe mais. Se existe outra vida além desta, muito bem. Se não existir, paciência". Mas dizer, "Este homem está morto" é ir um pouco longe demais; é ir além dos limites. A pessoa tem de dizer simplesmente, "O homem não está mais vivo". Assim como ela sabia que ele tinha vida, agora ela sabe que ele não tem mais.

Não há nada de errado em fazer uma afirmação negativa até esse ponto: o que conhecíamos como a vida dele — lutar, amar, comer e beber — não existe mais, mas dizer que o homem está morto é fazer uma afirmação positiva demais. Não estamos apenas dizendo que o que quer que seja que estava presente nesse homem não existe mais, estamos afirmando mais do que aconteceu, que o homem está morto. Estamos dizendo que o fenômeno da morte também ocorreu. Tudo bem se dissermos que as coisas que antes aconteciam à volta desse homem não acontecem mais. Mas não estamos apenas dizendo isso; estamos acrescentando um fenômeno novo: o homem também está morto.

Nós que não estamos mortos, que não temos nenhum conhecimento da morte, amontoamo-nos em torno da pessoa e dizemos que ela está morta! A multidão anuncia a morte do homem sem nem mesmo perguntar a ele, sem nem mesmo deixar que ele dê o seu testemunho! É como se apenas uma das partes fosse ouvida num tribunal; a outra estivesse ausente. O pobre sujeito não tem nem chance de dizer se está realmente morto ou não. Você compreende o que eu quero dizer?

A morte é uma ilusão social. Não é ilusão desse homem. O fato é que, externamente, sentimos que ele está morto, mas isso é uma determinação social, que está equivocada. Aqui o fenômeno da morte está sendo determinado por pessoas que não estão qualificadas. Ninguém, na multidão, é a testemunha certa, porque ninguém de fato viu o homem morrendo. Tudo o que sabemos é que, até um dado momento, ele estava vivo e depois não estava mais. É só; além disso há uma parede. Até agora ninguém jamais viu o fenômeno da morte.

Uma pessoa que sempre achou que a vida fosse apenas comer, beber, dormir, andar por aí, brigar, amar, fazer amigos e criar inimizades — subitamente, no momento da morte, descobre que a vida está escorrendo por entre os seus dedos. O que, aos olhos dele, era a vida, não é vida coisa nenhuma. Houve apenas atos praticados, visíveis à luz da vida. Assim como os objetos são visíveis na presença da luz, essa pessoa, do mesmo jeito, viu certas coisas quando a luz dentro dela estava presente. Ela comeu, fez amigos, criou inimizades, constitui família, ganhou dinheiro e conquistou uma alta posição — todas essas eram coisas vistas à luz da vida. Agora, no momento da morte, ela descobre que elas lhe escapam.

Então a pessoa acha que está partindo, que está morrendo e que a vida acabou para sempre. Ela já tinha visto outras pessoas morrendo antes e a ilusão social de que o ser humano morre está encravada na sua mente também. Assim, ela acha que está morrendo. A sua conclusão também faz parte da ilusão social. Ela começa a achar que está morrendo, assim como as outras pessoas que morreram antes dela.

Ela se vê cercada de pessoas queridas; a família, os parentes chorando copiosamente. Agora a sua ilusão começa a se confirmar. Tudo isso cria um efeito hipnótico sobre ela. Todas essas pessoas — a situação é simplesmente ideal —, o médico ao seu lado, o oxigênio pronto para uso, toda a atmosfera da casa mudou, as pessoas choram... Agora o homem parece ter certeza da morte. A ilusão social de que ele está morrendo aferra-se à sua mente. Os amigos e parentes em torno dele começam a lançar um feitiço hipnótico sobre o homem que está prestes a morrer. Alguém sente o pulso dele. Todos se convencem de que o homem está quase morto — que tudo o que já se fez antes com um homem à beira da morte está sendo feito agora com ele.

Isso é hipnotismo social. O homem agora está totalmente convencido de que vai morrer, de que está morrendo, de que vai partir. Essa hipnose da morte fará com que ele fique inconsciente, assustado e horrorizado; fará com que ele se encolha, ao sentir, "Eu estou morrendo, estou morrendo, O que eu devo fazer?" Tomado pelo medo, ele fechará os olhos e, nesse estado de pavor, ficará inconsciente.

Na verdade, a inconsciência é uma estratégia que usamos contra coisas das quais temos medo. Você tem uma dor de estômago, por exemplo; se a dor ficar insuportável, você fica inconsciente. Esse é só um truque seu para desligar a mente, para esquecer a dor. Quando a dor é excessiva, cair na inconsciência é um truque mental, você não quer mais sentir a dor. Quando a dor não vai embora, a única alternativa é desligar a mente. A pessoa "desliga" de modo que fique inconsciente da dor.

Assim, cair na inconsciência é a nossa única forma de lidar com uma dor insuportável. Lembre-se, no entanto, que não existe nada que seja uma dor insuportável: você só sente a dor até o ponto em que ela é suportável. Assim que ela ultrapassa esse ponto, você fica inconsciente; daí você nunca sentir uma dor insuportável. Nunca acredite quando alguém lhe disser que está sofrendo uma dor insuportável, pois a pessoa que está falando com você ainda está consciente. Se a dor fosse insuportável, ela estaria inconsciente. O truque natural teria sido usado e ela perderia a consciência. Assim que a pessoa ultrapassa o limite da tolerância, ela cai na inconsciência.

Até a menor das doenças nos assusta e ficamos inconscientes; o que dizer então do pensamento aterrorizante da morte? A própria idéia da morte nos mata! Perdemos a consciência e, nesse estado inconsciente, a morte acontece. Por isso que, quando eu digo que a morte é uma ilusão, não estou querendo dizer que ela é uma ilusão que acontece ao corpo ou à alma. Eu a chamo de ilusão social, aquela que cultivamos em toda criança. Nós doutrinamos toda criança com a idéia de que ela vai morrer e de que é assim que a morte acontece. Então, quando chega na idade adulta, ela já conhece todos os sintomas da morte e, quando esses sintomas se aplicam a ela, ela simplesmente fecha os olhos e fica inconsciente. Ela fica hipnotizada.

Contrária a isso é a técnica da meditação ativa — uma técnica para morrer de modo consciente. No Tibete, essa técnica é conhecida como bardo. Assim como as pessoas hipnotizam o homem no momento da morte, de modo parecido, as pessoas que praticam o bardo dão sugestões anti-hipnóticas ao homem à beira da morte. No bardo, as pessoas se reúnem em torno dele e lhe dizem, "Você não está morrendo, porque ninguém jamais morreu". Elas lhe dão sugestões anti-hipnóticas. Não haverá pranto nem lamentos; nada mais é feito. As pessoas se reunirão em torno dele e um sacerdote do vilarejo virá e dirá, "Você não está morrendo, porque ninguém jamais morreu. Você partirá relaxado e plenamente consciente. Você não morrerá, porque ninguém jamais morreu".

A pessoa fecha os olhos e todo o processo lhe é narrado: agora toda a sua energia vital deixará suas pernas, agora ela deixará suas mãos, agora você não pode mais falar e assim por diante. E, embora ouça tudo, ela ainda fica ali, ela permanece. E todos à volta dela só lhe darão essas sugestões. As sugestões são simplesmente anti-hipnóticas. Isso significa que eles querem ter certeza de que a pessoa não vai se deixar levar pela ilusão social de que está à beira da morte. Para impedir que ela faça isso, as pessoas usam o bardo como um antídoto.

No dia em que este mundo tiver uma atitude mais saudável com relação à morte, não haverá mais necessidade do bardo. Mas nós somos pessoas muito pouco saudáveis; vivemos numa grande ilusão e, por causa dessa ilusão, o antídoto tornou-se essencial. Sempre que uma pessoa morre, todos os seus entes queridos têm de fazer o possível para acabar com a ilusão de que ela está morrendo. Se eles conseguirem mantê-la acordada, se conseguirem lembrá-la de todos os pontos...

Então a consciência vai se retirando aos poucos do corpo; ela não o deixa de uma vez; o corpo não morre inteiro ao mesmo tempo. A consciência vai diminuindo dentro dele e, pouco a pouco, vai deixando cada parte do corpo. Ao longo de vários estágios, ela vai se retraindo e todos os estágios desse retraimento podem ser narrados para a pessoa que está morrendo, como um meio de mantê-la consciente.

Um mestre zen estava morrendo. Ele reuniu os outros monges à volta dele e disse, "Quero pedir-lhes uma coisa. Minha hora chegou, mas eu não vejo razão para morrer como todos morrem. Muitos morreram desse jeito antes. Não tem graça nenhuma. Minha pergunta é: algum de vocês já viu alguém morrer enquanto caminhava?"

Os monges responderam, "Nunca vimos ninguém morrer assim, mas já ouvimos falar de um místico que morreu enquanto caminhava".

O mestre disse, "Tudo bem, então esqueçam! Deixem-me perguntar uma coisa, vocês já viram algum místico morrer plantando bananeira?"

As pessoas em torno do mestre disseram, "Nunca pensamos nem sequer imaginamos uma coisa dessa. Que dirá ver alguém morrendo desse jeito".

"Então está bem", disse o mestre, "é assim que será". Ele plantou bananeira e morreu.

O grupo em torno do mestre ficou estarrecido. A visão de um cadáver desconhecido já é suficientemente apavorante, mas pôr no chão um cadáver de ponta cabeça era mais aterrorizante ainda. O mestre era um homem perigoso. O jeito como tinha se posicionado... Morto, ninguém ousava endireitá-lo e colocar seu corpo no ataúde. Então alguém sugeriu que chamassem a irmã mais velha do mestre, uma freira que vivia num mosteiro ali perto. Ela era conhecida por ter dado conta das travessuras do irmão, quando este era apenas um garoto.

A irmã se aproximou e se colocou a par de toda a situação. Ela ficou muito aborrecida. "Ele sempre foi muito travesso", disse ela. "Não desistiu de seus hábitos nem na velhice. Até quando estava morrendo não deixou de pregar uma peça!" Essa mulher de noventa anos pegou seu cajado e foi ao mosteiro. Fincando o cajado no chão, ela exclamou, "Agora chega de travessura! Se você tem que morrer, que morra direito!"

O mestre no mesmo instante ficou de pé e riu. "Eu estava só me divertindo", ele disse. "Estava curioso para ver o que essas pessoas fariam. Agora vou me deitar e morrer do modo convencional." Então ele se deitou apropriadamente e morreu.

A irmã foi embora. "Agora sim!", disse ela. "Cuidem dele." Ela nem sequer olhou para trás. "Existe um jeito de se fazer as coisas", disse ela. "O que quer que faça, faça direito."

Portanto, nossa ilusão da morte é uma ilusão social. Se você já teve nem que seja uma pequena experiência de meditação, se um dia já teve um vislumbre da verdade de que você está separado do corpo, se o sentimento de desidentificação com relação ao corpo, alguma vez se intensificou dentro de você ao menos por um instante, você não estará inconsciente no momento da morte. Na realidade, nessa ocasião o seu estado de inconsciência já terá se rompido.

A pessoa não pode nem morrer conscientemente, porque ela se mantém o tempo todo consciente de que não está morrendo, de que algo dentro dela está morrendo, mas não ela mesma. Ela fica observando essa separação, até que por fim vê o seu corpo deitado, à distância. Então a morte passa a ser meramente uma separação; ela significa o rompimento de uma ligação. É como se eu tivesse saído de uma casa cujos moradores, alheios ao mundo além das paredes, tivessem ido até a porta para me dar um triste adeus, achando que o homem de quem se despedem está morto.

A separação entre o corpo e a consciência é a morte. Como já existe essa separação, não tem sentido chamá-la de morte; ela é apenas um desprendimento, o rompimento de uma ligação. Não é mais do que uma troca de roupas. Por isso, a pessoa que morre com consciência nunca morre de fato, daí a questão da morte nunca lhe ocorrer. Ela nem mesmo chamará de morte essa ilusão. Nem sequer falará de morrer ou não morrer. Ela simplesmente dirá que o que chamamos de vida até o dia anterior era simplesmente uma associação. Essa associação foi desfeita. Agora começou uma nova vida que, no sentido anterior, não é uma associação. Talvez seja uma nova ligação, uma nova jornada.

Mas só é possível morrer num estado de consciência se você viveu com consciência. Se você aprendeu a viver conscientemente, certamente será capaz de morrer do mesmo modo, pois morrer é um fenômeno da vida; ela acontece em vida. Em outras palavras, a morte é o último acontecimento do que você entende por vida. Não é nem sequer um acontecimento que ocorre do outro lado da vida.

A vida é como uma árvore que dá frutos. Primeiro o fruto está verde, então ele começa a amadurecer. Fica cada vez mais maduro até que amadurece completamente e cai do galho. Essa queda não é um acontecimento à parte do processo de amadurecimento do fruto; antes, ela é a conclusão final do próprio amadurecimento.

A queda do fruto não é um acontecimento externo; é, isto sim, o apogeu do amadurecimento, da maturação pela qual ele passou. E o que acontecia enquanto o fruto estava verde? Ele estava se preparando para o mesmo acontecimento final. E o mesmo processo estava em curso quando ele nem sequer tinha brotado no galho ainda, quando ele ainda estava oculto dentro dele. Mesmo nesse estado, ele estava se preparando para o acontecimento final. E o que dizer da árvore, quando não tinha nem se manifestado ainda, quando ela ainda estava dentro da semente? A mesma preparação estava em curso. E, quando essa semente não tinha nem sequer nascido, quando ainda estava oculta em alguma outra árvore? O mesmo processo se desenrolava.

Portanto, o acontecimento da morte é só uma parte da cadeia de acontecimentos pertencentes ao mesmo fenômeno. O acontecimento final não é o fim, é só uma separação. Um relacionamento é substituído por outro, uma ordem é substituída por outra.

4. ORIENTE E OCIDENTE, MORTE E SEXO

Na terra, até hoje só existem dois tipos de cultura, ambas desarmônicas, desequilibradas. Ainda não foi possível desenvolver uma cultura que seja total, completa e pura.

No Ocidente, dá-se total liberdade ao sexo hoje em dia, mas, como você pode já ter observado, a morte é abafada, reprimida. Ninguém quer falar da morte; todo mundo está falando de sexo. Existe uma grande variedade de publicações pornográficas sobre sexo. Existem revistas como a *Playboy*, obscena, mórbida, doente e neurótica. Existe, no Ocidente, uma obsessão neurótica pelo sexo, mas e quanto à morte? A morte é uma palavra tabu. Se você fala de morte, as pessoas acham que você é mórbido, "Por que ele está falando de morte?" Comer, beber, divertir-se, esses são os assuntos em pauta. "Por que você tem de mencionar a morte? Deixe isso para lá. Não fale a respeito."

No Oriente, o sexo foi reprimido, mas da morte as pessoas falam livremente. Assim como a literatura pornográfica sexual, obscena, existe no Oriente um outro tipo de pornografia. Eu a chamo de pornografia da morte, que é tão obscena e mórbida quanto a pornografia ocidental sobre sexo. Eu tenho visto escrituras... E elas estão em toda parte; quase todas as escrituras indianas estão cheias de pornografia sobre a morte. As pessoas falam demais sobre a morte. Nunca falam sobre sexo; isso é tabu. Elas falam sobre a morte.

Todos os supostos *mahatmas* da Índia continuam falando da morte. Eles estão sempre fazendo alusões à morte. Se você ama uma mulher, eles dizem "O que você está fazendo? O que é uma mulher? Só um saco de pele. E dentro dela há todo tipo de coisas impuras". E então eles começam a discorrer sobre toda sorte de coisas impuras; e parece que eles gostam disso. É mórbido. Eles falam do muco de dentro do corpo, do sangue, da carne; falam sobre o estômago, sobre a barriga cheia de excrementos, da bexiga cheia de urina. "Essa é a sua bela mulher. Um saco de imundícies! E você está caindo de amores por esse saco. Fique alerta!"

Mas isso é algo para se entender: no Oriente, quando querem deixar você consciente de que a vida é suja, eles mencionam a mulher; no Ocidente, quando eles querem deixá-lo consciente de que a vida é bela, eles também mencionam a mulher. Olhe a *Playboy*: garotas de plástico, tão bonitas! Elas não existem neste mundo; não são reais. Elas são o resultado de truques fotográficos — tudo é refeito, retocado. E essas mulheres se tornam ideais e milhares de pessoas fantasiam e sonham com elas.

A pornografia sexual depende do corpo da mulher e a pornografia da morte também depende do corpo da mulher. E então eles dizem, "Você está se apaixonando? Essa jovem logo será uma velha. Logo ela será uma bruxa velha e desgrenhada. Fique alerta e não se apaixone, pois logo essa mulher vai morrer; aí você vai chorar e se lamentar. Você vai sofrer". Se quiser falar da vida, o corpo da mulher é necessário. Se quiser falar da morte, o corpo da mulher é necessário.

O homem parece viver obcecado pelo corpo da mulher — seja ele um *playboy* ou um *mahatma*, não faz diferença. Mas por quê? Isso sempre acontece: sempre que uma sociedade reprime o sexo, ela expressa a morte; sempre que uma sociedade reprime a morte, ela se expressa por meio do sexo. Pois a morte e o sexo são as duas polaridades da vida. Sexo significa vida, pois a vida surge do sexo. A vida é um fenômeno sexual e a morte é o fim desse fenômeno.

Se você pensar na morte e no sexo juntos, parece que existe uma contradição; você não consegue reconciliá-los. Como fazer isso? É mais fácil se esquecer de um e se lembrar do outro. Se você se lembrar dos dois ao mesmo tempo será muito difícil para a sua mente entender como eles existem juntos — e eles de fato existem juntos, mantêm-se juntos. Eles não são duas coisas diferentes, mas a mesma energia em dois estados: ativa e inativa, yin e yang.

Você já observou? Quando faz amor com uma mulher, no momento do orgasmo você fica com medo, temeroso, começa a tremer; porque no auge do orgasmo a morte e a vida existem juntas. Você sente a vida em seu ponto culminante e também a morte em seu ponto mais profundo. O ponto culminante e o ponto mais profundo se tornam acessíveis nesse momento, e é por isso que o orgasmo dá medo. As pessoas anseiam por ele porque ele é vida, mas o evitam porque ele é morte. Elas o desejam porque esse é um dos momentos mais belos que existem, é extasiante, e elas fogem dele porque é um dos momentos mais perigosos também; porque, no momento do orgasmo, a morte escancara a sua boca.

Um homem de consciência se dará conta no mesmo instante de que a morte e o sexo são a mesma energia, e uma cultura total, completa, pura, aceitará a ambos. Ela não será desequilibrada; não se voltará para um extremo, evitando o outro. A todo momento, você é ambos, vida e morte. Entender isso é transcender a dualidade.

E, quando uma pessoa toma consciência da morte, só então é possível uma vida de autodisciplina. Se você só tem consciência do sexo, da vida, e fica evitando a morte, fugindo dela, fechando os olhos para ela, mantendo-a sempre lá atrás e jogando-a no inconsciente, você não criará uma vida de autodisciplina. Para quê? Então a vida será uma vida de indulgência — comer, beber, divertir-se. Não há nada de errado nisso, mas isso não é tudo. É só uma parte e, quando você toma a parte como o todo, você não consegue percebê-lo, não consegue mesmo.

Os animais não têm nenhuma consciência da morte, por isso nenhum professor de meditação tem qualquer possibilidade de ensinar aos animais. Não há possibilidade porque nenhum animal está preparado para a autodisciplina. O animal perguntará, "Para quê?" Só existe vida, não existe morte, porque o animal não tem consciência de que vai morrer. Se você toma consciência de que vai morrer, começa imediatamente a repensar sobre a vida. Você gostaria que a morte fosse assimilada em vida.

Quando a morte é assimilada em vida, nasce a autodisciplina. Então você vive, mas vive com a constante lembrança da morte. Você avança, mas sempre consciente de que está avançando em direção à morte. Você aproveita a vida, mas nunca se esquece de que isso não vai durar para sempre. A morte torna-se a sua sombra, parte do seu ser, parte da sua perspectiva. Você assimilou a morte... agora a autodisciplina passa a ser possível. Agora você pensará, "Como vou viver?", pois a vida deixa de ser o único objetivo; a morte também passa a fazer parte dela. "Como vou viver?", de modo que possa viver e também morrer de maneira bela. "Como vou viver?", de modo que não só a vida se torne uma crescente de bem-aventurança, como a morte se torne o ápice, pois ela é o clímax da vida.

Viver de tal modo que você seja capaz de viver totalmente e de morrer totalmente, eis o significado da autodisciplina. Autodisciplina não é repressão; é viver uma vida orientada, uma vida com senso de direção. É viver a vida completamente alerta e consciente da morte. Assim o seu rio da vida passa a ter duas margens. Vida e morte, e o rio da consciência flui entre as duas. Qualquer pessoa que esteja tentando viver a vida negando que a morte faça parte dela só está levando em consideração uma margem; o seu rio da consciência não pode ser total. Ficará faltando alguma coisa; algo muito bonito ficará faltando. A vida dela será superficial, não terá profundidade. Sem a morte, não existe profundidade.

E, se você vai para o outro extremo, como fazem os indianos — eles já começam a viver com a lembrança constante da morte: amedrontados, temerosos, rezando, fazendo coisas só para saber como se tornar imortal, não morrer nunca — então eles param de viver totalmente. Isso é obsessão. Eles também só fluem levando em conta uma margem; a vida deles também será uma tragédia.

O Ocidente é uma tragédia, o Oriente é uma tragédia, porque uma vida completa ainda não foi possível. É possível ter uma bela vida de sexo lembrando-se da morte? É possível comer, e comer com prazer, lembrando-se da morte? É possível amar, e amar profundamente, sabendo muito bem que você vai morrer e as pessoas que você ama também? Se for possível, então uma vida completa passa a ser possível. Então você está totalmente equilibrado; você está completo. Nada lhe falta; você se sentirá realizado; um profundo contentamento descerá sobre você.

No Oriente, desenvolveram-se muitas disciplinas que permitem à pessoa saber de antemão quando ela vai morrer. Mas por que se preocupar com isso? No que vai ajudar? Para que serve?

Se você perguntar aos psicólogos ocidentais, eles vão achar isso quase patológico, um tipo de morbidez. Por que se preocupar com a morte? Evite-a. Continue acreditando que a morte não vai acontecer, pelo menos não com você. Ela sempre acontece com os outros. Você viu pessoas morrerem, nunca viu você mesmo morrendo, então por que temer? Você pode ser uma exceção.

Mas ninguém é uma exceção, e a morte já aconteceu no seu nascimento, de modo que você não pode evitá-la. Agora o nascimento está além do seu controle. Você não pode fazer nada a respeito; ele já aconteceu, já passou. Já está feito, você não pode desfazer. A morte ainda vai acontecer; é possível fazer alguma coisa a respeito.

Toda a religião oriental depende da visão da morte, porque essa é a possibilidade que vai se tornar uma certeza. Se você a conhece de antemão, grande é a possibilidade. Muitas portas se abrem. Então você pode morrer à sua própria moda. Você pode morrer assinando a sua própria morte. Você pode dar um jeito de não nascer outra vez — esse é o sentido de tudo.

Não é mórbido. É científico, muito científico. Se todo mundo vai morrer, é pura tolice não pensar sobre a morte, não meditar sobre ela, não se concentrar nisso e não passar a entendê-la profundamente.

Ela vai acontecer. Se você sabe disso, muita coisa é possível.

Patanjali, o fundador da Ioga, diz que a data exata, até mesmo a hora, o minuto e o segundo da morte podem ser conhecidos de antemão. Se sabe exatamente quando a morte vai acontecer, você pode se preparar. A morte tem de ser recebida como uma convidada de honra. Ela não é uma inimiga. Na verdade, ela é uma dádiva de Deus. Vivê-la é uma grande oportunidade. Ela pode ser uma grande guinada; se você morrer alerta, consciente, atento, você nunca mais nascerá outra vez e nunca mais haverá morte. Se perder essa oportunidade, você nascerá outra vez. Se continuar perdendo, você renascerá várias e várias vezes, até que aprenda a lição da morte.

A intensidade da morte é tamanha que as pessoas quase sempre ficam inconscientes. Elas não conseguem encará-la. No momento da morte você fica com tanto medo, fica tão ansioso, que para evitá-la você fica inconsciente. Quase noventa e nove por cento das pessoas morrem inconscientes. Elas perdem a oportunidade.

Conhecer a morte de antemão é só um método para ajudar você a se preparar, de modo que, na ocasião em que a morte vier, você esteja perfeitamente alerta e consciente, à espera, pronto para ir com ela, pronto para se entregar e para aceitá-la. Depois que tiver aceitado a morte conscientemente, não haverá mais nascimentos para você — você terá aprendido a lição. Não voltará para a escola novamente. Esta vida é só uma escola, uma disciplina, e uma disciplina para aprender sobre a morte. A morte não é mórbida.

Antes de a pessoa morrer, quase nove meses antes, algo acontece. Normalmente não estamos conscientes disso, porque não estamos conscientes de nada e o fenômeno é muito sutil. Eu digo "quase nove meses" porque isso varia. Depende do período transcorrido entre a concepção e o nascimento. Se você nasceu depois de nove meses no útero, então são nove meses. Se você nasceu depois de dez meses no útero, então são dez meses. Se você nasceu depois de sete meses no útero, então são sete meses. Depende do tempo entre a concepção e o nascimento.

Exatamente o mesmo tempo antes da morte, algo faz "clic" no hara, no centro do umbigo. Tem de fazer "clic" porque, entre a concepção e o nascimento, houve um lapso de tempo de nove meses. Você levou nove meses para nascer; levará exatamente o mesmo tempo para ser levado pela morte. Assim como se preparou durante nove meses no ventre da sua mãe para nascer, você terá de se preparar durante nove meses para morrer. Então o ciclo se completará. Algo acontecerá no centro do umbigo. Aqueles que estão conscientes imediatamente saberão que alguma coisa se rompeu no chakra do umbigo; agora a morte está mais próxima. Em aproximadamente nove meses...

Ou, por exemplo, existem outros presságios e portentos. A pessoa, antes de morrer, exatamente seis meses antes de morrer, quase não consegue ver a ponta do nariz, pois os olhos começam a virar para cima, muito lentamente. Na morte, eles ficam completamente virados para cima, mas começam a virar, a jornada de volta, antes da morte. Isso acontece: quando uma criança nasce, ela leva quase seis meses — isso é o mais comum, pode haver exceções —, a criança leva seis meses para conseguir fixar os olhos. Antes disso, os olhos ficam desfocados. É por isso que as crianças conseguem aproximar com facilidade as duas pupilas do nariz e afastá-las para o canto dos olhos. Os olhos delas ainda estão desfocados. No dia em que os olhos da criança se fixam... se isso acontece depois de seis meses ou nove meses, ou dez ou doze, então esse será o tempo exato que levará também na morte. Os olhos mais uma vez começarão a ficar desfocados e virarão para cima.

É por isso que, na Índia, os aldeões dizem — eles devem ter aprendido isso com os iogues — que, antes de morrer, a pessoa não consegue ver a ponta do próprio nariz. Existem muitos métodos usados pelos iogues para fitar a ponta do nariz. Eles se concentram nesse ponto. As pessoas que costumam se concentrar nesse ponto percebem que, um dia, não conseguem mais ver o próprio nariz. Nesse momento elas sabem que a morte está se aproximando.

De acordo com a fisiologia iogue, existem sete centros no ser humano. O primeiro são os órgãos genitais e o último é o *sahasrar*, na cabeça. Entre esses dois, existem mais cinco. Quando você morre, a morte acontece a partir de um desses centros. Isso mostra o crescimento que você alcançou ao longo da vida. As pessoas comuns morrem por meio dos órgãos genitais, pois durante a vida elas viveram às voltas com o centro do sexo, pensando continuamente em sexo, fantasiando sobre sexo e fazendo de tudo com relação ao sexo — como se a vida toda parecesse orbitar em torno do centro do sexo. Essas pessoas morrem por meio do centro do sexo. Se você evoluiu um pouco e conseguiu amar e ir além do sexo, então você morre a partir do centro do coração. Se você evoluiu completamente, se você se tornou um *siddha*, morrerá a partir do *sahasrar*. O centro a partir do qual você morre terá uma abertura, pois toda a energia vital escoará por ali.

Passou a ser um ato simbólico na Índia golpear a cabeça da pessoa, depois que ela morre e é posta na pira funerária. Isso é apenas um ato simbólico, pois, se a pessoa atingiu o supremo, a cabeça se quebrará por si só; a pessoa, porém, em geral não o atingiu. Mas nós temos esperança e rezamos, e quebramos o crânio. O ponto de escoamento se abre e pode ficar visível.

Haverá um dia, quando a medicina ocidental descobrir a fisiologia iogue, em que isso passará a fazer parte de todo *postmortem* — saber como a pessoa morreu. Agora os médicos só se interessam em ver se ela morreu naturalmente ou foi envenenada, assassinada ou se suicidou... só coisas comuns. O fundamental eles não vêem; o que precisa estar lá, no relatório, é o modo como a pessoa morreu: a partir do centro do sexo, do coração ou do *sahashar*? A partir de onde ela morreu? Existe uma possibilidade — e os iogues têm se empenhado muito nisso — de que isso possa ser visto no corpo, pois esse centro em particular se rompe, como se um ovo tivesse se quebrado e algo tivesse escoado por ali. Uma certa atividade ou movimento, um pouco acima do topo da cabeça, começa a ocorrer três dias antes de a pessoa morrer.

Essas indicações podem preparar você para receber a morte e, se você sabe como receber a morte numa grande celebração, com grande alegria e prazer — quase dançando e em êxtase —, você não nascerá outra vez. A sua lição está completa. Você aprendeu tudo o que tinha para ser aprendido aqui na terra. Agora você está pronto para seguir adiante rumo a uma missão maior, rumo a uma vida mais grandiosa e ilimitada. Agora você está pronto para ser absorvido pelo cosmo, pelo todo. Você conseguiu.

5. QUESTÕES NÃO-RESOLVIDAS

Se você deseja algo que não tem, esse desejo continuará incomodando você enquanto não for satisfeito. Portanto, se todos os desejos se extinguem, por que a pessoa deveria voltar a este mundo? Você só volta porque morre insatisfeito. E isso acontece muitas vezes. Você ainda está interessado na felicidade mundana; ainda existem desejos e eles gritam para você, "Aonde você vai? Volte aqui!" Ninguém manda você de volta para este mundo, é você que volta sozinho por causa dos seus desejos. Você volta por si mesmo; atravessa a ponte dos seus próprios desejos. O corpo fica para trás, mas você volta com a mesma mente e começa a sua jornada mais uma vez. Você entra em outro ventre e repete a mesma rotina.

A morte que se tornou o meio para outro nascimento não é, na verdade, uma morte de verdade. O místico Kabir diz que ela é uma "morte incompleta". É uma morte imatura, que não amadureceu completamente. Você não cresceu ainda. Ainda não se tornou sábio nem morreu uma morte madura. Você ainda não atingiu a sabedoria nem morreu uma morte madura. A sabedoria não vem necessariamente de mãos dadas com a maturidade. Os cabelos ficam grisalhos à medida que a vida passa, mas existe uma grande diferença entre conquistar sabedoria e ficar de cabelos grisalhos. A sabedoria só é conquistada quando os desejos da pessoa envelhecem e se esfacelam; só quando os desejos deixam de existir.

Os animais ficam velhos, as árvores ficam velhas e você também ficará velho um dia. Um dia você também irá morrer. Mas o homem cujos desejos envelhecem, o homem que sabe o que são os desejos, o homem cujos desejos fenecem, é o homem que conquista sabedoria. A morte desse homem é totalmente diferente. Kabir morre, Buda morre e você também morrerá, mas existe uma diferença qualitativa entre a sua morte e a morte de Kabir, entre a sua morte e a morte de Buda.

Kabir diz que todo mundo morre neste mundo, mas que ninguém morre da maneira certa e apropriada. Ele diz, assim como disseram todos os homens iluminados, que morrer é uma arte.

Você pode nunca ter pensado na morte dessa maneira; você nem sequer acha que viver seja uma arte. Você vive como um tronco flutuando no rio, sendo levado pela corrente. A sua vida é uma tragédia; ela não se tornou uma arte. Antes de dar um passo, você nem sequer pára e pensa.

Se alguém lhe pergunta, "Por que você fez tal coisa?", você não sabe o que responder. Embora elabore uma resposta e a dê, você sabe muito bem que essa não é absolutamente a resposta. É por isso que, do começo até o fim da vida, você não sabe o que é beleza, o que é verdade, o que é bem-aventurança. Você não viveu nenhuma dessas coisas. A sensação que você tem é que passou a vida toda vagando num deserto; como se não tivesse conquistado absolutamente nada na vida.

Mas isso tudo é bem natural, pois a sua vida não se tornou uma obra de arte. Do contrário, você poderia ter feito dela uma linda escultura. Você poderia ter dado à sua vida um formato definitivo; poderia ter tirado suas arestas, dado um polimento e posto à mostra o seu brilho intrínseco. Se você tivesse queimado todo o refugo da sua vida, teria conquistado a pureza do ouro agora. Se tivesse desbastado toda a pedra supérflua, cada membro da estátua agora seria puramente artístico. Você poderia ter criado com a sua vida uma bela escultura, uma linda obra de arte. Mas não, embora tenha feito muitas coisas na vida, você não realizou nada de substancial.

A sua vida não é uma arte; não é uma arte de maneira nenhuma — e Kabir disse que até a morte tem de ser uma arte completa. A morte é uma arte assim como a vida; e a morte é o teste. Se você viveu da maneira certa, pode morrer da maneira certa.

Se não viveu da maneira certa, você não será capaz de morrer da maneira certa. A morte é a oferenda final. É a mais elevada; é o coroamento ou o apogeu. A morte é a essência e o florescimento da vida. Como você pode morrer direito se passou a vida toda vivendo do modo errado? Como a morte pode ser cheia de significado se a sua vida foi um desperdício? Como uma árvore cujas raízes estão podres pode dar um fruto doce? É impossível.

Qual é o segredo da arte da vida? O segredo é este: viva a vida com consciência plena. Não tateie na escuridão; não ande dormindo; ande com consciência. Faça o que fizer, não importa o que seja — mesmo que seja algo tão insignificante quanto abrir e fechar os olhos —, faça com toda atenção, faça com consciência. Quem sabe? Tudo pode depender desse ato singelo, abrir e fechar os olhos. Você pode estar andando na rua e ver uma mulher e pode passar a vida inteira ao lado dessa mulher! Até ao abrir e fechar os olhos, esteja alerta.

Buda costumava dizer aos discípulos para que não olhassem a uma distância maior do que um metro e meio à frente, enquanto caminhassem. Ele sempre dizia, "Para caminhar, essa distância é mais do que suficiente". Não é preciso olhar em volta ou ficar o tempo todo olhando para todos os lados. Quando percorrer a distância de um metro e meio à sua frente, volte os olhos para o espaço de um metro e meio diante dos seus pés. Isso chega; você pode andar milhares de quilômetros dessa maneira. Para que olhar em volta? Não fique olhando para tudo. Uma jornada como essa nunca tem fim.

Se examinar a sua vida, você vai ver que tudo o que acontece tem sido acidental e fortuito. Algo acontece acidentalmente e, por causa disso, o curso de toda a sua vida muda. Você estava andando na rua, a caminho do templo, por exemplo, e uma mulher sorriu para você. Em vez de chegar no seu destino, você se desvia. Casa-se com essa mulher; tem filhos. Você ficou ansioso para se casar com ela e então foi pego na grande roda que nunca pára de girar. Nunca lhe ocorreu que tudo isso tenha sido causado pelo acaso, por acidente? Se tivesse seguido o conselho de Buda e de seus discípulos, talvez isso nunca tivesse acontecido.

Para aprender a arte de viver, lembre-se disto: nunca aja inconscientemente, nunca aja dormindo. Nunca deixe que nada lhe aconteça à sua revelia. Primeiro olhe bem para aquilo. Primeiro pondere a respeito. Olhe para aquilo firmemente, com discrição e sabedoria, antes de colocá-la em prática. Se fizer isso você verá que a vida tem uma espécie de beleza, uma certa elegância. Você passa a ser como um escultor, como a situação em que escultor e pedra não estão separados. Você é o escultor, você é a estátua, você é a pedra e você é o cinzel. Você é todas as coisas, é tudo.

Se viver com consciência, você descobrirá que o cinzel fez seu trabalho muito bem. Ele desbastou a pedra excedente e não deixou que restasse nada inútil. O cinzel desbastou o supérfluo e foi direto à essência. E então, um dia, você descobrirá que alcançou um tipo de beleza, que atingiu uma consciência profunda.

Se ficou desperto e alerta até a morte, você viveu do jeito certo. Então conseguirá ir ao encontro da morte do jeito certo também.

Em sua poesia, Kabir canta, "Morrendo, morrendo, tudo continua morrendo". Kabir diz que todas as pessoas neste mundo morrem, que a morte é uma ocorrência diária e que ela acontece a todo instante. Ele diz que estamos cercados de todos os lados pelo oceano da morte. Tudo está submergindo nela continuamente. "Ninguém morre uma morte apropriada." Ninguém morre da maneira correta. Kabir está dizendo que ninguém morre com consciência.

Ele diz, "Kabir encontrou a morte, nunca mais morrerá novamente". Essa é a arte. Essa é a constatação de que não existirá mais a morte. Se você fez a coisa certa uma vez, não terá de fazê-la de novo. Você só tem de fazer uma coisa de novo se não conseguiu fazê-la corretamente da primeira vez. A existência nos dá várias oportunidades de vivermos corretamente. Ela não tem pressa; ela tem tempo para esperar. E, enquanto continuar cometendo os mesmos erros, você vai sendo mandado para este mundo. Você só será pego na rede quando conseguir voltar para a existência com uma experiência plena e completa desta vida.

Você é como uma criança que repete de ano várias e várias vezes até tirar boas notas. Dizemos a ela que não poderá passar para a série seguinte enquanto não concluir a que está fazendo. A morada do amor continuará fechada para você da mesma maneira até que você entre nela com vida.

A arte da vida é viver com êxito. E a pessoa que consegue isso não tem nada mais a aprender neste mundo. Ela aprendeu tudo o que poderia ter aprendido neste mundo da matéria. Ela passou pela provação das aspirações e pelo fogo dos desejos. Agora a porta para um grau superior se abre para ela; agora ela é admitida ali. Ela aprendeu tudo que há para aprender aqui neste mundo. Então esta porta se fecha para ela. Ela não pode mais voltar: "Kabir encontrou a morte, nunca mais morrerá novamente".

Viva de tal modo que não haja mais nascimentos e morra de tal modo que nunca mais haja outra morte. Se houver nascimento então certamente haverá morte; a morte será um resultado natural. Então viva de modo que não haja mais nascimento; e então não haverá mais morte também.

Todo mundo quer ser poupado da morte. Você já viu alguém que não queira ser poupado da morte? Então por que essas pessoas não são poupadas? Ninguém pode poupá-lo da morte enquanto você não quiser ser poupado do nascimento. O nascimento é o outro extremo da morte. Se diz que quer nascer várias e várias vezes eternamente, você está falando bobagem. Tudo o que isso significa é que você não entendeu uma regra muito simples de aritmética — a de que o nascimento é um pólo da vida e a morte é o outro.

O homem que nasceu terá de morrer. Uma coisa que começou tem de acabar. Se não houver fim também não pode haver começo. Portanto, se você quer evitar o fim, nunca queira começar. Não anseie pelo começo se você quer o fim dos começos, se você quer o infinito. Simplesmente tente evitar o começo.

Até mesmo as pequenas experiências da vida ajudarão você nesse intento. As pessoas me procuram e dizem, "Queremos parar de sentir raiva. O que devemos fazer?" Digo a elas para ficarem alertas desde o início. Se a raiva já se apossou de você, vai ser muito difícil, quase impossível evitá-la ou livrar-se dela. Você terá de senti-la. Não interessa que sinta por um tempo curto ou prolongado, você terá de passar por ela. Pode demorar algum tempo, mas tudo o que começa sem dúvida um dia acabará.

Você quer evitar a morte. Mas você nem sequer sabe quando a morte começa. As pessoas acham que a morte começa na velhice, quando o corpo fica incapacitado, quando a medicina nada mais pode fazer ou quando os médicos perdem as esperanças. Se pensa assim, você está errado. Então você terá de morrer vezes sem conta; você não será capaz de entender a verdade da vida.

A morte se inicia com o nascimento.

Se olhar esse fenômeno a fundo, você também verá que a morte se inicia junto com a concepção. Quando nasce, você já está morto há nove meses, pois durante nove meses você viveu no útero. Esses nove meses que começaram no momento da concepção têm certamente de ser incluídos na jornada em direção à morte. Você já tinha nove meses de idade na época do seu nascimento. Esses meses de idade já estavam nas suas costas. O seu nascimento na verdade começa no momento em que a sua essência entra no útero e esse é também o começo da sua morte.

Você está morrendo todos os dias. A morte não é algo que acontece no fim da sua vida.

A morte não é um milagre, não é um truque de mágica. A morte é um processo. Você está morrendo lentamente, morrendo bem lentamente todos os dias até que chega o dia em que esse processo de morte chega ao fim. A morte é o final desse processo. A morte é o fim do começo. E ela demora bastante tempo, quase setenta anos!

Se você quer ser poupado da morte, então procure não entrar em outro útero. Se não quiser entrar em outro útero, então mergulhe cada vez mais fundo dentro de si mesmo. À medida que faz isso, você começa a perceber, você passa a entender a verdadeira arte da vida e da morte; você passa a saber o que a vida e a morte realmente são. Se não quer entrar em outro útero, você terá de evitar os desejos, terá de não desejar mais.

Um ancião que esteja morrendo, que esteja à beira da morte, mas que ainda seja apegado à vida, dirá, "Se ao menos eu tivesse um pouco mais de tempo, poderia realizar todos os meus desejos não satisfeitos. Minha casa não está acabada ainda e eu ainda tenho de ver o meu filho se casar. Ainda existem tantos outros desejos a realizar. Só recentemente eu comecei a realizá-los. Será justo ou certo que eu seja levado deste mundo? Só ultimamente eu tenho conseguido organizar as coisas melhor. E eu estava planejando tirar umas férias. Agora que os meninos cresceram e começaram a se sustentar, eu estava pensando em dedicar algum tempo a Deus, ir à igreja e cantar hinos".

Ninguém jamais faz o que acha que faria. No entanto, quando a morte chega, a pessoa sempre pensa, "Se eu tivesse mais tempo eu o passaria prestando culto a Deus. Parece tão injusto que Deus me tire a vida sem permitir que eu satisfaça os meus desejos".

Essa é a dificuldade na hora da morte. Os desejos da pessoa ainda não foram completamente satisfeitos e o corpo já está pronto para deixá-lo. Então esses desejos incompletos e insatisfeitos imediatamente buscarão outro nascimento. Eles têm de ser satisfeitos. Você não consegue se libertar deste mundo antes disso. O seu desejo de ter mais um tempinho de vida, de viver um pouco mais é o que causa mais um nascimento.

Portanto, entenda bem que o começo da morte não é realmente no útero; ele acontece antes de você entrar no útero. Essa cadeia de morte começou quando você ansiou por mais vida no instante da sua morte anterior. Quando mergulha fundo no fenômeno, você descobre que os desejos são os elos da cadeia de mortes. Trate-se de um homem velho ou jovem, ele tem desejos que quer satisfazer — e essa é a causa das séries de nascimentos e mortes. Buda dizia constantemente: Liberte-se dos desejos e você estará livre do *samsar*, livre deste mundo.

Por isso não cultive desejos, quaisquer que sejam eles. Fique feliz com o que você é e satisfeito com isso. Assim não haverá outro nascimento para você. Você precisa estar contente — como se já tivesse alcançado o seu objetivo; como se já não houvesse mais nenhuma jornada a empreender; como se não houvesse lugar nenhum para ir. Não importa o que você já tenha conquistado, isso já deve ser mais do que o suficiente. Não deve haver mais nenhum pensamento acerca de conquistar mais do que você já conquistou.

Se isso acontece com você, como nascerá de novo? Você morrerá totalmente satisfeito. E a pessoa que morre totalmente satisfeita não tem razão para voltar novamente. Essa pessoa já conhece a arte de morrer. A pessoa que morre sem desejos conhece a arte de morrer.

Ao conquistar sabedoria, ao se sentir satisfeito, Kabir morre. Ele morre conhecendo a realidade, conhecendo a verdade. E você morre sem conhecê-la em absoluto. Você morre sem estar satisfeito, sem ter acordado e sem ter sabedoria. Depois de envelhecer, você morre; depois de ter conquistado sabedoria, os iluminados morrem. É isso o que Kabir está dizendo. Você morre num estado de desamparo, implorando pela ajuda de alguém e lamentando pelos médicos e remédios.

A pessoa morre, mas não quer morrer. Ela morre porque não pode fazer mais nada. Você tenta tantos truques para não morrer! Você acredita nas falsas garantias que os astrólogos e os chamados homens santos lhe dão. Algumas pessoas chegam até a usar amuletos na tentativa de escapar da morte. Você tenta todo tipo de coisa para se salvar.

Ficar velho não é o mesmo que ficar sábio. Conquistar sabedoria significa que você percebeu que não vale a pena conquistar nada nesta vida e que não existe nada que valha a pena salvar. Conquistar sabedoria significa que você já teve todos os desejos e descobriu que eles não têm substância. Você fez amor e descobriu que aquilo não passava de luxúria; você descobriu que a natureza simplesmente usa você como um meio de perpetuar as espécies. Você ganhou dinheiro e descobriu que, muito embora seja considerado valioso nesta sociedade, ele não passa de um pedaço de papel sujo. Você conquistou um cargo de poder e centenas de milhares de pessoas olham para você com respeito e temor reverente, mas você percebeu que a sua posição não lhe trouxe nenhum contentamento, que a sua mente continua descontente.

Você escalou os píncaros do ego e descobriu que ali só havia mesquinhez e baixeza. Você viveu em palácios, mas a sua pobreza interior continua.

Você pode ter ganho todas as coisas e conquistado tudo, mas, só quando percebe que todas essas conquistas não significaram nada além de perdas, você se torna uma pessoa sábia. Só então você percebe que não existe nada nesta vida que valha a pena conquistar. Apesar de ter procurado em todos os cantos e recessos, você descobriu que não existe nada com substância na sua vida.

Você descobriu isso a partir da sua vasta experiência. Não foi ouvindo alguém dizer ou lendo as palavras de Kabir ou as minhas que você percebeu que todo este jogo da vida se realiza na ignorância. Você percebeu isso por meio das suas próprias tentativas e da sua própria experiência.

Neste mundo não há lugar para a pessoa iluminada. Aqui, não existe nada para ela fazer. Este mundo é um brinquedo de criança. As crianças estão brincando com ele, estão ocupadas com ele. Se é iluminado, você dá risada; você verá também que ele é só um brinquedo. Então você descobre. Você fica iluminado. E no momento em que percebe isso, a cadeia de desejos se rompe.

No momento da morte, você faz o máximo para se salvar. Você fica apavorado e trêmulo. Você fica num oceano de inquietude e agitação. Você é arrastado para a morte; você não quer que a sua força vital deixe o seu corpo. Você se agarra ao corpo o quanto pode e é separado dele na marra. Você morre lamentando-se; morre angustiado. Você morre como um derrotado; em total desamparo.

Sente-se perto de um homem que esteja morrendo e veja os esforços frenéticos que ele faz para se agarrar à vida. Faça isso, pois talvez você não esteja consciente o bastante para ver tudo isso no momento da sua própria morte. O homem moribundo tenta se agarrar a qualquer coisa para viver um pouco mais e ficar um pouco mais do lado de cá. O chamado para passar para o outro mundo já foi dado — o barco está esperando por você na margem, o barqueiro está acenando, pedindo que você se apresse, dizendo, "O seu tempo acabou", pedindo, "Por que você está se demorando tanto nessa margem?"

Você diz, "Por favor, espere um momento. Deixe-me ter um pouco mais de felicidade! Eu ainda não fui feliz na vida". Você foi infeliz a vida inteira e ainda quer viver só um pouco mais na esperança de conquistar um pouco de felicidade. A tragédia é essa.

Você morre insatisfeito, morre com sede. Você bebeu a água de vários regatos, mas a sua sede não foi saciada. A sua fome é insaciável, você não conseguiu satisfazer o seu apetite, portanto os seus desejos continuam sendo iguais. Muito embora você tenha passado por todo tipo de experiência, os desejos continuam existindo. Eles continuam incomodando você até mesmo no momento da morte. Esse tipo de morte é a morte de uma pessoa tola e ignorante.

Se, depois de passar por todo tipo de experiência, os seus desejos começassem a se desvanecer e você começasse a rir — se percebesse que tentar conseguir um pouco de felicidade nesta vida é como tentar extrair óleo da areia... Se visse que não existe nenhum tipo de relacionamento autêntico nesta vida e que não existe meio de se conseguir felicidade aqui... Se visse que você perambula por aí em vão, que tem vivido num sonho... Se tomasse consciência de tudo isso, então você teria se tornado um homem sábio. Torne-se sábio antes da morte. Você já morreu tantas vezes...

Se a morte bater à sua porta para buscá-lo, receba-a com plena consciência. Acompanhe a morte como faria um homem iluminado. Não chore, nem se lamente, nem grite como uma criança de quem tiraram um brinquedo. Não seja infantil no momento da sua morte.

Morra com um sorriso no rosto.

Diga à morte, "Você é bem-vinda. Estou pronto para recebê-la".

E, quando disser isso, que não reste em você nenhum traço de arrependimento. A bem da verdade, se você de fato conheceu a vida haverá êxtase e bem-aventurança na sua voz — e nenhum traço de pesar.

Um músico novato uma vez foi a uma cidade cuja maior parte da população era constituída de músicos. A cidade inteira se reuniu para ouvir o novo músico que acabara de chegar. Ele era, na verdade, um iniciante, estava apenas aprendendo. Mal sabia o bê-á-bá da música, no entanto, ele tinha o hábito de visitar lugares onde ninguém sabia nada a respeito de música e por isso os seus parcos conhecimentos sempre eram considerados magistrais. Mas havia especialistas nessa cidade; a música clássica corria nas veias desse povo.

Mal começou a tocar a primeira nota, ele ouviu alguém gritar, "Bis! Bis!" Ele entendeu mal. Pensou, "Que gente mais simpática! Eles são de fato grandes amantes da música! São tudo o que me disseram que eram". Então ele cantou mais e outra vez a platéia gritou, "Bis!" Então ele continuou por sete ou oito vezes.

A garganta do rapaz começou a doer e ele começou a ficar exausto. Até que finalmente disse, "Amigos, estou tocado com o amor de vocês, mas, por favor, me perdoem. Não dá para continuar! Estou a ponto de perder a voz".

Então toda a platéia gritou, "Você terá de continuar cantando até começar a cantar decentemente!"

O iniciante pensara o tempo todo que os gritos da platéia eram um elogio ao seu canto. Mas as pessoas eram especialistas. "Se está a ponto de perder a voz", gritaram elas, "então que perca, pois terá de continuar cantando até começar a cantar decentemente!"

Você será muitas vezes mandado de voltar para o *samsar*, para este mundo, mas não pense que é porque você é muito importante ou alguém de valor. O fato de você ser mandado de volta é uma mensagem da existência de que você terá de continuar cantando até aprender a cantar a canção da vida corretamente. Você precisa dessa prática e dessa repetição porque você sempre volta sem tê-la concluído. A existência não aceita coisas incompletas; ela só aceita o que foi concluído.

O homem que conhece a verdade da vida se encherá de alegria na chegada da morte, porque ele logo se libertará do emaranhado do *samsar*, do emaranhado deste mundo. Logo esse alvoroço terá acabado; esse brinquedo de criança será posto de lado.

Agora esse homem é merecedor da jornada para o lugar de onde não há retorno.

6. RESPOSTAS A PERGUNTAS

Existe vida após a morte?

Essa é uma pergunta errada, sem sentido. A pessoa nunca deve saltar à frente de si mesma; há toda chance de ela cair de cara no chão. É preciso fazer a pergunta básica, começar do começo. Minha sugestão é que se faça uma pergunta mais básica.

Por exemplo, você pode perguntar, "Existe vida após o nascimento?" Isso seria mais básico, porque muitas pessoas nascem, mas poucas têm vida. Só o fato de nascer não é o bastante para você ter vida. Você existe, certamente, mas a vida é mais do que mera existência. Você nasceu, mas, a menos que renasça em seu ser, você não vive, nunca vive.

O nascimento é necessário, mas não suficiente. Algo mais é necessário, do contrário a pessoa simplesmente vegeta, simplesmente morre. Evidentemente, trata-se de uma morte muito gradativa — e você vive tão inconsciente que nunca percebe isso, nunca se dá conta. Do nascimento até a morte, há uma longa progressão de morte. É muito raro encontrar uma pessoa viva. Um Buda, um Jesus, um Kabir — eles estão vivos. E esse é o milagre: nenhum dos que estão vivos faz a pergunta, "Existe vida após a morte?" Eles sabem. Eles sabem o que a vida é e esse conhecimento faz com que a morte desapareça. Depois que você sabe o que a vida é, a morte deixa de existir. A morte só existe porque você não sabe o que é a vida, porque você não tem consciência dela, da sua imortalidade. Você não tocou a vida, daí o medo de que a morte exista. Depois que você souber o que a vida é, nesse momento, a morte deixa de existir.

Acenda a luz num cômodo escuro e a escuridão desaparece; conheça a vida e a morte desaparece. A pessoa que está realmente viva simplesmente ri de qualquer possibilidade de morte. A morte é impossível; a morte não pode existir, pela própria natureza das coisas: aquilo que existe permanecerá, sempre permaneceu. Aquilo que existe não pode desaparecer. Mas não teoricamente; você tem de passar por essa experiência existencialmente.

Essa pergunta costuma ficar na cabeça, formule-a você ou não — "O que acontece depois da morte?" —, porque nada acontece antes da morte, essa é a razão da pergunta. Porque a vida não começou nem depois do nascimento, como você pode acreditar que a vida vai acontecer depois da morte e confiar nisso? Ela não aconteceu depois do nascimento, como pode acontecer depois da morte? E a pessoa que conhece a vida sabe que a morte é outro nascimento e nada mais do que isso. A morte é outro nascimento; uma porta que se abre. A morte é o outro lado da mesma porta que você chama de nascimento: de um lado a porta é conhecida como morte, do outro lado ela é conhecida como nascimento.

A morte traz outro nascimento, outro começo, outra jornada — mas isso para você será só especulação. Não significará muito a não ser que você saiba o que é a vida. É por isso que eu digo, faça a pergunta certa. Uma pergunta errada não pode ser respondida. Estou aqui para ajudar você a conhecer algo, não para ajudá-lo a se tornar um grande especulador ou pensador. A experiência é o objetivo, e não o filosofar — e só a experiência soluciona o enigma.

Você nasceu, mas ainda não nasceu de fato. Um renascimento é necessário; você tem de nascer duas vezes. O primeiro nascimento é só o nascimento físico, o segundo nascimento é o nascimento de verdade: o nascimento espiritual. Você tem que passar a se conhecer, saber quem você é. Você tem de fazer esta pergunta, "Quem sou eu?" E, enquanto há vida, por que não investigar a própria vida? Por que se incomodar com a morte? Quando ela vier, você pode encará-la e conhecê-la. Não perca essa oportunidade de conhecer a vida enquanto a vida o circunda.

Se tiver conhecido a vida, você certamente conhecerá a morte e, nessa ocasião, ela não será sua inimiga, será sua amiga. A morte não será nada além de um sono profundo. Mais uma vez haverá uma manhã, mais uma vez haverá um recomeço. A vida não passará de um repouso, um profundo e necessário repouso. Depois de toda uma vida de tribulação e cansaço, a pessoa precisa de um grande repouso. A morte é a volta para a fonte, assim como é o sono.

Toda noite você morre uma pequena morte. Você a chama de sono; seria melhor chamá-la de pequena morte. Você desaparece da superfície e se volta para o âmago do seu ser. Você se perde, não sabe mais quem é. Você esquece tudo sobre o mundo, os relacionamentos, as pessoas. Você passa por uma pequena morte, uma morte diminuta, mas até mesmo essa pequenina morte revigora você. Pela manhã, você está cheio de energia e disposição novamente, com a vida palpitando nas veias, mais uma vez pronto para empreender milháres de aventuras, enfrentar o desafio. À noite, você estará cansado outra vez.

Isso acontece diariamente. Você não sabe nem mesmo o que é o sono; como pode saber o que é a morte? A morte é um grande sono, um grande repouso depois de toda uma vida. Ela faz de você um novo ser, ela o deixa revigorado, ressuscita você.

O inferno existe mesmo?

Eu ouvi uma história:

Um ateu perguntou a um padre... porque o padre havia dito em seu sermão daquele dia que as pessoas que acreditam em Deus e praticam bons atos vão para o céu e as pessoas que não acreditam em Deus e que são pecadoras vão para o inferno.

O ateu levantou a mão e perguntou, "Senhor, é preciso esclarecer uma questão. O que dizer então das pessoas que não acreditam em Deus, mas praticam bons atos, para onde elas vão? E o que dizer das pessoas que acreditam em Deus e, mesmo assim, são pecadoras, para onde elas vão?"

O padre não sabia o que dizer, naturalmente. Se ele dissesse que as pessoas virtuosas vão para o inferno porque não acreditam em Deus, isso não iria parecer certo. Então para que ser virtuoso? A pessoa poderia acreditar em Deus e cometer todos os pecados. Para que se preocupar em ser virtuosa? Se ele dissesse que essas pessoas que acreditam em Deus iriam para o céu, mesmo sendo pecadoras, então bastaria acreditar em Deus. Então isso significaria que Deus não está interessado em saber o que você faz, ele não está interessado em saber dos seus atos. Você pode matar, pode ser um Gêngis Khan ou um Adolf Hitler, basta que acredite Nele.

E Adolf Hitler acreditava em Deus, lembre-se. Gêngis Khan também acreditava em Deus; a primeira coisa que ele fazia era rezar, depois cometia toda sorte de atrocidade, carnificinas inimagináveis.

O padre devia ser uma pessoa muito perspicaz, alerta. Ele disse, "Por favor, dê-me um tempo. A pergunta é difícil, não é tão fácil. No próximo domingo eu responderei".

Os sete dias seguintes foram um verdadeiro inferno para o padre; ele tentou de todas as maneiras encontrar uma resposta, mas nada fazia sentido. O domingo chegou e ele sabia que o ateu estaria lá, mas não dar uma resposta seria humilhante. Então ele fez uma breve prece a Jesus Cristo implorando, "Ajude-me! Eu sou seu servo, tenho falado em seu nome. Agora ajude-me — o que eu faço? Esse homem vai criar problema!"

Orando para Jesus — e durante sete dias ele não dormiu, só pensava a noite toda, o dia todo —, ele caiu no sono diante da imagem de Jesus Cristo e teve um sonho. No sonho, ele viu um trem prestes a partir para o céu. Ele saltou para dentro do trem e disse, "É isso mesmo. Por que não vou lá e vejo com os meus próprios olhos? Se eu ver Adolf Hitler, Gêngis Khan, Tamburlaine no céu, a questão está resolvida. Ou, se eu vir Sócrates, que não acreditava em Deus, mas foi um dos homens mais virtuosos que já existiu, se eu vir Gautama Buda, que não acreditava em Deus, mas foi uma das pessoas mais bondosas que já caminhou sobre a terra, então o problema está solucionado".

Ele correu para pegar o trem e o trem partiu, chegando no céu. O padre ficou um pouco surpreso, intrigado, porque o céu não parecia lá muito celestial; era triste, monótono, desanimado, não era alegre, ensolarado, com música no ar. Ele tinha ouvido falar tanto sobre os anjos que viviam tocando harpa, cantando e dançando. Mas ele não via nenhuma harpa, nenhuma música, nenhuma dança. Só uns poucos santos com uma expressão aparvalhada, sentados sob as árvores, cobertos de poeira.

Ele questionou, procurou o chefe da estação e perguntou, "Será que houve um engano? Isso aqui é mesmo o céu?" O chefe da estação respondeu, "Isso mesmo. Aqui é o céu".

Mas o padre retrucou, "Parece mais o inferno! Não há nenhum trem partindo para o inferno? Porque eu gostaria de conhecê-lo também, para poder comparar".

O padre fez a reserva e foi para o inferno. E ficou ainda mais surpreso. Havia alegria, cantoria, música no ar; tudo era ensolarado e brilhante. As pessoas estavam trabalhando, elas tinham um brilho no olhar. Não havia nenhum diabo, nenhum fogo do inferno, nenhuma tortura, nada disso. Então o padre exclamou, "Isso mais parece o céu!"

O chefe da estação então disse, "É, agora parece, mas antes costumava ser do jeito que é descrito nas escrituras. Desde que Buda, Mahavira e Sócrates vieram para cá, eles o transformaram".

Tudo depende de você. O inferno não faz parte da geografia, ele é parte da sua psicologia, assim como acontece com o céu. Você cria o seu inferno e cria o seu céu. E ele não está no futuro. Neste exato momento, alguém está vivendo no céu e alguém está vivendo no inferno, e eles podem estar sentados lado a lado, podem ser amigos.

Não se preocupem com o céu e com o inferno; eles são apenas estados. Se vive na mente, você vive no inferno. Se vive na não-mente, você vive no céu.

Se Deus é bom, por que a morte existe?

Você vê alguém morrendo e imediatamente surge um problema na mente aristotélica: se Deus é bom, por que a morte? Se Deus é bom, por que a pobreza? Se Deus é bom, por que o câncer? Se Deus é bom, então tudo tem de ser bom. Do contrário, surge a dúvida: não é possível que Deus exista. Ou, se ele existe, então não pode ser bom. Como você pode chamar um deus de "Deus", se ele nem sequer é bom? Então, há séculos, toda a teologia cristã tem se ocupado deste problema; como solucioná-lo? Mas é impossível — porque com a mente aristotélica é impossível. Você pode evitar a questão, mas não pode resolvê-la completamente, pois ela tem origem na própria estrutura dessa mente.

No Oriente, dizemos que Deus não é nem bom nem ruim, portanto, aconteça o que acontecer, isso é aceito. Não existe nenhum valor moral no conceito de Deus; você não pode dizer que ele é bom ou ruim. Você só faz isso porque tem uma determinada mente. É em referência à sua mente que uma coisa passa a ser boa e outra passa a ser ruim.

Agora olhe... Adolf Hitler nasceu; se a mãe dele o tivesse matado, isso teria sido bom ou ruim? Agora podemos ver que, se a mãe dele o tivesse matado, isso seria muito bom para o mundo. Milhões de pessoas foram mortas; seria melhor matar uma pessoa só. Mas, se a mãe de Adolf Hitler o tivesse matado, ela teria sofrido uma grande punição. Ela poderia ter recebido uma sentença de morte ou poderia ter sido fuzilada pelo governo, pela justiça ou pela polícia. Ninguém teria dito que o governo estava errado, porque é um pecado matar uma criança. Mas você percebe as implicações?

Seja o que for que você diga que é bom, só é bom do ponto de vista de uma mente tacanha. Seja o que for que você diga que é ruim, isso só é ruim do ponto de vista de uma mente tacanha.

Se eu abrir mão das minhas crenças, a que vou me apegar na hora da morte?

Quando a morte bater à sua porta, você saberá que todas as suas crenças desapareceram. A crença na imortalidade da alma não ajudará você quando a morte bater à sua porta — você vai chorar, lamentar e se agarrar à vida.

Quando a morte chegar, você se esquecerá de tudo a respeito de Deus; quando ela chegar, você não conseguirá se lembrar da teoria — e das suas complicadas implicações — sobre a reencarnação. Quando a morte vier, ela levará abaixo todo o arcabouço de conhecimento que você construiu ao seu redor, ela levará você absolutamente vazio e com a consciência de que toda a sua vida foi um desperdício.

A sabedoria é um fenômeno totalmente diferente: ela é experiência, não crença. Ela é uma experiência existencial, não é um conhecimento "aproximado". Você não acredita em Deus, você sabe que ele existe. Você não acredita na imortalidade da alma, você a vive. Você não acredita na reencarnação, você se lembra; você se lembra de que já esteve aqui várias vezes. E, se foi assim no passado, haverá de ser no futuro.

Você se lembra de que já teve muitos corpos: já foi uma rocha, já foi uma árvore, já foi animais, pássaros, um homem, uma mulher. Já viveu de muitas formas diferentes. Você vê as formas mudando, mas a consciência interior permanecendo a mesma; assim, você vê apenas as mudanças superficiais, mas a essência é eterna.

Isso é ver, não é acreditar. E todos os mestres de verdade estão interessados em ajudar você a ver, não a acreditar. A sabedoria nasce dentro de você, ela não é uma escritura. Você começa a ler a sua própria consciência.

Para mim, parece que o conceito cristão de alma é o que você quer dizer com "Eu" verdadeiro, aquele que é o observador. Por que Jesus não falou sobre a possibilidade de reencarnação da alma? Essa parece ser uma diferença entre as religiões ocidentais e orientais. Você pode dizer algo a respeito?

Jesus conhecia perfeitamente bem a reencarnação.

Existem referências indiretas ao longo de todos os evangelhos. Não faz muito tempo eu estava dizendo, citando Jesus, "Antes de Abraão eu sou". E Jesus disse, "Eu voltarei". E existem milhares de referências indiretas à reencarnação. Ele sabia muito a respeito, mas existem algumas razões por que ele não falava sobre o assunto, por que não fazia pregações a respeito.

Jesus tinha visitado a Índia e vira o que aconteceu ali por causa da teoria da reencarnação. Na Índia, essa teoria era ensinada quase cinco mil anos antes de Jesus. E era uma verdade, não era uma teoria; a teoria baseava-se na verdade. O homem tem milhões de vidas. Isso foi ensinado a Mahavira, a Buda, a Krishna, a Rama; todas as religiões indianas concordam nesse ponto. Você ficará surpreso ao saber que essas religiões não concordam com respeito a nada, somente a essa teoria.

Os hindus acreditam em Deus e na alma. Os jainas não acreditam em Deus, só acreditam na alma. E os budistas não acreditam nem em Deus nem na alma. Mas, quanto à reencarnação, todos estão de acordo

— até os budistas estão de acordo, embora não acreditem em alma. Uma coisa muito estranha... então o que reencarna? Nem mesmo ELES podem negar o fenômeno da reencarnação, embora neguem a existência da alma; eles dizem que a alma não existe, mas a reencarnação existe. E era muito difícil para eles provar a reencarnação sem a alma; parece quase impossível. Mas eles encontram um jeito — evidentemente é algo muito sutil e muito difícil de compreender, mas eles parecem estar mais perto, o mais perto possível da verdade.

É fácil entender que a alma existe e que, quando você morre, o corpo fica na terra e a alma entra em outro corpo, em outro ventre; é uma coisa simples, lógica, matemática. Mas Buda disse que não existe alma, apenas um *continuum*. É como se você acendesse uma vela ao anoitecer e, pela manhã, ao apagar a vela, alguém lhe perguntasse: você está apagando a mesma luz que acendeu ao anoitecer? Não, não é a mesma luz, embora exista uma continuidade. À noite, quando acendeu a vela... essa chama não está mais presente, ela desaparece continuamente; é substituída por outra chama. A substituição é tão rápida que você não percebe a troca, mas, com instrumentos científicos sofisticados, é possível vê-la: uma chama acaba e outra aparece, uma acaba e outra aparece. Há um intervalo entre elas, mas você não consegue vê-lo a olho nu.

Buda disse que, assim como a chama da vela não é a mesma — ela está mudando constantemente, embora em outro sentido trate-se da mesma chama, porque o *continuum* é o mesmo —, exatamente do mesmo jeito, existe uma entidade anímica em você que não é assim como uma coisa, mas sim semelhante a uma chama. Ela está em contínua mudança, ela é um rio.

Buda não acreditava em substantivos, ele só acreditava em verbos, e eu concordo perfeitamente com ele. Ele chegou bem próximo da verdade; pelo menos, ao se expressar, ele é o mais profundo.

Mas por que Jesus, Moisés, Maomé — as fontes de todas as três religiões que se originaram fora da Índia — não falam diretamente em reencarnação? Por uma certa razão e a razão é que Moisés sabia... porque o Egito e a Índia sempre estiveram em contato. Suspeita-se que a África um dia tenha feito parte da Ásia e que o continente aos poucos foi se fragmentando. A Índia e o Egito um dia estiveram ligados, daí tantas semelhanças. E não é estranho que a população do sul da Índia seja negra; ela também tem sangue negro nas veias, ela é negróide — não totalmente, mas se a África um dia esteve ligada à Ásia, então certamente houve uma miscigenação entre arianos e negros, fazendo com que a população do sul da Índia passasse a ser negra.

Moisés conhecia muito bem a Índia. Você ficará surpreso ao saber que, segundo Kashmir, tanto Moisés como Jesus foram enterrados ali. Os túmulos estão na Índia, o túmulo de Moisés e o túmulo de Jesus.

Eles viram o que tinha acontecido na Índia por causa da teoria da reencarnação. Por causa dessa teoria, a Índia ficou extremamente letárgica; ninguém tem pressa. A Índia não tem noção de tempo, nem mesmo agora. Embora todo mundo ande com um relógio no pulso, ninguém tem noção de tempo. Se alguém diz, "Estarei lá às cinco da tarde para ver você", isso não significa nada. A pessoa pode ir às quatro, pode ir às seis, pode não ir em hora nenhuma — ninguém leva isso a sério! Não que a pessoa deixe de cumprir o que prometeu — não existe noção de tempo! Como você pode ter noção de tempo se tem a eternidade pela frente? Se existem tantas vidas, então por que ter pressa? A pessoa pode ir bem devagar; um dia ela chegará.

A teoria da reencarnação tornou a Índia muito letárgica, apática. Ela deixou a Índia completamente inconsciente do tempo. Ela ajudou as pessoas a adiarem. E, se você pode adiar para amanhã, então hoje você pode ficar como sempre foi e o amanhã nunca chegará. E a Índia sabe como adiar não só para amanhã, mas até para a vida seguinte.

Moisés e Jesus visitaram a Índia, ambos ficaram a par do que acontecia ali. Maomé nunca esteve na Índia, mas estava perfeitamente a par, porque ele estava muito próximo dali e havia um tráfego constante entre a Índia e a Arábia. Eles decidiram que era melhor dizer ao povo, "Só existe uma vida, esta é a sua ÚLTIMA chance — a primeira e última; se perdê-la, adeus". Esse é um artifício para criar uma grande expectativa, para criar tal intensidade nas pessoas que elas possam se transformar com facilidade.

Então surge a pergunta: Mahavira, Buda e Krishna não estavam conscientes disso? Não estavam conscientes de que a teoria da reencarnação causaria letargia? Eles estavam tentando uma estratégia completamente diferente. E cada estratégia tem seu próprio tempo; depois de usada... ela não pode ser usada para sempre. As pessoas se acostumam. Quando Buda, Mahavira e Krishna experimentaram o artifício da reencarnação, eles estavam partindo de um ângulo totalmente diferente.

A Índia era um país muito rico nessa época. Era considerado o país de ouro deste mundo, o mais rico de todos. E num país rico o verdadeiro problema, o maior de todos, é o tédio. É isso o que acontece agora no Ocidente. Agora os Estados Unidos estão na mesma situação, o tédio passou a ser um enorme problema. As pessoas estão absolutamente entediadas, tão entediadas que têm vontade de morrer.

Krishna, Mahavira e Buda tiraram proveito da situação. Eles diziam às pessoas, "Isso aqui não é nada, o tédio desta vida não é nada. Vocês já viveram muitas vidas e, lembrem-se, se não ouvirem, vocês viverão muitas vidas mais; ficarão cada vez mais entediados. Trata-se da mesma roda da vida e da morte girando".

Eles pintaram o tédio com cores tão sombrias que as pessoas que já estavam entediadas com uma única vida passaram a se dedicar profundamente à religião. A pessoa tinha de se livrar da vida e da morte; tinha de sair da roda, desse círculo vicioso de nascimento e morte. Daí a relevância da reencarnação naqueles dias.

Aí a Índia empobreceu. Depois que o país ficou pobre, o tédio desapareceu. O homem pobre nunca está entediado, lembre-se; só o homem rico pode se dar ao luxo de ficar entediado, esse é um privilégio dos ricos. É impossível que um homem pobre fique entediado; ele não tem tempo. O dia todo ele está trabalhando; quando chega em casa, está tão cansado que cai no sono. Ele não precisa de muita diversão — televisão, cinema, música, arte e museus —, ele não precisa de nada dessas coisas, nem *pode* tê-las. A sua única diversão é o sexo: uma coisa natural, já inerente. É por isso que, nos países pobres, continuam nascendo mais crianças do que nos países ricos — o sexo é a única diversão.

Se você quiser reduzir a população dos países pobres, dê mais diversão ao povo. Dê televisores, rádios, cinema — algo que possa desviar a atenção do sexo.

Eu já ouvi falar de casais norte-americanos que ficam tão obcecados pela televisão que continuam assistindo à TV até enquanto fazem amor. O amor passou a ser algo secundário, a televisão é a prioridade. Eles não querem perder o programa que está passando.

O país pobre só conhece um tipo de diversão, pois não tem condições de ter outro; ele só tem recursos para a diversão natural, inerente. Então o país pobre fica produzindo gente; fica cada vez mais superpovoado. E as pessoas não estão fartas da vida. Que vida elas têm? Primeiro você tem de ter uma vida para ficar farto dela. Você tem de ter dinheiro para ficar farto dele. Tem de ter muitas mulheres para ficar farto delas. Tem de ter muitas experiências neste mundo para cortar relações com ele.

No momento em que a Índia ficou pobre, a teoria da reencarnação tornou-se uma saída, uma esperança — em vez de ser um tédio, ela se tornou uma esperança, uma possibilidade de se adiar. "Sou pobre nesta vida. Tudo bem, eu tenho várias vidas. Na próxima, vou me esforçar um pouco mais e serei rico. Nesta vida eu tenho uma mulher feia. Sem problema; é só nesta vida. Na próxima, não vou cometer o mesmo erro. Desta vez estou sofrendo com os meus karmas passados. Nesta vida eu não farei coisas erradas para que possa aproveitar a minha vida futura." Tornou-se um adiamento.

Jesus viu que o artifício não estava mais funcionando como deveria. A situação tinha mudado. Então Jesus criou um outro artifício: só existe uma vida — portanto, se você quer ser religioso, se quer meditar, se quer ser um buscador, *seja agora*, porque o amanhã pode não chegar. Pode não haver amanhã.

Daí o Ocidente ter ficado tão consciente do tempo; todo mundo tem pressa. Essa pressa é decorrência do Cristianismo. A estratégia falhou de novo. Nenhuma estratégia pode funcionar para sempre.

Minha experiência diz que uma estratégia só funciona enquanto o mestre está vivo, pois ele é a alma dela; ele a expõe de tal modo que, depois da sua partida, ou ela cai em desuso ou as pessoas passam a encontrar uma nova interpretação para ela.

Agora, no Ocidente, essa estratégia fracassou totalmente; agora ela passou a ser um problema. As pessoas vivem com pressa, tensas, ansiosas, porque só existe uma vida. Jesus queria lembrá-las: como só existe uma vida, lembrem-se de Deus. E o que as pessoas estão fazendo? Ao ver que só existe uma vida, elas querem beber, comer e se divertir, porque não há outra vida. Então faça tudo o que tiver vontade. Aproveite a vida ao máximo! E quem liga para o que acontecerá no Juízo Final? Quem sabe se um dia ele virá ou não?

Uma grande pressa surgiu no Ocidente com relação a tudo, pois não existe outra vida.

Mary e John estavam ambos morando num grande condomínio de apartamentos na cidade de Nova York. Um dia eles se encontraram e se apaixonaram, mas não fizeram contato. Isso continuou durante seis meses até que John simplesmente não agüentou mais a tensão e convidou Mary para tomar uma bebida no apartamento dele. Hesitante, ela aceitou e, logo que chegaram no apartamento, fecharam a porta e correram para o quarto, atirando-se na cama.

Depois de alguns minutos, John explicou com voz rouca, "Ouça, eu sinto muito, mas, se eu soubesse que você era virgem, teria esperado um pouco mais".

Mary respondeu, "Bem, se eu soubesse que você podia esperar um pouco mais, eu teria tempo de tirar a calcinha!"

Que pressa! A velocidade é uma mania, cada vez mais rápido. Ninguém se importa em saber para onde está indo; o que importa é ir rápido; inventar veículos cada vez mais rápidos.

E essa coisa toda aconteceu por causa da estratégia. Ela funcionou na época de Jesus. Ele sempre falava para as pessoas, "Acautelem-se! O Dia do Juízo Final está próximo. Vocês vão ver o fim do mundo na sua própria vida, não existe uma próxima. E, se desperdiçá-la, vocês serão atirados no inferno pela eternidade!" Ele estava simplesmente criando um clima psicológico. Isso funcionava quando ele era vivo e funcionou durante algum tempo, depois que ele se foi. Continuou a funcionar por um tempo por causa dos discípulos mais próximos, que tinham algo do espírito de Jesus com eles, uma certa aura, mas aí a estratégia passou a surtir simplesmente o efeito contrário.

Ela criou a civilização mais mundana que este mundo já viu. E a intenção era que a idéia de uma só vida pudesse fazer com que as pessoas ficassem tão alertas e conscientes que buscariam e procurariam a divindade e deixariam de lado todos os outros desejos e todas as outras ocupações. Toda a vida delas se tornaria uma busca, uma investigação com um só propósito: o transcendente. Essa era a idéia por traz do artifício. Mas o resultado final foi que as pessoas ficaram absolutamente mundanas, pois, se não existe outra vida, só esta — vamos aproveitá-la ao máximo! Aproveite! Não deixe nada para amanhã!

O artifício indiano não deu certo porque as pessoas ficaram letárgicas. Ele deu certo com Buda, que realmente criou um dos maiores movimentos deste mundo. Milhares de pessoas renunciaram à vida, tornaram-se *saniasins*. Isso significa que eles devotaram toda a sua energia à busca pela verdade, porque Buda criou tamanho clima de tédio que você ficaria entediado se não participasse dessa busca.

Mas o que aconteceu posteriormente foi justamente o contrário. É sempre assim. Os mestres sempre acabam sendo incompreendidos. E as pessoas são tão astutas, tão diplomáticas, que elas sempre conseguem encontrar um jeito de acabar com toda a estratégia.

Jesus sabe perfeitamente bem que a vida é eterna, que a reencarnação é um fato. Ele menciona isso de modos indiretos, talvez para os discípulos mais próximos ele mencione, mas não para as massas — por uma simples razão: ele constatou que isso não tinha dado certo na Índia, que outra coisa tinha de ser experimentada.

Você diz que Buda não falava de Deus porque não podia provar a existência dele. No entanto, logo em seguida ele fala de outras vidas e de reencarnação. Como isso pode corresponder a um fato científico?

Buda diz que não existe alma. O que resta depois da morte? O que é reencarnação? Eu compreendo vagamente que pode ser que reste algo sem forma, mas isso pode ter uma entidade individual? A mesma onda não nasce duas vezes.

A questão é bem significativa. É uma das contribuições mais importantes de Buda à consciência humana — a idéia do não-eu. Ela é muito complexa. Você terá de ficar bem silencioso e alerta para compreendê-la, pois ela vai contra todos os padrões com que você foi condicionado.

Primeiro, algumas analogias, para que você possa fazer uma idéia do que significa o não-eu. O seu corpo é um saco de pele. A pele define o seu corpo; ela define onde você acaba e onde começa o mundo. Trata-se de uma demarcação à sua volta. Ela protege você do mundo, separa você do mundo, e só lhe proporciona certas aberturas pelas quais você pode entrar no mundo ou deixar que o mundo entre em você. Se não houvesse pele, você não poderia existir. Você perderia as suas fronteiras com tudo o que o cerca. Mas você não é a sua pele. E a pele muda o tempo todo.

É assim como a cobra que está sempre deixando para trás a pele velha. Você também sai da sua pele várias e várias vezes. Se perguntar aos fisiologistas, eles dirão, "Se um homem viveu setenta anos, a pele dele mudou completamente por volta de dez vezes". Mas o processo é muito lento, por isso você nunca percebe. Partes microscópicas vão mudando de tal modo, a todo momento, que você mal sente; a sua sensibilidade não é tão aguçada. A mudança é muito sutil. A pele vai mudando e mesmo assim você acha que se trata do seu corpo, do mesmo corpo. Não se trata do mesmo corpo; trata-se de um *continuum*.

Quando você estava no ventre da sua mãe, no primeiro dia você era só uma pequena célula, invisível a olho nu. Essa era a sua pele nessa época, esse era o seu corpo. Então você começou a crescer. Depois de nove meses você nasceu — com um corpo totalmente diferente. Se você de repente se deparasse com você mesmo com um dia de vida, recém-nascido, você não iria se reconhecer. Você mudou tanto desde então! Mas você ainda acha que é o mesmo. Num certo sentido você é o mesmo, pois é a mesma continuidade. Num outro sentido, você não é mais o mesmo, pois nunca parou de mudar.

Desse mesmo modo, assim como acontece com a pele, está o ego. A pele mantém o seu corpo num determinado padrão, numa definição, num limite. O ego mantém o conteúdo da sua mente dentro de certos limites. O ego é a pele interior, de modo que você saiba quem você é; do contrário, você ficaria perdido — não saberia quem você é; quem eu sou e quem o outro é.

A idéia de eu, de ego, dá a você uma definição, uma definição útil. Ela separa você dos outros de um modo muito claro. Mas essa também é uma pele, uma pele muito sutil, que abriga todo o conteúdo da sua mente — a sua memória, o seu passado, os seus desejos, os seus planos, o seu futuro, o seu presente, o seu amor, o seu ódio, a sua raiva, a sua tristeza, a sua felicidade — ela conserva tudo isso num mesmo saco. Mas você também não é o ego. Porque ele também vai mudando com o tempo e muda ainda mais do que a pele do corpo. A todo momento, há uma mudança.

Buda usa a analogia da chama. Uma lamparina é acesa: você vê a chama, mas ela está continuamente mudando, nunca é a mesma. Mas, pela manhã, quando você apaga a chama, não é a mesma chama que você apaga. Ela continuou mudando a noite inteira.

A todo momento, a chama está desaparecendo na fumaça e uma nova chama a está substituindo. Mas a substituição é tão rápida que você não consegue ver a sua ausência — que uma chama se extinguiu e outra apareceu. Uma se vai e outra surge no lugar. O movimento é tão rápido que você não consegue ver a lacuna entre as duas. Do contrário, só existe uma continuidade; não se trata da mesma chama. Mas, ainda assim, num certo sentido, trata-se da mesma chama, pois trata-se da continuidade da mesma chama. Essa continuidade surgiu da mesma chama.

Assim como você nasceu dos seus pais — você é uma continuidade. Você não é a mesma coisa que eles. Você não é o seu pai, nem é a sua mãe

— mas, ainda assim, você é o seu pai e é a sua mãe, pois você continua a mesma tradição, a mesma linha, a mesma herança.

Buda diz que o ego é uma continuidade, não é uma substância; é uma continuidade assim como uma chama, como um rio, como o corpo.

Daí surge o problema... podemos aceitar que isso esteja certo, que seja assim que aconteça: se a pessoa de fato morre no momento da morte e tudo desaparece, então isso é perfeitamente verdadeiro — pode ser que ela seja como uma chama. Mas Buda diz que a pessoa renasce — então surge o problema. Quem renasce?

Mais uma vez, algumas analogias. Você já viu um casarão em chamas? Ou uma floresta em chamas? Se já viu, você presenciou um fenômeno. Uma centelha pula de uma árvore e atinge outra. Não há nenhuma substância nela, é só uma centelha. Não há matéria nela, ela é pura energia, um *quantum* de energia, uma certa quantidade de energia — ela pula de uma árvore e atinge outra e esta se incendeia.

Ou, você já aproximou uma tocha apagada de uma tocha acesa? O que acontece? A chama da tocha acesa pula para a tocha apagada. É um salto quântico, é um salto. A chama pura salta em direção à outra tocha e dá início a uma outra continuidade.

Ou, neste instante você está me ouvindo. Se você liga o rádio, de repente começa a ouvir a transmissão de uma certa estação que está no ar. Só é preciso um aparelho receptor. Depois que o aparelho receptor está ali, você pode captar algo que está sendo transmitido de Londres ou de Moscou ou de Pequim.

Não existe nenhuma substância vindo dali, apenas puras ondas de pensamento sendo irradiadas de Pequim ou Poona... apenas ondas de pensamento, nada substancial. Você não pode pegá-las na mão, não pode vê-las, mas elas estão ali porque o seu aparelho de rádio as captou, o seu televisor as captou.

Buda diz que, quando a pessoa morre, todos os desejos que ela acumulou durante a vida, todas as lembranças que ela acumulou durante a vida, todos os karmas da vida dela saltam como ondas energéticas para um novo ventre. Trata-se de um salto. A palavra exata está na física; eles o chamam de "salto quântico" — "um salto de pura energia, sem nenhuma substância".

Buda é o primeiro físico quântico. Einstein o sucedeu depois de vinte e cinco séculos, mas ambos falavam a mesma língua. E eu ainda digo que Buda é científico. A linguagem dele é a da física moderna; ele nasceu vinte e cinco séculos antes do seu tempo.

Quando uma pessoa morre, o corpo desaparece, a parte material desaparece, mas a parte imaterial, a parte mental, é uma vibração. Essa vibração é irradiada, é transmitida. Ora, assim que o ventre certo está pronto para essa vibração, ela faz dele seu abrigo.

Não existe nenhum eu chegando, não há ninguém chegando, não existe nenhum ego chegando. Não há necessidade de nada substancial chegando, trata-se apenas de uma investida de energia. A ênfase é que se trata mais uma vez do mesmo saco do ego saltando. Uma casa tornou-se inabitável, um corpo passou a ser um abrigo em que é impossível se viver. O antigo desejo, a ânsia pela vida — o termo de Buda é *tanha*, anseio pela vida — está vivo, ardendo. É esse mesmo desejo que dá o salto.

Ora, ouça os físicos modernos. Eles dizem que não existe matéria. Você vê esta parede extremamente substancial atrás de mim? Você não pode atravessá-la; se tentar, você se machuca. Mas os físicos modernos dizem que ela não é nada, nada substancial. Trata-se de pura energia movendo-se com tamanha velocidade que o próprio movimento cria a irrealidade, a ilusão, a aparência de substância.

Você já observou algumas vezes um ventilador girando rápido — você não consegue ver as hélices. O ventilador tem três hélices, mas elas giram tão rápido que parecem um círculo, um prato; você não consegue ver o espaço entre elas. Se o ventilador girasse com a mesma velocidade que os elétrons — a velocidade é vertiginosa —, então você conseguiria se sentar sobre o ventilador sem cair. Você poderia se sentar assim como eu estou sentado nesta cadeira e não sentiria nenhum movimento, pois ele seria rápido demais.

Exatamente a mesma coisa acontece com esta cadeira e com o chão abaixo de você. Não se trata de um piso de mármore, isso é só aparência, mas as partículas de energia se movem tão rápido que o próprio movimento, sua rapidez, cria a ilusão de substância. Não existe nenhuma substância, só existe energia pura. A ciência moderna diz que não existe matéria, só existe energia imaterial.

Por isso eu digo que Buda é muito científico. Ele não fala de Deus, mas fala sobre o não-eu imaterial. Assim como a ciência moderna tirou a idéia de substância da sua metafísica, Buda também tirou a idéia de eu da sua metafísica. Eu e substância são termos correlatos. É difícil acreditar que uma parede não tenha substância, assim como é difícil acreditar que não exista nenhum eu em você.

Ora, bastam umas coisinhas mais para deixar isso mais claro. Não posso dizer que você entenderá, mas ficará mais claro.

Você está caminhando, está fazendo uma caminhada matinal. O próprio idioma — dizemos que "você está caminhando" — cria um problema; em nossa própria língua existe um problema. No momento em que dizemos que alguém está caminhando, presumimos que exista alguém ali que esteja caminhando: o caminhante. Nós perguntamos: como é possível o caminhar sem que exista alguém que caminhe?

Buda diz que não existe o caminhante, só o caminhar. A vida não consiste em coisas. Buda diz que a vida consiste em acontecimentos. E é exatamente isso que a ciência moderna também afirma hoje: só existem processos, não coisas; só acontecimentos.

Não está certo nem mesmo dizer que a vida existe. Só existem milhares e milhares de processo de vida. A vida é só uma idéia. Não existe nada que se possa chamar de vida.

Um dia você vê nuvens negras acumulando-se no céu, vê trovões e relâmpagos. Quando relampeja, você pergunta, "Existe algo por trás do relâmpago? Quem é o relâmpago? O que é o relâmpago?" Não, você diz, "Um relâmpago é simplesmente um relâmpago; não existe ninguém por trás dele; ele é só um processo. Não é que exista algo que esteja relampejando. Trata-se simplesmente de um relâmpago".

A dualidade é criada pelo idioma. Você está caminhando, Buda diz que só existe o caminhar. Você está pensando, Buda diz que só existe o pensar, não existe o pensador. O pensador é somente uma criação do idioma. Porque falamos um idioma que se baseia na dualidade; ele divide tudo em dois.

Enquanto você está pensando, existe um acúmulo de pensamentos, tudo bem — mas não existe nenhum pensador. Se você quer realmente entender isso, terá de meditar profundamente e chegar ao ponto em que o pensar desaparece. No momento em que o pensar desaparecer, você ficará surpreso: o pensador também se foi. Com o pensar, o pensador também desaparece. Ele é só a aparência de pensamentos se sucedendo.

Você vê um rio. O rio realmente existe ou é só um movimento? Se você acabar com o movimento, o rio continuará existindo? Sem movimento, o rio desaparece. Não é que o rio esteja se movendo; é que o rio nada mais é do que esse "mover-se".

O idioma cria a dificuldade. Talvez por causa de uma estrutura em particular que existe em certos idiomas, Buda tornou-se importante e significativo e fincou raízes apenas no Japão, na China e na Birmânia — porque eles têm um idioma completamente diferente. É fundamental entender por que Buda se tornou tão importante na mente chinesa, por que a China conseguiu entendê-lo, ao contrário da Índia. A China tem um idioma diferente, que casa perfeitamente com a ideologia budista. A língua chinesa não divide nada em dois. No chinês, no coreano, no japonês e no birmanês, existe uma estrutura totalmente diferente da do sânscrito, do hindi, do inglês, do grego, do latim, do francês, do alemão — uma estrutura totalmente diferente.

Quando a Bíblia foi traduzida pela primeira vez para o birmanês, foi muito difícil, pois era simplesmente impossível traduzir algumas sentenças. No momento em que eram traduzidas, elas perdiam todo o significado. Por exemplo, uma sentença simples, "Deus é"; você não pode traduzir isso para o birmanês. Se traduzir, a sentença fica assim: "Deus se torna". Não se pode traduzir "Deus é", pois não existe um termo equivalente para "é", que expressa estaticidade.

Podemos dizer que "a árvore é", mas em birmanês você tem de dizer "a árvore está se tornando", não que ela "é". Não existe um equivalente para esse "é". A árvore "se torna". No momento em que você diz que "a árvore é", ela já não é mais a mesma, então por que dizer que ela "é"? Esse "é" dá a ela um caráter estático. A árvore é um fenômeno parecido com o rio, ela está "se tornando". Eu tenho de dizer que "a árvore está se tornando", mas em birmanês seria simplesmente "árvore se tornando", não existe "é". "O rio é" — se você quiser traduzir — ficará "rio correndo". "Rio rioendo" seria a tradução exata em birmanês.

Mas não dá para dizer "Deus se tornando", pois os cristãos não dizem isso. Deus é perfeito, ele não pode se tornar. Ele não é um processo, ele não tem nenhuma possibilidade de crescimento — ele já atingiu. Ele é o absoluto — o que você quer dizer com "se tornando"? Só alguém que é imperfeito pode se tornar alguma coisa. Deus é perfeito, ele não pode se tornar nada. Então como traduzir isso? É muito difícil.

Mas Buda imediatamente penetrou na mente birmanesa, chinesa, japonesa e coreana; imediatamente penetrou. A própria estrutura do idioma tornou isso possível; eles conseguiram entender Buda com muita facilidade.

Na vida, só existem acontecimentos. O comer existe, mas não existe quem come. Observe simplesmente o comer. Existe mesmo alguém que come? Você sente fome, tudo bem — existe a fome, mas não existe ninguém que esteja com fome. Aí você come — existe o comer, mas não existe ninguém que esteja comendo. Então a fome é saciada, você se sente saciado; existe essa satisfação, mas não há ninguém que esteja satisfeito.

Buda diz que a vida consiste em acontecimentos. Vida significa viver. A vida não é um substantivo, é um verbo. Tudo é um verbo. Observe e você verá: tudo está se transformando, nada é estático.

Eddington disse que existem algumas palavras que são absolutamente falsas. Repouso, por exemplo. Nada jamais está em repouso, a própria palavra está errada, pois não existe nenhum equivalente na realidade. Você já viu algo em repouso? Até quando você está em repouso, existe o repousar, não o repouso. Trata-se de um processo; algo está acontecendo, você ainda está respirando.

Você está deitando, relaxando, mas não está em repouso; muitas coisas, milhares delas, estão acontecendo. Você um dia já viu alguma coisa em repouso? É impossível, o repouso não existe. Até quando a pessoa está morta, o corpo dela continua os seus processos.

Você pode não ter ouvido falar, mas às vezes acontece: muçulmanos, cristãos, os povos que costumam enterrar os mortos na terra, às vezes ficam sabendo que a pessoa estava morta, mas a barba continuou crescendo, os cabelos ficaram mais longos, as unhas cresceram. A pessoa estava morta!

Ora, isso é muito estranho. Se você barbeia um homem e o coloca no caixão e depois de seis meses você abre a sepultura e ele está com barba... o que dizer? Ele estava vivo ou morto? E a pessoa fica com muito medo; ela sairá de casa correndo e será assombrada pelo rosto daquele homem à noite. O que aconteceu? Se o homem estava morto, como sua barba poderia ter crescido? E, se a barba pode crescer, ele estava realmente morto ou não? Estava só fingindo?

A vida consiste em milhões de processos. Até quando o ego desaparece da sua base, decola deste aeroporto e aterrissa em outro útero, muitos processos ainda continuam em curso. Nenhum processo pára, pois existem muitos processos que nada tem a ver com o seu ego; nada tem a ver; o seu ego pode partir e eles continuarão. O cabelo cresce, as unhas crescem, isso nada tem a ver...

E, imediatamente, no momento em que o ego deixa o corpo, milhares de pequenos micróbios passarão a viver e começarão a trabalhar, a entrar em atividade. Você ficará quase como um mercado. Você se encherá de vida dessa forma. Muita coisa acontecerá: muitos micróbios correndo daqui e dali, procriando, unindo-se, morrendo, e tudo estará acontecendo. No momento em que você deixa o corpo, ele se torna um campo de pouso para muitas outras criaturas que estavam esperando e dizendo, "Por favor, vá embora! Deixem-nos entrar!"

A vida é um processo contínuo — não só um processo, mas processos, uma continuidade.

Buda diz que a própria idéia do eu existe por causa do idioma. Você sente fome; no seu idioma, você diz, "Eu estou com fome". O idioma cria a idéia de "eu". Então como dizer isso? Para ser perfeitamente correto, você só poder dizer "fome". Dizer "eu estou com fome" é acrescentar algo totalmente falso. "Fome", isso é suficiente.

Observe os seus processos e você perceberá. Quando sentir fome hoje, só observe. Existe mesmo alguém que está com fome ou só existe a fome? É só um padrão de linguagem que distorce a coisa, a divide em duas, e faz você sentir que "você está com fome"?

O Budismo é a primeira religião que transmitiu essa mensagem ao mundo — a de que as religiões, as filosofias estão mais pautadas nos padrões lingüísticos do que em qualquer outra coisa. E, se você conseguir entender melhor o seu idioma, também entenderá melhor os seus processos interiores. Buda foi o primeiro lingüista que existiu e sua descoberta foi extremamente importante.

Você diz que Buda não falava de Deus porque não podia provar a existência dele.

Sim, ele não falava de Deus porque não podia provar a existência dele e não falava também porque o Deus que você acha que existe não existe. O seu Deus também é a mesma velha falácia do eu. Você acha que tem um eu, então todo o universo tem de ter um eu. Como você tem um eu, todo o universo tem de ter um eu supremo. Esse eu supremo é Deus.

Buda diz que você não tem um eu. O universo existe, mas não existe nele nenhum eu supremo... milhões de processos, mas nenhum eu supremo. Não existe nenhum centro; ele é toda a circunferência.

É muito difícil apreender isso — a não ser que você medite. É por isso que Buda nunca faz discursos metafísicos; ele diz, "Medite". Porque na meditação essas coisas ficam muito claras. Quando pára de pensar, de repente você vê que o pensador desaparece. Ele era uma sombra. E, se o pensador desaparece, como você pode dizer, como pode sentir o "eu sou"? Não sobra "eu" nenhum, você é puro espaço. É isso o que Buda chama de *anatta*, o espaço puro do não-eu. Trata-se de uma tremenda experiência.

...no entanto, logo em seguida ele fala de outras vidas e de reencarnação.

Ele fala, e os budistas sempre ficam atrapalhados por causa disso. Buda é tão científico que ele não pode distorcer o fato. Se ele não fosse um homem tão científico, seria só um metafísico, ou então teria aceito o eu só para que toda a sua filosofia parecesse coerente; ou então ele teria descartado a idéia de reencarnação, pois essas duas coisas parecem contraditórias. Mas ele é de tal modo um cientista que não forçaria sobre a realidade algo que estivesse na sua mente. Ele simplesmente expôs o fato. Se é contraditório, diz ele, "Pode ser que seja contraditório, mas é assim que é".

É isso o que acontece na ciência moderna. Só cinqüenta anos atrás, quando os cientistas investigaram o núcleo da matéria, eles ficaram intrigados, pois os elétrons se comportavam de um modo que ia contra qualquer tipo de lógica.

Ora, você não pode obrigar os elétrons a serem lógicos, não pode mandá-los para universidade para aprender Aristóteles, nem pode falar para eles, "Vocês estão se comportando de maneira ilógica, então se comportem! Isso não está certo!" Você não pode dizer isso a eles. Se eles se comportam de maneira ilógica, não há nada a fazer, você tem de entender, isso é tudo; não há outro jeito.

E o ilógico era *realmente* fabuloso, não era uma coisa comum. Às vezes o mesmo elétron comportava-se como uma onda e outras vezes se comportava como um *quantum*, como uma partícula. Ora, as duas coisas são impossíveis, eles eram anti-euclidianos e anti-aristotélicos — como se esses elétrons não acreditassem nem em Euclides nem em Aristóteles. O que eles faziam? Nunca tinham ouvido falar de Euclides?

Trata-se simplesmente de geometria, todos nós aprendemos na escola — que um ponto não pode ser uma linha e uma linha não pode ser um ponto. A linha é muitos pontos, um do lado do outro, numa seqüência, então um único ponto não pode se comportar como uma linha, do contrário toda a geometria virará do avesso. Você faz um ponto e vai ao banheiro, quando volta ele se tornou uma linha! Então o que você fará?

Mas isso é exatamente o que acontece no núcleo da matéria. Você fica observando e o que parecia um ponto de repente é uma linha. E o salto acontece de tal modo que você nem sequer vê o ponto crescendo até virar uma linha.

Num momento ele é um ponto e no momento seguinte é uma linha — ele não vai nem mesmo se esticando até virar uma linha, é só um salto... repentino, ilógico. Se o ponto crescesse devagar, poderíamos entender também: pode ser que ele fosse como uma semente, que rebenta e se torna uma árvore. Tudo bem, podemos entender. Num momento ele é uma semente, no outro ele cresce e, pouco a pouco, gradativamente, torna-se uma árvore. Podemos entender.

Se o ponto se tornasse uma linha devagar, seríamos capazes de entender. Mas de repente? E não apenas de repente, mas de um jeito até mais ilógico do que isso: se dois observadores o observarem simultaneamente, num dado momento, um pode observá-lo como um ponto e o outro pode observá-lo como uma linha. Então o que fazer? Um observador o vê como uma semente e o outro o vê como uma árvore? No mesmo dado momento.

Toda a ciência ocidental desenvolveu-se a partir da lógica grega. Esses elétrons estavam se rebelando contra Aristóteles e não havia meio de fazê-los entrar nos eixos. Os cientistas tentaram de muitas formas, pois a mente tende a se agarrar aos seus próprios conceitos, padrões. Não é fácil relaxar e render-se a esses elétrons cretinos.

Durante quase duas, três décadas, os cientistas ficaram intrigados e tentaram descobrir um jeito de explicar o fenômeno, ou pelo menos de dar a ele uma explicação, dizer por que ele acontece. Mas finalmente eles tiveram de admitir o fato e aceitá-lo. Surgiu então a teoria da física quântica.

Quanta, a própria palavra foi inventada; ela não existia antes, pois nunca nenhum ser humano tinha se deparado com um fenômeno ilógico como esse. *Quanta* significa um ponto e uma linha juntos, simultaneamente. *Quanta* significa uma partícula e uma onda juntos, simultaneamente. Nós tivemos de achar um nome para algo que era absolutamente ilógico e para o qual não tínhamos nenhum símbolo.

E, quando as pessoas perguntavam aos cientistas "Como vocês explicam isso?, eles diziam, "Não tem lógica! Não tem lógica, mas não podemos fazer nada a respeito. Temos de admitir a realidade. Se a realidade é ilógica, então deve haver algo errado com a nossa lógica, isso é tudo. Nós podemos mudar a lógica, mas não podemos mudar a realidade".

Foi isso o que aconteceu quando Buda veio a este mundo. Ele investigou o núcleo do nosso suposto eu e também ficou intrigado — o que fazer? O eu não existe e a reencarnação existe. Ora, se Buda não fosse de fato um grande cientista, se ele fosse só um filósofo comum, ele teria esquecido, não teria falado nada sobre o fato; ele teria feito uma escolha e a escolha é simples: ou você diz que não existe reencarnação porque o eu não existe...

Isso é o que as pessoas que não acreditam na alma sempre dizem. Os ateus, os epicuristas, sempre disseram que o eu não existe — quando você morre, você simplesmente morre, nada sobrevive, e não acontece renascimento nenhum. Isso é simples, lógico. Ou existem os eternalistas, os teístas, pessoas que acreditam no eu. Eles dizem que você morre, mas só o corpo morre; o seu eu, o seu centro sobrevive. A sua alma, o seu *atma*, sobrevive; ele é eterno. Isso é bem lógico.

Buda é extremamente ilógico e é ilógico porque a insistência dele de não ir contra a realidade é absoluta. A ênfase que ele dá é a seguinte: seja o que for que a realidade revele, temos de aceitar. Não estamos aqui para impor nossas próprias idéias sobre ela. Quem somos nós?

Se isso é um fato, então algo está errado com a nossa lógica, com o nosso idioma, com o nosso próprio jeito de pensar. Temos de mudar em vez de evitar a realidade, fugir dela. Assim, Buda parece o mais absurdo pensador deste mundo, pois essa é uma das afirmações mais absurdas, a de que você não existe, mas você renasce.

Dá para ver claramente, é absurda. Se você não existe, como pode renascer? E ele diz, "Isso eu não sei. Você não existe e você renasce — até aí eu sei, isso eu cheguei a ver, isso eu vi. E, se você também quer ver, medite. Mergulhe profundamente no seu ser assim como eu mergulhei no meu e você também ficará intrigado, extremamente confuso. Mas, pouco a pouco, você cederá à realidade. E então você mudará toda a sua linguagem".

Buda mudou toda a linguagem, todo o estilo filosófico. Nunca antes existiu um homem tão original quanto ele. Era quase impossível entendê-lo porque ele não usava a mesma linguagem que as pessoas usam, ele estava transmitindo novas idéias ao mundo.

Não há nada de novo em não acreditar na alma; isso é muito antigo. Marx não está dizendo nada de novo. Durante milhares de anos existiram ateus que negavam a alma, que negavam o renascimento.

Nem Mahavira nem Patanjali estão dizendo nada de novo, pois sempre existiram pessoas que acreditaram na alma e na reencarnação.

Buda está transmitindo uma concepção verdadeira, extremamente original. Ele diz, a alma não existe e, no entanto, existe reencarnação. Trata-se de um salto quântico.

Assim, quando eu digo que ele é um cientista, é isso mesmo o que eu quero dizer. E, se você entender a linguagem da física moderna, também entenderá Buda. Na verdade, entender Buda sem entender a física moderna é impossível. Pela primeira vez, a física moderna proporcionou um paralelo. Heisenberg, Planck e Einstein, eles todos proporcionaram um paralelo. A matéria desapareceu; só existe energia, sem nenhum eu, sem nenhuma substância nela. E o que Buda diz é o mesmo: *anatta*, o não-eu.

Como isso pode corresponder a um fato científico?

Corresponde perfeitamente. Na realidade, se alguém pergunta como isso pode corresponder a um fato científico, é porque a idéia que essa pessoa faz da ciência pertence ao século XIX; ela não conhece a ciência moderna, não está a par dos últimos avanços. Sua idéia da ciência é muito ortodoxa, muito antiga, desatualizada. A ciência mudou muito.

Se Newton voltar, ele não conseguirá mais entender a ciência, pois ela mudou rápido demais e as descobertas da ciência ficaram tão desconcertantes que os cientistas estão falando como metafísicos, místicos. Eles não estão falando mais como matemáticos, estão falando como místicos e poetas.

Eu compreendo vagamente que pode ser que reste algo sem forma.

Não, você não conseguirá entender intelectualmente, porque o que não tem forma, para você, ganhará novamente uma certa forma. Como você pode conceber o que não tem forma? A palavra você pode, mas no momento em que tentar imaginar algo sem forma, imediatamente isso começará a ganhar forma — porque só a forma pode ser concebida; o que não tem forma não pode. Trata-se de uma palavra vazia.

Você pode continuar dizendo que deus não tem forma, mas não pode conceber isso. E sempre que pessoas até mesmo como Shankara, que falam de um deus sem forma, vão prestar culto, elas prestam culto diante de uma forma. Então elas começam a entoar músicas devocionais. E mais uma vez há uma estátua, um ritual, um deus, uma deusa, uma forma.

Até mesmo um homem como Shankara continua falando sobre o sem forma, o sem atributos — o *nirguna* —, mas seu culto, sua prece, é do *saguna* — com atributos, com forma —, pois é impossível conceber o amorfo. A concepção pertence só à forma; qualquer coisa que você possa conceber, pela própria possibilidade de ser concebida, tomará uma forma. Portanto, essa é só uma idéia vaga.

Você diz, *Eu compreendo vagamente que pode ser que reste algo sem forma.*

Não, não é uma questão de compreender vagamente. Intelectualmente, não dá. O único jeito é meditativo, existencial. Você não pode imaginar isso por meio do intelecto, você simplesmente continua se aprofundando na meditação, abrindo uma nova dimensão da visão. Ninguém enfatizou tanto a meditação quanto Buda. Todo o seu método se resume na meditação.

E o que é meditação? Meditação é, pouco a pouco, ficar sem pensamentos, sem cair no sono — continuar alerta e, mesmo assim, sem pensamentos. Depois que os pensamentos desaparecem, tudo fica cristalino: o fato de que o pensador é só um subproduto da sucessão de pensamentos. Ele é um monte de pensamentos e nada mais. Ele não tem uma existência separada.

Então você caminha, mas não existe mais ninguém que esteja caminhando; você come, mas não existe mais ninguém que esteja comendo;

você dorme, mas não existe mais ninguém que esteja dormindo; você vive, mas não existe ninguém que esteja vivendo; então você morre e não existe ninguém que esteja morrendo.

Você é só um espaço puro em que existem milhões de processos, em que a vida flui com todos os seus processos, e você permanece intocado por eles. Você é como um céu aberto... as nuvens vêm e se vão.

Um dos nomes mais belos dados a Buda é *tathagata*. Ele significa "assim como vem também vai". Não havia ninguém que viesse nem ninguém que fosse, só o ir e vir. Esse é o significado de *tathagata* — só um processo de ir e um processo de vir; não havia ninguém que fosse nem ninguém que viesse.

Os mestres zen sempre disseram que esse homem nunca existiu, esse homem chamado Gautama o Buda nunca existiu. Sim, ele certamente veio e também foi embora, mas ele nunca existiu. Era só um processo onírico. Um sonho vem e vai e, pela manhã, você sabe que ele nunca existiu.

Depois que você entender a si mesmo como um espaço puro e muitas coisas acontecendo, você fica desprendido. Você fica destemido, pois não há nada a perder, não há ninguém para perder nada. Você deixa de ter tanto anseio pela vida, pois você não concebe nenhum eu. Então você passa a não ter medo da morte nem tanto anseio pela vida. Você não pensa no passado e nem faz planos para o futuro. Você simplesmente existe — tão puro quanto o vasto céu lá fora; você também se torna puro céu por dentro. E o encontro entre esses dois céus, o interior e o exterior, é o que Buda chama de nirvana.

Eu compreendo vagamente que pode ser que reste algo sem forma, mas isso pode ter uma entidade individual?

Não, isso não tem uma entidade individual.

A mesma onda não nasce duas vezes.

Verdade. Na realidade, se você observar de perto — vá até um rio ou até o mar e observe as ondas; você ficará surpreso ao ver algo novo em que nunca tinha pensado antes. Quando vê uma onda vindo até você, não há nada que esteja vindo, a onda nunca vem até você. Você a vê se movendo, mas ela não está se movendo. Uma onda simplesmente ajuda outras ondas a surgirem ao lado dela. Uma onda ajuda outra a surgir. Mas isso acontece tão rápido que gera uma miragem, uma ilusão — você acha que a mesma onda está vindo até você. Nada está vindo até você.

Quando surge uma onda, o impacto que ela causa faz surgir outra onda; bem perto, surge outra onda. A força da primeira onda faz surgir uma segunda onda; a força da segunda faz surgir uma terceira; a força da terceira faz surgir a quarta... é assim que surgem as ondas. Mas elas criam uma ilusão, como se a mesma onda estivesse vindo até você. Elas nunca vêm. Quando você vê uma onda se formando lá longe, no horizonte, é lá que ela fica; ela nunca vem até você.

Pode acontecer: você pode colocar um tronco bem no meio do rio; ele flutuará até você, mas não se deixe enganar; a onda não está vindo. Quando uma onda se avoluma, o tronco passa para outra onda; esta onda se avoluma e o tronco então passa para uma terceira. No subir e descer das ondas, o tronco chega até a praia, mas a onda nunca vem. Esse é um fato científico. Elas só dão a impressão de que chegam à praia.

É exatamente isso que Buda está dizendo. Você disse, *A mesma onda não nasce duas vezes*. Ele não está dizendo que você renascerá, ele simplesmente diz que existe um renascimento.

Mas, num certo sentido, podemos dizer que você renascerá, pois será uma continuidade. A mesma onda: a onda A cria a onda B, a onda B cria a onda C — é uma continuidade; *continuum* é a palavra correta. Ela também deriva da física moderna: *continuum*.

Buda dá a isso o nome de *santati*. Assim como uma criança nasce de você; ela é você de uma certa maneira e, ainda assim, ela não é totalmente você. Ela terá uma personalidade própria, mas você criou a onda. É a energia do pai e da mãe criando uma nova onda. Essa onda permanecerá — o pai pode morrer, a mãe pode morrer —, essa onda continuará e criará outras ondas à sua própria moda, no seu próprio tempo. *Santati — continuum*. Você não nasceu, só os seus desejos nasceram outra vez; como você não existe, você não pode nascer. Daí Buda dizer que, se você parar de desejar, não nascerá outra vez. Portanto, se você compreender toda a futilidade do desejo e parar de desejar, não haverá mais nascimentos para você.

Eu quero lhe dizer uma coisa: toda a idéia de reencarnação é um mal-entendido. É verdade, quando uma pessoa morre, o seu ser passa a fazer parte do todo. Se ela era pecadora ou santa, não importa. Mas ela também tinha algo chamado mente, memória. No passado, não havia a informação que explicava a memória como um amontoado de pensamentos e de ondas de pensamento, mas agora é mais fácil.

E é nesse ponto que, em muitos aspectos, eu acho que Gautama Buda estava muito à frente de seu tempo. Ele é a única pessoa que concordaria com a minha explicação. Ele fazia insinuações, mas não podia dar nenhuma prova disso; não havia nada que pudesse ser dito. Ele dizia que, ao morrer, a memória da pessoa — não o eu — segue para outro ventre. Agora podemos compreender isso, que ao morrer você deixa lembranças espalhadas pelo ar. Se você foi infeliz, todas as suas infelicidades encontrarão outro abrigo; elas entrarão em algum outro sistema de memória. Ou elas entrarão todas num único ventre — é assim que uma pessoa lembra o seu passado. Não se trata do seu passado; foi a mente de outra pessoa que você herdou.

A maioria das pessoas não se lembra, pois elas não receberam todo o conjunto, toda a herança do sistema de memória de um único indivíduo. Elas podem ter pego fragmentos daqui e dali e esses fragmentos criam o seu sistema de infelicidade. Todas essas pessoas que morreram na terra morreram infelizes. Muito poucas morreram felizes. Muito poucas pessoas morreram com a realização da não-mente. Elas se foram sem deixar rastro. Não sobrecarregaram ninguém com suas lembranças. Elas simplesmente se dissiparam no universo. Sem mente e sem nenhum sistema de memória. Eles já terão se dissipado em suas meditações. É por isso que a pessoa iluminada nunca nasce.

Mas as pessoas não-iluminadas continuam projetando, a cada morte, todo tipo de padrão de infelicidade. Assim como os ricos atraem mais riquezas, a infelicidade atrai mais infelicidade. Se você é infeliz, então a infelicidade percorrerá quilômetros e chegará até você — você é o veículo certo. Esse é um fenômeno absolutamente invisível, assim como as ondas de rádio. Elas estão se propagando à sua volta; você não as ouve. Assim que você consegue o instrumento certo para recebê-las, elas imediatamente ficam disponíveis. Elas estavam ali até mesmo antes do rádio, estavam propagando-se à sua volta.

Não existe encarnação, mas a infelicidade encarna. As feridas de milhões de pessoas estão passando por todo lado, à sua volta, só à procura de alguém que esteja disposto a ser infeliz. A pessoa bem-aventurada certamente não deixa nenhum rastro. O homem que desperta morre como um pássaro cruzando o céu, sem deixar rastros. O céu permanece vazio. A bem-aventurança passa sem deixar rastro. É por isso que você não recebe nenhuma herança dos budas; eles simplesmente desaparecem. Todos os tipos de idiotas e retardados continuam reencarnando em suas memórias e ficando cada vez mais densos a cada dia que passa. Hoje, talvez, essas memórias sejam compreendidas e dissolvidas; do contrário, elas ficam densas demais para deixar que você viva e dê risada.

A sua consciência não tem feridas. A sua consciência nada sabe sobre a infelicidade. Ela é inocente e absolutamente bem-aventurada. Para colocá-lo em contato com a sua própria consciência, está se fazendo o possível para desviar a sua atenção da mente. A mente contém todas as infelicidades, todas as feridas. E ela continua criando feridas de modo que, a menos que tome consciência, você não saberá nem como ela as criou.

Eu lhe ensino sobre o observador.

O único jeito de se livrar dos padrões de infelicidade, sejam novos ou antigos, é testemunhando. Eu digo que esse é o único jeito, pois ninguém nunca escapou da mente sem se tornar uma testemunha. Só testemunhe e, de repente, você começará a rir da sua própria desgraça. Todas as nossas desventuras são extremamente superficiais — e, o que é mais importante, elas vêm todas dos outros.

Se todo mundo ficar alerta e num estado meditativo, não haverá mais feridas neste mundo. Elas simplesmente desaparecerão. Não acharão casa ou abrigo. Isso é possível. Se é possível para mim, é possível para qualquer pessoa.

PARTE DOIS

JORNADA DESCONHECIDA: COMPREENDA E ENFRENTE OS SEUS MEDOS

Você pode continuar tendo coisas e mais coisas para sempre, elas são substituíveis. Se o seu carro ficar velho, você pode substituí-lo por outro igualzinho. Mas você não pode substituir uma pessoa — e se a sua mulher morrer, ela morrerá para sempre. Você pode ter outra mulher, mas ela não substituirá a primeira — felizmente ou não, nenhuma outra mulher será igual à que você teve.

1. EM BUSCA DA IMORTALIDADE

Continuamos acreditando que estamos separados. Não estamos, nem mesmo por um único instante. Apesar da sua crença, você e o todo são uma coisa só. Mas a sua crença pode lhe causar pesadelos; decerto ela causará. Acreditar que "estamos separados" significa alimentar o medo.

Se está separado do todo, você talvez nunca se livre do medo, pois o todo é tão vasto e você é tão pequenino, minúsculo, atômico, que tem de brigar constantemente com o todo para que ele não absorva você. Você tem de ficar constantemente alerta, de guarda, para que o oceano simplesmente não trague você. Tem de se proteger por trás de paredes e mais paredes. Todo esse esforço não passa de medo. Você nunca esquece que a morte está se aproximando e que vai acabar com a sua separação.

É disso que se trata a morte: a morte é o todo reivindicando a parte de volta. E você tem medo de que a morte chegue e você morra. Como viver por mais tempo? Como conquistar uma espécie de imortalidade? O ser humano busca isso de várias maneiras.

Ter filhos é uma delas; daí o contínuo anseio de ter filhos. A raiz desse desejo de ter filhos nada tem a ver com os filhos propriamente ditos; ela tem a ver com a morte. Você sabe que não poderá viver para sempre; por mais que tente, você não vai conseguir. Você sabe disso porque milhões não conseguiram e ninguém jamais teve sucesso. Você gostaria, mas não tem esperanças. Então encontra outras maneiras. Uma das mais simples, a mais antiga, é ter filhos; você não vai mais estar aqui, mas algo de você, uma partícula sua, vai continuar vivendo. Essa é uma maneira indireta de se tornar imortal.

Agora a ciência está encontrando maneiras mais sofisticadas — porque o seu filho pode se parecer um pouco com você, mas também pode não parecer. Ele será apenas um pouco como você; não existe nenhuma necessidade intrínseca de que ele tenha exatamente a sua aparência. Por isso, agora a ciência descobriu maneiras de duplicar você. Algumas das suas células podem ser conservadas e, quando você morrer, uma duplicata sua pode ser criada a partir dessas células. Essa duplicata será exatamente como você; nem irmãos gêmeos seriam tão parecidos. Se você encontrasse uma duplicata sua, ficaria surpreso: ela seria exatamente igual a você, absolutamente igual.

Só que eles dizem que, para ser mais seguro, a duplicata precisa ser criada enquanto você está vivo e ela pode ser congelada de modo que, se acontecer um acidente — se você morrer num acidente de carro —, você pode ser imediatamente substituído. A sua mulher nunca será capaz de perceber a troca; os seus filhos nunca virão a saber que o pai deles é só uma imitação, pois a duplicata será exatamente igual a você.

Os seres humanos têm tentado de outras maneiras também, muito mais sofisticadas do que essa. Escrevem livros, pintam quadros e compõem grandes sinfonias; você partirá, mas a sua música ficará para sempre. Você terá morrido, mas a sua assinatura estará ali no livro; você terá ido, mas a escultura que você criou ainda será admirada. Isso fará com que as pessoas se lembrem de você; você ficará na memória delas. Você não poderá mais caminhar sobre a terra, mas caminhará na memória das pessoas. Isso é melhor que nada. Ficar famoso, deixar uma marca nos livros de história. É claro que ela será apenas uma nota de rodapé, mas ainda assim é melhor do que nada.

O homem tem tentado, ao longo das eras, descobrir um modo de ter algum tipo de imortalidade. O medo da morte é grande demais, ele assombra você durante toda a sua vida.

No momento em que você descarta a idéia da separação, o medo da morte desaparece.

Por isso eu digo que o estado de entrega é o mais paradoxal. Se você morre de livre e espontânea vontade, você não pode morrer de maneira nenhuma, porque o todo nunca morre; só as suas partes são substituídas. Se você e o todo forem uma coisa só, você viverá para sempre; irá além do nascimento e morte. Essa é a busca pelo nirvana, pela iluminação, pelo *moksha*, pelo reino de Deus — o estado da imortalidade. Mas a condição que tem de ser preenchida é apavorante demais. A condição é que, primeiro, você tem de morrer como uma entidade separada.

É disso que se trata a entrega, de morrer como uma entidade separada, de morrer como ego. E, na verdade, isso não é nada com que você tenha que se preocupar, porque você *não* está separado; isso é só uma crença. Só a crença morre, não você. Trata-se apenas de uma noção, de uma idéia.

É como se você tivesse visto uma corda na escuridão da noite e acreditado que fosse uma cobra; você está fugindo da cobra totalmente apavorado, trêmulo, transpirando. Então chega alguém e diz, "Não se preocupe, eu a vi à luz do dia e sei perfeitamente que isso é só uma corda. Se não confia em mim, venha comigo! Eu lhe mostrarei que é só uma corda!"

É isso o que os budas vêm fazendo há eras: "*Ihi passiko*, venha comigo! Venha e veja!" Eles pegam a corda na mão e mostram a você que se trata apenas de uma corda; nunca houve uma cobra ali. Todo o medo desaparece e você começa a rir. Começa a rir de si mesmo, de como tem sido tolo. Você está fugindo de algo que nunca nem sequer existiu! Mas tenha existido ou não, essas gotas de suor eram reais. O medo, o tremor, o coração descompassado e a pressão arterial — tudo isso era real.

Coisas irreais podem desencadear coisas reais, lembre-se. Se você acha que são de verdade, elas passam a ser realidade para você — só para você. Trata-se de uma realidade de sonho, mas ela pode afetar você; pode afetar toda a sua vida e todo o seu estilo de vida.

O ego não existe. No momento em que ficar um pouquinho alerta, consciente, lúcido, você não encontrará mais nenhum ego. Ele será a corda que você achou que era uma cobra — você não encontrará a cobra em lugar nenhum.

A morte não existe, a morte é irreal.

Mas você a cria. Você a cria criando a separação.

Entrega significa descartar a idéia de separação; a morte desaparece automaticamente, o medo deixa de existir e todo o aroma da vida muda. Então cada momento passa a ter uma pureza cristalina... uma pureza cheia de prazer, alegria e bem-aventurança. Então cada momento é uma eternidade. E viver dessa maneira é poesia. Viver cada momento sem o ego é poesia. Viver sem o ego é graça, é música; viver sem o ego é viver, viver de verdade. Essa vida eu chamo de poesia: a vida de alguém que se entregou à existência.

Lembre-se, deixe-me repetir: quando se entrega à existência, você não está entregando nada real. Você está simplesmente entregando uma noção falsa, está simplesmente entregando uma ilusão, está entregando *maya*. Você está entregando algo que, desde o início, você nunca teve com você. E entregando isso que você nunca teve, você atinge aquilo que você tem.

Saber que você está em casa, que sempre esteve e sempre estará é um grande momento de relaxamento. Ao saber que você não é um forasteiro, que não está alienado, não está sem raízes, que você pertence à existência e ela pertence a você, tudo fica calmo, quieto e tranqüilo. Essa quietude é a entrega.

A palavra "entrega" dá a você uma idéia errada, como se você tivesse de entregar algo. Você não está entregando nada; está simplesmente descartando um sonho. Está simplesmente deixando para lá algo arbitrário que a sociedade criou.

O ego é necessário; ele tem certas funções a cumprir na sociedade. Mesmo quando a pessoa se rendeu à existência, ela continua usando a palavra Eu — mas essa palavra passa a ser apenas algo útil, ela não tem nada de existencial. A pessoa sabe que ela não existe; ela usa a palavra porque sabe que, do contrário, criará dificuldades desnecessárias para os outros, ela tornará a comunicação impossível. Ela já é impossível! Ficará mais difícil ainda se comunicar com as pessoas. Então essa palavra é só um artifício arbitrário. Se você souber que ela é um artifício — arbitrário, utilitário, proveitoso, mas de maneira nenhuma existencial —, então ela nunca cria problema para você.

O corpo pertence à terra; você pertence ao céu.

O corpo pertence à matéria; você pertence à existência.

O corpo é grosseiro; você não é.

O corpo tem limites, nasceu e morrerá; você nunca nasceu e nunca morrerá. Essa passa a ser a sua experiência pessoal, não uma crença.

A crença é orientada pelo medo. Você gostaria de acreditar que é imortal, mas uma crença é uma crença: uma coisa falsa, mascarada. A experiência é totalmente diferente: ela nasce dentro de você e é sua. E, no momento em que você sabe, nada mais pode estremecer esse saber, nada mais pode destruir esse saber. O mundo todo pode ser contra ele, mas você ainda saberá que você está separado. O mundo todo pode dizer que não existe alma, mas você sabe que existe. O mundo todo pode dizer que Deus não existe, mas você sorrirá, pois a experiência valida a si mesma, é uma prova em si mesma.

2. A MORTE NÃO É UMA INIMIGA, MAS UMA AMIGA

Morte é destino. Tem de ser assim, pois ela é a origem — você veio da morte e irá para a morte. A vida é só um instante entre dois nadas, só o vôo de um pássaro entre dois estados de não-ser.

Se morte é destino, como de fato é, então a vida toda passa a ser uma preparação, um treinamento para a morte — uma disciplina sobre como morrer direito e como morrer total e completamente. A vida toda consiste no aprendizado sobre como morrer. Mas, de alguma forma, um conceito errado sobre a morte tomou conta da humanidade, o conceito de que a morte é uma inimiga. Essa é a base de todas as concepções erradas e é a causa básica do fato de a humanidade ter se desviado da lei eterna, do Tao. Como isso aconteceu? É preciso que se entenda.

O homem considera a morte como a inimiga da vida, como se ela existisse para acabar com a vida, como se ela estivesse contra a vida. Se o conceito é esse, então é claro que você tem de lutar contra a morte, e a vida passa a ser um esforço para sobreviver à morte. Então você está brigando contra a sua própria origem, está brigando contra o seu destino, está brigando contra algo que vai acontecer. Toda essa briga é absurda, pois não se pode evitar a morte.

Se ela fosse algo fora de você, poderia ser evitada, mas ela está dentro de você. Você a carrega desde o momento em que nasceu. Você começa a morrer, na verdade, quando começa a respirar, nesse exato momento. Não é certo dizer que a morte só acontece no fim da vida, pois ela sempre esteve com você, desde o início. Ela faz parte de você, é seu centro mais profundo, ela cresce com você e um dia chegará ao auge, um dia virá a florescer. O dia da morte não é o dia da chegada da morte, é o florescimento dela. A morte esteve crescendo dentro de você durante todo esse tempo e agora chegou ao apogeu; e no momento em que a morte atinge esse apogeu você desaparece e volta para a origem.

Mas o homem tomou uma atitude errada e essa atitude errada cria luta, briga, violência. Uma pessoa que acha que a morte é contra a vida nunca pode deixar de ser violenta. É impossível. Uma pessoa que acha que a morte é a inimiga nunca pode ficar à vontade, como se estivesse em casa. É impossível. Como você pode ficar à vontade se o inimigo está esperando por você a todo instante? Ela saltará sobre você e o destruirá. E a sombra da morte está sempre sobre você. Ela pode acontecer a qualquer momento. Como você pode descansar enquanto a morte ronda? Como você pode relaxar? A inimiga não deixará que você relaxe.

Daí a tensão, a ansiedade, a angústia da humanidade. Quanto mais você briga com a morte, mais oprimido pela ansiedade você fica, tem de ficar. É uma conseqüência natural. Se briga com a morte, você sabe que será derrotado. Como você pode ser feliz com uma vida que vai acabar em derrota? Você sabe que, não importa o quanto se esforce, nada vencerá a morte. Lá no fundo você só tem certeza de uma coisa e essa coisa é a morte. Na vida, tudo o mais é incerto, só a morte é certa. Só existe uma certeza e nessa certeza mora uma inimiga. Brigando com a certeza e ansiando pelas incertezas, como você pode ter sossego? Como você pode ficar relaxado, calmo, senhor de si? Impossível.

As pessoas me procuram e dizem que gostariam de ficar em paz, de se sentir mais à vontade neste mundo, de viver em meio ao silêncio, de que precisam de um certo relaxamento. Mas eu olho nos olhos delas e o medo da morte está ali. Talvez elas estejam simplesmente tentando relaxar para poder lutar contra a morte com mais facilidade; talvez estejam tentando encontrar repouso de modo que possam ficar mais fortes para enfrentar a morte. Mas se a morte existe, como você pode ficar relaxado, silencioso, em paz, à vontade? Se a morte é inimiga, então basicamente toda a vida vira sua inimiga. A todo momento, em todo lugar, a sombra desce sobre você; a todo momento, em todo lugar, a morte ecoa. A vida toda passa a ser uma inimiga e você começa a lutar contra ela.

Para a mente ocidental, é preciso lutar para sobreviver. As pessoas estão sempre falando da "sobrevivência dos mais adaptados", que "a vida é uma luta". Por que é uma luta? É uma luta porque a morte é vista como o oposto da vida. Depois que você entende que a morte não é o oposto da vida, mas parte dela, uma parte intrínseca dela, que nunca pode se separar dela — depois que você aceita a morte como uma amiga, de repente uma transformação acontece. Você fica transfigurado, a sua visão passa a ter um caráter diferente. Deixa de haver luta, guerra. Você não está mais brigando contra ninguém, agora pode relaxar e se sentir em casa. Depois que a morte passa a ser uma amiga, a vida também passa a ser. Isso pode parecer paradoxal, mas é isso mesmo, só a aparência é paradoxal. Se a morte é uma inimiga, lá no fundo a vida também é uma inimiga, pois ela leva você à morte.

Qualquer tipo de vida leva à morte — a vida do homem pobre, a vida do homem rico, a vida de sucesso e a vida de fracasso, a vida do sábio e a vida do ignorante, a vida do pecador e a vida do santo. Todos os tipos de vida, não importa o quanto sejam diferentes, levam à morte. Como você pode amar a vida se é contra a morte? Então o seu amor não passa de possessividade, o seu amor não passa de apego. Para combater a morte, você se agarra à vida, sem entender que essa própria vida está fazendo com que a morte fique cada dia mais próxima. Então você está condenado, todos os seus esforços estão condenados. E aí surge a preocupação, todo o seu ser se agita. Você vive agitado e passa a ficar violento e enlouquecido.

No Ocidente, a proporção de loucos é muito maior do que no Oriente. A razão é clara. O Ocidente considera a morte em contraposição à vida, mas o Oriente tem uma visão totalmente diferente — a vida e a morte são uma coisa só, as duas faces do mesmo fenômeno. Depois que você aceita a morte, muitas coisas são instantaneamente aceitas. Na verdade, se você aceitar a morte como parte da vida, então todos os inimigos são também aceitos como parte da amizade, pois a dualidade básica se dissipa, a dualidade da vida e da morte, do ser e do não-ser. Se a dualidade básica se resolve, então todas as outras dualidades, que são simplesmente superficiais, também se dissipam. De repente você se sente à vontade — os olhos ficam límpidos, desanuviados, a percepção fica absolutamente clara, sem nenhuma escuridão circundando-a.

Mas por quê? Por que isso aconteceu no Ocidente? E está acontecendo no Oriente também porque o Oriente está a cada dia mais sintonizado com o Ocidente. Em toda educação, nas atitudes científicas, o

Oriente não é mais puramente oriental, ele já está contaminado. O Oriente agora também está ficando ansioso, com medo. Você já observou que no Ocidente as pessoas têm mais consciência do tempo e que no Oriente elas não têm tanta consciência, só as mais cultas, mais instruídas? Se você procurar nos vilarejos, verá que ninguém tem consciência do tempo. Na realidade, a consciência do tempo é a consciência da morte; se você teme a morte, o tempo é curto. Com tantas coisas para fazer e tão pouco tempo, você fica consciente de cada segundo que passa. A vida fica cada vez mais curta, então você vive tenso, corre daqui e dali, faz muitas coisas ao mesmo tempo, tenta aproveitar tudo ao máximo, corre de um lugar para outro, de um prazer para outro — e não aproveita nada, pois sabe que o tempo está passando.

. No Oriente, as pessoas não têm tanta consciência do tempo, pois elas aceitaram a vida. Você pode não ter se dado conta de que na Índia as pessoas designam a morte e o tempo da mesma forma. Chamamos a morte de *kal* e também chamamos o tempo de *kal*; *kal* significa tempo e também significa morte. O uso da mesma palavra para designar os dois conceitos indica um entendimento profundo e é muito significativo. Tempo é morte, morte é tempo; quanto mais consciência você tem da morte, mais consciência tem do tempo. Se você absorveu completamente a morte em vida, a consciência do tempo simplesmente desaparece. Por que no Ocidente, e agora no Oriente, existe tanta preocupação com relação à morte, a ponto de não se poder aproveitar a vida?

Por viverem num mundo destituído de tempo, as rochas são mais felizes que o ser humano; por viverem num mundo onde não se conhece a morte, as árvores são mais bem-aventuradas do que o ser humano; não que elas não morram, a morte só não é conhecida. Animais felizes, celebrando, pássaros cantando, toda a existência, com exceção do ser humano, vive numa bem-aventurada inconsciência da morte. Só o ser humano tem consciência da morte e isso cria todos os problemas; esse é o problema básico, a falha básica.

Não deveria ser assim, pois o ser humano é o mais elevado, o mais aprimorado, o ápice da existência — por que deveria ser assim com o ser humano? Sempre que você chega no ápice de uma montanha, o vale também começa a ficar mais profundo. Só pode haver uma grande montanha se houver um vale profundo. Para as rochas, não existe infelicidade, não existe o vale, pois a felicidade delas também está num terreno plano. O ser humano é o ápice, ele se elevou nas alturas, mas por causa dessa elevação, existe ao mesmo tempo as profundezas, o vale. Você olha para baixo e se sente nauseado, olha para baixo e sente medo. O vale faz parte da montanha; o vale não pode existir sem a montanha e a montanha não pode existir sem o vale; eles estão juntos, eles são um conjunto. Mas o homem que está no alto da montanha olha para baixo e se sente nauseado, atordoado, com medo, temeroso.

O homem é consciente — esse é o problema.

A consciência é uma faca de dois gumes; ela corta de ambos os lados. Pode fazer de você alguém tão feliz que esse tipo de felicidade não é conhecido em nenhuma parte da existência; e pode fazer de você alguém tão infeliz e miserável que esse tipo de infelicidade também não é conhecido em lugar nenhum deste mundo. O ser humano é uma dupla possibilidade; ao ficar consciente, duas veredas de repente se abrem diante dele.

A consciência pode se tornar uma bênção, mas também pode se tornar uma maldição. Toda bênção vem acompanhada de uma maldição, o problema é que ela depende da sua escolha. Deixe-me explicar isso a você, para que possamos passar facilmente ao sutra.

O homem é consciente. No momento em que ele passa a ficar consciente, ele também passa a ter consciência do fim — de que ele vai morrer. Ele toma consciência do amanhã, do tempo, da passagem do tempo — então cedo ou tarde o fim ficará mais próximo. Quanto mais consciente ele fica, mais a morte passa a ser um problema, o único problema. Como evitá-la? Isso é usar a consciência da maneira errada. É como se você desse ao seu filho um telescópio e ele não soubesse como usá-lo. Ele pode olhar através dele pelo lado errado.

A consciência é um telescópio, você pode olhar através dela pelo lado errado. E o lado errado tem suas próprias vantagens — isso cria mais problema ainda. Olhando pelo lado errado do telescópio, você pode ver que muitas vantagens são possíveis; num âmbito limitado, muitas vantagens são possíveis. As pessoas que têm consciência do tempo ganham algo em comparação com as que não têm essa consciência. As pessoas que têm consciência da morte conseguem muitas coisas em comparação com aquelas que não têm essa consciência.

É por isso que o Ocidente continua acumulando riquezas materiais e o Oriente continua pobre. Se você não tem consciência da morte, para que se incomodar? As pessoas vivem cada momento como se o amanhã não existisse. Quem vai ficar acumulando riquezas? Para quê? O dia de hoje é tão belo, por que não celebrá-lo? Saberemos do amanhã quando ele chegar.

No Ocidente, as pessoas acumularam uma riqueza infinita porque elas são muito conscientes do tempo. Elas reduziram toda a vida delas a coisas, coisas materiais — arranha-céus. Elas conquistaram muitas riquezas... essa é a vantagem de olhar pelo lado errado. Elas só conseguem ver algumas coisas que estão perto, a curta distância; não conseguem ver muito longe. Os olhos delas ficaram como as do cego que não consegue ver ao longe. Ele só vê o que pode acumular aqui e agora, sem se incomodar em saber se isso terá um preço alto no final. Numa esfera mais ampla, essa vantagem pode não se revelar uma vantagem de fato. Você pode construir uma mansão, mas na época em que ela ficar pronta você também pode estar prestes a partir desta vida; você pode não ter tempo para morar nela. Você poderia ter morado num casebre muito bem, até um barraco estaria bom, mas você achava que moraria num palácio. Agora o palácio está pronto e o homem se foi. Não está mais ali.

As pessoas acumulam riquezas e isso lhes custa o seu próprio ser. Por fim, um dia elas descobrem que perderam a si mesmas e que compraram coisas inúteis. O custo foi alto, mas não há mais nada a fazer; o tempo passou.

Se você tem consciência do tempo, ficará enlouquecido para acumular coisas; você transformará toda a sua energia em coisas. Uma pessoa que tiver uma consciência abrangente aproveitará o momento presente como puder. Ela flutuará. Não se preocupará com o amanhã porque sabe que o amanhã não chegará nunca. Ela sabe muito bem que, no final, só uma coisa tem de ser atingida — o seu próprio eu.

Viva e viva tão plenamente a ponto de entrar em contato com você mesmo... E não existe outro jeito de entrar em contato com você mesmo. Quanto mais profundamente você viver, mais profundamente se conhecerá, nos relacionamentos ou na solidão. Quanto mais fundo você for nos relacionamentos, no amor, mais profundamente você se conhecerá. O amor se torna um espelho. E aquele que nunca amou não pode ficar sozinho, ele pode no máximo ser solitário.

Aquele que amou e teve um relacionamento pode ficar sozinho. Mas essa solidão tem um caráter totalmente diferente, não é solidão. Essa pessoa viveu um relacionamento, satisfez o seu amor, conheceu o outro e conheceu a si mesma por meio do outro. Agora ela pode conhecer a si mesma diretamente, agora o espelho não é mais necessário. Imagine só uma pessoa que nunca tenha visto um espelho. Ela pode fechar os olhos e ver o próprio rosto? Impossível. Ela não pode nem sequer imaginar o próprio rosto, não pode meditar sobre ele. Mas uma pessoa que já viu um espelho, mirou-se nele, conheceu o próprio rosto por meio dele, pode fechar os olhos e ver o rosto interior. É isso o que acontece no relacionamento. Quando a pessoa entra num relacionamento, o relacionamento espelha, reflete ela própria e ela passa a conhecer, dentro dela, muitas pessoas que ela nem sabia que existiam.

Por meio do outro, ela passa a conhecer a sua raiva, a sua ganância, o seu ciúme, a sua possessividade, a sua compaixão, o seu amor e milhares de disposições do seu ser. Muitas situações ela vive por meio do outro. Pouco a pouco chega um momento em que ela pode ficar sozinha; pode fechar os olhos e conhecer a própria consciência diretamente. É por isso que eu digo que, para as pessoas que nunca amaram, a meditação é muito, muito difícil.

Aquelas que amaram profundamente podem se tornar profundos praticantes de meditação; aquelas que amaram num relacionamento estão agora numa posição em que podem ficar consigo mesmas. Elas amadureceram, o outro já não é mais necessário. Se ele estiver presente elas podem aproveitar a companhia dele, mas a necessidade não existe mais; já não existe dependência.

A consciência se dá conta da morte no final. Quando isso acontece, ela fica com medo. O medo cria uma fuga constante dentro de você. Você fica fugindo da vida; esteja onde ela estiver, você foge dela, porque onde quer que exista vida surge uma brecha, um vislumbre da morte. Aqueles que têm muito medo da morte nunca se apaixonam pelas pessoas; eles se apaixonam pelas coisas — as coisas nunca morrem, pois nunca tiveram vida.

Você pode continuar tendo coisas e mais coisas para sempre, elas são substituíveis. Se o seu carro ficar velho, você pode substituí-lo por outro igualzinho. Mas você não pode substituir uma pessoa — e a sua mulher morrer, ela morrerá para sempre. Você pode ter outra mulher, mas ela não substituirá a primeira — felizmente ou não, nenhuma outra mulher será igual à que você teve. Se o seu filho morre, você pode adotar outra criança, mas com nenhuma criança adotada você terá o mesmo tipo de relacionamento que teve com o seu filho. A ferida permanece, ela não pode ser curada. As pessoas que têm muito medo da morte passam a ter medo da vida. Então elas acumulam coisas: um grande palácio, um carrão, milhões de dólares, de rúpias, isto e aquilo, coisas que são imortais. Uma rúpia é mais imortal que uma rosa. Essas pessoas não se importam com rosas, só continuam a acumular rúpias.

Uma rúpia nunca morre, ela é quase imortal, mas uma rosa... Pela manhã ela está viva e, à noite, não está mais. Essas pessoas passam a ter medo das rosas, não olham para elas. Ou, às vezes, se surge o desejo, elas compram rosas de plástico. Elas servem. Você consegue ficar à vontade com rosas de plástico porque elas passam uma sensação de imortalidade. Elas podem ficar ali para sempre. Uma rosa de verdade — pela manhã ela está tão viva, à noite murchou, as pétalas espalhadas no chão, de volta para a mesma fonte. Da terra ela vem, floresce por algum tempo e irradia a sua fragrância para toda a existência. Então a missão acaba, a mensagem é transmitida, ela cai silenciosamente de volta na terra e desaparece sem nem sequer uma lágrima, sem nenhuma luta. Você já viu pétalas caindo de uma flor? Com que beleza e graça elas caem, sem nenhum apego! Por nem sequer um segundo elas tentam se agarrar. Basta uma brisa para que toda a flor volte à terra, retorne à fonte.

Uma pessoa que tenha medo da morte terá medo da vida, terá medo do amor, porque o amor é uma flor — o amor não é uma rúpia. Uma pessoa que tenha medo da vida pode se casar, mas nunca se apaixonará. O casamento é como uma rúpia, o amor é como uma rosa. Ele está ali, pode não estar, mas não dá para você ter certeza com relação a ele, não existe nenhuma imortalidade legal no que diz respeito a ele. O casamento é algo a que se agarrar, ele tem um certificado, um cartório que o assegura. Ele tem a força da polícia e do presidente por trás dele e ambos intervirão caso alguma coisa dê errado.

Mas com o amor... Existe a força das rosas, é claro, mas as rosas não são policiais, não são o presidente; elas não podem dar proteção.

O amor vem e vai embora, o casamento simplesmente vem. Trata-se de um fenômeno morto, é uma instituição. É simplesmente inacreditável que as pessoas gostem de viver em instituições. Amedrontadas, com medo da morte, elas acabam com todas as possibilidades de morte, de onde quer que elas venham. Elas criam uma ilusão em torno delas de que tudo vai ficar como está. Tudo é seguro e garantido. Escondidas atrás dessa segurança elas sentem uma certa segurança, mas isso é tolice, estupidez. Nada pode salvá-las; a morte virá, baterá à porta delas e elas vão morrer.

A consciência pode adotar duas perspectivas. Uma delas é ficar com medo da vida, porque a morte chega por meio dela. A outra é amar a vida tão profundamente que você passa a amar também a morte, pois ela é o âmago da vida. A primeira atitude é fruto do pensamento e a segunda é fruto da meditação. A primeira atitude resulta do excesso de pensamentos, a segunda é resultado de uma mente sem pensamentos, da não-mente. A consciência pode se reduzir a pensamentos; os pensamentos podem se dissolver e se tornar outra vez consciência.

Pense simplesmente num rio em pleno inverno. Quando os *icebergs* começam a aparecer, certas partes da água já estão congeladas. Então fica mais frio ainda, a temperatura cai abaixo de zero e todo o rio congela. Agora não há mais movimento, não há mais nenhum fluxo. A consciência é um rio, uma corrente — com mais pensamentos, o rio congela. Se houver pensamentos demais, obstáculos demais em forma de pensamentos, acaba qualquer possibilidade de a água correr. O rio fica completamente congelado. Você já está morto.

Mas, se o rio está fluindo sem impedimentos, se você derrete os *icebergs*, se derrete tudo o que congelou, todos os pensamentos... É disso que se trata a meditação: é um esforço para descongelar todos os pensamentos. Eles podem se converter novamente em consciência. Então o rio flui, passa a correr e, vivo, vibrante, dançando, ele vai para o mar. Por que as pessoas gostam de ficar congeladas? Porque um rio congelado não pode correr para o mar. Mar significa morte. O rio vai desaparecer, desaparecer para sempre. Ele se fundirá com o infinito, não será mais um indivíduo. Não terá mais seu próprio nome: o Ganges não será mais Ganges, o Volga não será mais Volga. Eles desaparecem no desconhecido.

Se a mente tem medo, ela se torna um redemoinho de pensamentos. Se você é uma pessoa que pensa demais, que pensa sem parar desde manhã até a noite, desde a noite até de manhã; durante o dia, pensamentos e mais pensamentos; durante a noite, sonhos e mais sonhos — o seu rio está congelado. Isso também faz parte do medo: o seu rio está tão congelado que não pode correr, então o mar continua à distância. Se você corre, acabará desaguando no mar.

A meditação é uma tentativa de descongelar você. Os pensamentos pouco a pouco vão derretendo como a neve, voltando a fluir outra vez, e a mente vira uma corrente. Então nada o impede, ele corre livremente para o mar.

Se a consciência fica meditativa, então você aceita a morte, ela não é vista como algo à parte; ela é você. Então você aceita a morte como um repouso; você aceita a morte como um relaxamento final; você aceita a morte como um retiro. Você se retira, se recolhe. O dia todo você trabalhou duro, à noite você volta para casa e vai dormir, se recolhe. A vida é como o dia, a morte é como a noite.

Mas medo, preocupação, neurose com relação ao tempo — isso está ficando crônico. É como se fosse uma segunda natureza ficar continuamente consciente de que o tempo está passando e aí ficar com medo. O medo é basicamente o pensamento de que "Eu não estou conseguindo viver e o tempo está passando. Ele não pode ser recuperado; eu não posso apagá-lo; passou, passou. E todo dia a vida fica mais curta, fica cada vez menor, menor e menor".

O medo não é da morte, o medo é do tempo e, se você olhar bem dentro dele, descobrirá que o medo é de uma vida não-vivida — você não está conseguindo viver. Se você viver, então não existe medo. Se a vida chegar a uma plenitude, não existe medo. Se você aproveitou, atingiu os ápices que a vida pode oferecer — se a sua vida tem sido uma experiência orgásmica, uma profunda poesia vibrando dentro de você, uma canção, um festival, uma cerimônia, e você viveu cada momento em sua totalidade — então não existe medo do tempo. O medo desaparece. Você está preparado mesmo se a morte vier hoje; você conheceu a vida. Na verdade, você dá as boas-vindas à morte, pois agora uma nova oportunidade se abre. Uma nova porta, um novo mistério é revelado. "Eu vivi a vida. Agora a morte está batendo na minha porta, eu salto para abrir a porta. Entre! — pois a vida eu conheci, agora gostaria de conhecer a morte também."

Foi isso o que aconteceu a Sócrates quando ele estava morrendo. Os seus discípulos começaram a chorar e a se lamentar — era natural. Sócrates abriu os olhos e disse, "Parem! O que estão fazendo? Por que estão chorando e se lamentando? Eu vivi a vida e a vivi plenamente. Agora a morte está chegando e eu estou muito, mas muito entusiasmado. Eu estou esperando com tamanho amor e expectativa e esperança! Uma nova porta se abre, a vida revela um novo mistério".

Alguém perguntou, "Você não está com medo?"

Sócrates disse, "Eu não vejo por que alguém deveria ter medo da morte... porque, em primeiro lugar, eu não sei o que vai acontecer. Em segundo lugar, só existem duas possibilidades: ou eu sobreviverei à morte — então não há por que ter medo — ou não sobreviverei. Então também não há por que ter medo. Se eu não sobreviver, não há problema nenhum — se eu não existir mais, não pode haver nenhum problema — e se eu sobreviver e for como eu sou aqui, se a minha consciência sobreviver, então também não há problema, pois eu ainda vou existir lá. Os problemas também existiam em vida; eu os solucionei. Então, se eu estiver do outro lado e houver problemas, eu os solucionarei também".

É sempre um prazer resolver um problema; ele nos lança um desafio. Você aceita o desafio, enfrenta-o e, quando o resolve, sente uma grande alegria.

O medo da morte é o medo do tempo. E o medo do tempo é, lá no fundo, o medo dos momentos não-vividos, da vida não-vivida.

Então o que fazer? Viva mais e com mais intensidade. Viva perigosamente. É a *sua* vida! Não a sacrifique por qualquer tipo de bobagem que ensinaram a você. É a sua vida: Viva-a! Não se sacrifique por causa de palavras, de teorias, de países ou de política. Não se sacrifique por ninguém. Viva! Não ache que morrer é um ato de coragem.

A única coragem é viver intensamente; não existe outra coragem.

Morrer é muito simples e fácil. Você pode subir num penhasco e pular de lá, pode se enforcar — é uma coisa bem fácil. Você pode ser um mártir de um país, de um deus, de uma religião, de uma igreja... Todos açougueiros! Todos assassinos!

Não se sacrifique. Você está aqui por você mesmo e por mais ninguém.

Então viva. E viva em total liberdade e tão intensamente que todo momento seja transformado em eternidade. Se você vive um momento intensamente, ele é transformado em eternidade. Se você vive um momento intensamente, você passa para a vertical, você sai da horizontal.

Existem dois modos de se relacionar com o tempo: um é simplesmente nadar na superfície do oceano; o outro é mergulhar fundo, atingir as profundezas.

Se está simplesmente nadando no oceano do tempo, você sempre terá medo, pois a superfície não é a realidade. A superfície não é a realidade do oceano, é só a fronteira, é só a periferia. Vá para as profundezas, mergulhe nas profundezas. Quando vive um momento profundamente, você deixa de fazer parte do tempo.

Se você está apaixonado, profundamente apaixonado, o tempo desaparece. Quando está com uma pessoa querida ou com o seu amor ou com um amigo, de repente o tempo passa a não existir. Você mergulha nas profundezas. Se você gosta de música, se tem um coração musical, você sabe que o tempo pára. Se você tem um senso de beleza, sensibilidade estética — olhe para uma rosa e o tempo desaparece. Olhe para a lua e onde está o tempo? O relógio imediatamente pára. As mãos continuam a se movimentar, mas o tempo pára. Se você ama alguma coisa profundamente, sabe que você transcende o tempo. Esse segredo já lhe foi revelado muitas vezes. A própria vida o revela para você.

A vida gostaria que você *aproveitasse*. A vida gostaria que você celebrasse. Gostaria que você se envolvesse tão intensamente que o passado não se repetisse mais, que você não se lembrasse mais do passado, pois, a cada momento, você vai cada vez mais fundo. A todo momento a vida fica mais bela, mais orgásmica, uma experiência culminante. Pouco a pouco, quando você entra em sintonia com essa culminância, ela se torna a sua morada.

É assim que vive a pessoa iluminada, ela vive cada momento com todo o seu ser.

Alguém perguntou a um mestre zen, "Depois da iluminação o que você tem feito?" O mestre respondeu, "Trago água de um poço, corto lenha na floresta, quando sinto fome eu como, quando sinto sono eu durmo — só isso".

Mas, lembre-se bem, quando um homem que chegou a uma compreensão profunda do seu próprio ser corta lenha, ele simplesmente corta lenha; não existe mais ninguém ali. Na verdade, o cortador não está presente. Só o cortar da lenha, o rachar da lenha. O lenhador não está presente porque ele pertence ao passado. Quando esse homem come, ele simplesmente come.

Um outro grande mestre zen dizia, "Quando se sentar, sente-se; quando caminhar, caminhe. Acima de tudo, não fique oscilando".

O tempo é um problema porque você não está vivendo da maneira certa. O tempo é simbólico, é sintomático. Se você vive da maneira certa, o problema do tempo desaparece; o medo do tempo desaparece. Então, o que fazer?

A todo momento, não importa o que esteja fazendo, faça isso com todo o seu ser. Coisas simples: ao tomar banho, tome banho com todo o seu ser. Esqueça o mundo inteiro! Ao se sentar, sente-se; ao caminhar, caminhe. Acima de tudo, não fique oscilando. Sente-se sob o chuveiro e deixe toda a existência se derramar sobre você. Funda-se com essas lindas gotas de água caindo sobre você. Coisas pequenas: limpando a casa, cozinhando, lavando roupas ou saindo para uma caminhada matinal, faça isso com todo o seu ser. Então não haverá necessidade de meditação.

A meditação não passa de uma maneira de aprender como fazer uma coisa com todo o seu ser.

Depois que tiver aprendido, tiver feito de toda a sua vida uma meditação, esqueça tudo sobre as meditações; deixe que a vida seja a única lei, deixe que a vida seja a única meditação. Então o tempo desaparece e, lembre-se, quando o tempo desaparece, a morte desaparece. Você deixa de ter medo da morte. Na verdade, você espera por ela.

Só pense no fenômeno: se você espera pela morte, como ela pode existir? Essa espera não é um suicídio, essa espera não é patológica. Você vive a sua vida. Se você viveu a sua vida, a morte passa a ser o próprio auge da vida toda. A morte é o clímax da vida, o pináculo, o crescendo.

Você viveu todas as pequenas ondas do comer, beber, dormir, caminhar e fazer amor — pequenas ondas e grandes ondas, você viveu. Então vem a maior delas: você morre. Você tem que viver isso também com todo o seu ser. Então você está pronto para morrer. Essa própria prontidão é a morte da morte em si.

É assim que as pessoas descobrem que nada morre. A morte é impotente quando você está pronto para vivê-la; a morte é muito poderosa se você tem medo.

Uma vida não-vivida dá poder à morte. Uma vida vivida em sua plenitude tira todo o poder da morte. A morte deixa de existir.

3. A CORAGEM DE VIVER

Ninguém tem medo de fato da morte; senão viver ficaria impossível.
Existe uma medida de segurança natural e isso é algo muito básico que temos de entender.

A natureza não quer que você tenha medo da morte pela simples razão de que, se esse medo ficar exagerado, você não será capaz de viver. A vida só pode ser vivida se você continuar acreditando que vai viver aqui para sempre. As coisas mudarão, as pessoas morrerão, mas você ficará de fora de toda essa mudança. E isso se baseia na sua experiência.

O poeta diz, "Nunca perguntes por quem os sinos dobram, eles dobram por ti".

Mas, quando eles dobram por você, você não está mais lá para ouvir — esse é o problema. Eu digo a você, eles sempre dobram por outra pessoa; é por isso que você pode ouvi-los. O poeta não conhece os reinos profundos da consciência humana. Num certo sentido, ele está dizendo a verdade. Sim, eles dobram por você. Mas você está ouvindo os sinos... Você pode compreender a implicação, mas essa implicação não lhe causará medo. Eu posso dizer, com certeza, que nem o poeta que escreveu isso tinha medo da morte. Nem mesmo ele, ouvindo o dobrar dos sinos, teria pensado que eles dobravam por ele. É sempre por outra pessoa, é sempre pelo outro.

As pessoas têm medo de ter câncer, têm medo de ter AIDS, têm medo de ficar cegas, têm medo de ficar inválidas; têm medo de todo tipo de coisa que possa acontecer na velhice; têm medo da velhice. Ninguém tem medo da morte. A morte é tão inocente — por que teríamos medo dela? Na verdade, quanto mais perto você chega da velhice e da morte, mais você começa a ansiar para que a morte chegue logo. A morte é absolutamente inocente e pura. Ela nunca incomoda ninguém, nunca tortura ninguém. Ninguém tem medo dela. Nunca cruzei com ninguém que tivesse medo da morte. As pessoas certamente têm medo de ficar naqueles tipos estranhos de cama de hospital... — com as pernas para cima, as mãos para baixo, todo tipo de aparelho ligado à cabeça e ao peito... As pessoas têm medo de tudo isso, mas da morte? Você já viu a morte fazendo algum mal a alguém? Por que alguém deveria ter medo dela?

As pessoas têm medo da vida, não da morte, pois a vida é um problema a ser resolvido. A vida tem milhares de complexidade a serem resolvidas. A vida tem tantas dimensões que você vive continuamente preocupado: será que essa dimensão para onde você está indo é a certa ou você deixou a certa escapar?

Faça o que fizer, esse ponto de interrogação nunca deixa você: é esse tipo de coisa que você realmente quer fazer ou que você está mesmo destinado a fazer? Todo mundo vive em constante agitação por causa da vida. As pessoas têm medo de viver, de modo que tentam viver do modo mais limitado possível. Elas têm de fazer da vida uma coisa limitada.

Elas tentam levantar uma cerca em torno da vida delas. Não querem viver na imensidão da vida; isso dá muito medo. Elas fazem uma cerca bonita em torno da casa delas, cultivam um lindo jardim inglês ali dentro — tudo simétrico, bem aparado, arrumadinho — e acham que isso é a vida. Isso não é vida, é só uma tentativa de evitar a vida.

A vida só pode ser selvagem.

Ela não pode ter cercas; não pode ser como um jardim inglês. Ela não é vitoriana, com tudo simétrico.

As pessoas têm medo da vida e têm medo porque a vida só é possível se você for capaz de ser selvagem — selvagem no seu amor, selvagem na sua canção, selvagem na sua dança. É aí que mora o medo.

Esqueça esse medo da vida... Porque ou você fica com medo ou você vive; depende de você. E ter medo de quê? Você não tem nada a perder. Você tem tudo a ganhar. Esqueça todos os medos e mergulhe de cabeça na vida. Então, um dia, a morte virá como uma convidada de honra, não como uma inimiga, e você apreciará a morte mais do que apreciou a vida, porque a morte tem as suas próprias belezas. E a morte é muito rara, pois ela só acontece uma vez — a vida acontece todo dia.

★

Existem muitas possibilidades dentro de você, camadas e mais camadas.

A primeira camada é a do corpo. Se você se identifica com o corpo, está identificado com o temporal, com o momentâneo. Então fatalmente haverá o medo da morte.

O corpo é um fluxo, como um rio — mudando e correndo o tempo todo. Não há nada de eterno nele. A todo momento o corpo está mudando. Na verdade, o corpo está morrendo a cada instante. Não é que demore setenta anos; é um processo. A morte não é um acontecimento, é um processo longo. Pouco a pouco, gradativamente, o corpo chega num ponto em que não pode mais se manter inteiro; ele se desintegra.

Se você está identificado com o corpo, é claro que sempre existirá o medo de que a morte esteja se aproximando. Você vive, mas só consegue viver com medo. E que tipo de vida é possível quando os alicerces da pessoa estão sempre estremecendo? Quando a pessoa está sentada num vulcão e a morte pode acontecer a qualquer momento? Quando só uma coisa é certa — a morte está chegando — e todo o resto é incerteza? Como a pessoa pode viver? Como ela pode celebrar? Como ela pode dançar e cantar e existir? Impossível. A morte não deixará. A morte é muito intensa e está muito próxima.

Existe então uma segunda camada dentro de você: a da mente — que é até mais temporal e fugaz do que o corpo. A mente também está continuamente se desintegrando.

A mente é a parte interior do corpo e o corpo é a parte exterior da mente. Eles não são duas coisas diferentes. "Mente e corpo" não é uma expressão correta. A expressão correta é "mentecorpo". Você é psicossomático. Não é que existe o corpo e existe a mente. O corpo é a mente grosseira e a mente é o corpo sutil. São dois lados da mesma moeda — um interior e o outro exterior.

Existem então pessoas que estão identificadas com o corpo. Elas são as materialistas. Elas não conseguem viver. Tentam desesperadamente, é claro, mas não conseguem. O materialista só faz de conta que está vivendo; ele não consegue viver. A vida dele não pode ser muito profunda; só pode ser superficial e insípida porque ele está tentando viver por meio do corpo, que está constantemente morrendo. Ele está morando numa casa que está em chamas. Está tentando descansar numa casa que está pegando fogo. Como pode descansar? Como pode amar?

O materialista só pode fazer sexo, ele não pode amar, porque o sexo é temporal; o amor tem algo de eterno. Ele pode ter um contato efêmero com as pessoas, mas não consegue se relacionar com elas. Ele está constantemente correndo, pois está identificado com o corpo. O corpo nunca tem descanso, ele está sempre em movimento. No máximo ele pode fazer sexo — uma coisa temporal, momentânea; nada mais profundo, nada que tenha relação com a alma ou com o seu centro mais profundo. Os seres ficam distantes; os corpos se encontram, se misturam e se separam outra vez. O materialista é a pessoa mais idiota que existe, porque ele está tentando sobreviver à morte. Essa é a estupidez.

O idealista é um outro tipo de pessoa — aquele que está identificado com a mente, com as idéias, com as ideologias e ideais. Ele vive num mundo efêmero — não de um jeito melhor que o materialista. É claro que o ego dele é mais inflado, porque ele pode condenar o materialista. Ele fala de Deus e fala da alma; fala de religião e de coisas grandiosas. Fala do outro mundo — mas isso tudo é mero falatório. Ele vive na mente; pensando e ruminando o tempo todo, jogando com idéias e palavras. Ele cria utopias na mente — sonhos belos e grandiosos —, mas ele também está desperdiçando a oportunidade, porque a oportunidade está aqui e agora e ele está sempre com a cabeça em outro lugar.

A palavra "utopia" é bela. Ela significa "que nunca chega". A pessoa pensa em algo que nunca chega e que nunca chegará. Ela vive em outro lugar. Ela existe aqui e vive em outro lugar. Ela vive numa dicotomia, num dualismo. Vive numa grande tensão. Os políticos, os revolucionários, os chamados teólogos e padres — eles vivem todos uma vida identificada com a mente, e a vida de verdade está além do corpo e da mente. Você está no corpo e está na mente, mas não é nenhum dos dois.

O corpo é a sua concha externa e a mente é a sua concha interna.

Você está além dos dois.

Essa compreensão é o início da vida de verdade.

Como ter essa compreensão? É disso que se trata a meditação.

Comece testemunhando. Caminhe pela rua e torne-se uma testemunha. Observe o seu corpo caminhando; você, a partir do seu âmago mais profundo, está simplesmente observando, testemunhando e observando. De repente você terá uma sensação de liberdade. De repente você verá que o seu corpo está caminhando, mas *você* não está.

Às vezes o corpo está saudável e às vezes ele está doente. Observe, simplesmente observe e de repente terá a sensação de uma qualidade de ser totalmente diferente. Você não é o corpo. O corpo está doente, é claro, mas você não está. O corpo está saudável, mas isso não tem nada a ver com você.

Você é uma testemunha, um observador nas montanhas... bem afastado. É claro, acorrentado ao corpo, mas não identificado com ele; enraizado no corpo, mas sempre além dele e transcendendo-o.

A primeira meditação é separar você do corpo. E, pouco a pouco, à medida que a sua observação for ficando mais acurada, comece a observar os pensamentos que passam continuamente pela sua mente. Mas primeiro observe o corpo. Como ele é grosseiro, você pode observá-lo com mais facilidade e não precisará de muita consciência. Depois que você entrar na sintonia, comece a observar a mente.

Tudo o que você pode observar está separado de você. Tudo o que você pode testemunhar não é você; você é a consciência que testemunha. O que é testemunhado é o objeto; você é a subjetividade. O corpo e a mente também permanecem distanciados quando você vira uma testemunha. De repente você está ali — sem corpo e sem mente... pura consciência, só pureza, uma inocência e um espelho.

Nessa inocência, pela primeira vez você descobre quem você é. Nessa pureza, pela primeira vez a existência passa a ser vida. Pela primeira vez você existe. Antes, você estava simplesmente dormindo e sonhando; agora você existe.

E, quando você existe, a morte não existe.

Você sabe que estará testemunhando a morte também. A pessoa que passou a ser capaz de testemunhar a vida também é capaz de testemunhar a morte, pois a morte não é o fim da vida; é o apogeu. É o pináculo da vida.

A morte chega a um ápice na morte.

Como tem medo, você deixa de aproveitar esse momento. Do contrário, a morte seria o maior êxtase, o maior orgasmo que existe. Você conheceu o pequeno orgasmo do sexo. No sexo também, uma pequena morte acontece: um pouco de energia vital é liberada do corpo e você se sente orgásmico, aliviado, relaxado. Então pense na morte: toda a energia que você tem é liberada. A morte é o maior de todos os orgasmos.

No orgasmo sexual, só uma parte pequena, diminuta, da sua energia é liberada. Nesse momento você também se sente muito belo. Você também se sente relaxado e cai no sono; toda a tensão se dissipa. Você vira uma harmonia. Pense na morte como a liberação de toda a vida; de todos os poros do corpo toda a vida é liberada e volta para o todo. Trata-se do maior orgasmo que existe.

Sim, a morte é o maior dos orgasmos, mas as pessoas continuam deixando de aproveitá-la por causa do medo. O mesmo acontece com o orgasmo sexual. Muitas pessoas continuam não conseguindo atingi-lo. Elas não conseguem ter orgasmo por causa do medo. Elas não conseguem mergulhar totalmente nele. Lembre-se de que essas pessoas que têm medo da morte também têm medo do sexo.

Você pode ver isso acontecendo na Índia. Esse país continua sentindo medo do sexo e da morte também. Em nenhum outro lugar existem tamanhos covardes, em nenhum outro lugar existem tantos covardes. O que aconteceu? Essas pessoas que têm medo da morte terão medo do sexo também, porque no sexo acontece uma pequena morte. Essas pessoas que têm medo do sexo agarram-se com unhas e dentes à vida. Elas ficaram miseráveis. Esses miseráveis não sentem orgasmos sexuais e também não sentem o grande orgasmo, o preenchimento de toda uma vida.

Depois que descobre o que é a morte, você a recebe com grande celebração. Você dá as boas-vindas a ela. É a realização de toda uma vida de empenho. É o resultado do esforço que você fez durante toda a vida. A jornada chega ao fim. Você volta para casa.

Na morte, você não morre. Simplesmente a energia que foi dada a você por meio do corpo e da mente é liberada e volta para o mundo. Você volta para casa.

Se não morrer do jeito certo, você nascerá novamente. Agora deixe-me explicar isso a você. Se não morrer do jeito certo, se não chegar ao orgasmo pleno que é a morte, você nascerá outra vez porque não aproveitou e precisa de outra oportunidade.

A existência tem muita paciência com você. Ela sempre lhe dá outras oportunidades. Ela tem compaixão. Se você não aproveitou esta vida, a existência lhe dará outra. Se fracassou desta vez, você será mandado de volta para este mundo para uma outra rodada. A menos que atinja o seu objetivo, você será mandado de volta muitas e muitas vezes. Esse é o significado da teoria do renascimento.

O Deus cristão é um tanto miserável: ele só concede uma vida. Isso gera muita tensão. Só uma vida? Não há tempo nem para errar nem para se extraviar. Isso causa uma profunda tensão. No Oriente, nós criamos o conceito de um Deus mais compassivo, que continua nos concedendo oportunidades. Você não aproveitou esta vida? Então tome outra! E, num certo sentido, isso é muito sensato. Não existe nenhum Deus personificado como esse que dê vida a você. Na verdade, é você quem faz isso.

Você já observou às vezes? À noite você vai dormir. Só observe. Quando cair no sono, quando estiver adormecendo, simplesmente observe o seu último pensamento, o seu último desejo e o último fragmento da sua mente. Então, pela manhã quando acordar, não abra os olhos; mais uma vez observe. O último fragmento será o primeiro.

Se você pensar em dinheiro quando estiver caindo no sono, exatamente o mesmo pensamento lhe ocorrerá pela manhã. Você estará pensando em dinheiro novamente — porque esse pensamento continuará na sua mente e esperará por você para voltar. Se estiver pensando em sexo, pela manhã você também estará pensando em sexo. Seja o que for... Se estiver pensando em Deus e rezar e esse for o seu último pensamento à noite, a primeira coisa que você perceberá pela manhã é uma prece brotando dentro de você.

O último pensamento à noite é o primeiro pensamento pela manhã. O último pensamento desta vida será o primeiro pensamento da seguinte. O último pensamento quando você estiver morrendo se tornará a primeira semente da sua próxima vida.

Mas, quando um Buda morre, um homem que tenha chegado lá, ele simplesmente morre sem nenhum pensamento. Ele sente o orgasmo. Ele está tão preenchido, está tão plenamente preenchido que não há necessidade de voltar. Ele desaparece no cosmo. Não há necessidade de incorporar novamente.

No Oriente, nós observamos a experiência de morte das pessoas. O modo como morrem reflete toda a vida delas e o modo como viveram.

Eu só preciso assistir à sua morte para poder escrever toda a sua biografia — porque, nesse momento, toda a sua vida está condensada. Nesse único momento, com um lampejo, você mostra tudo.

Uma pessoa infeliz morrerá com os punhos apertados — ainda segurando e agarrando, ainda tentando não morrer e não relaxar. Uma pessoa amorosa morrerá com as mãos abertas, compartilhando... compartilhando a sua morte assim como compartilhou a vida. Você pode ver tudo escrito no rosto da pessoa como se ela tivesse vivido a vida totalmente alerta e consciente. Se ela viveu, então em seu rosto haverá um brilho luminoso; em torno do seu corpo haverá uma aura. Você chega perto dela e sente o silêncio — não, tristeza, mas silêncio. Se a pessoa morreu feliz e em total orgasmo, acontece até de você de repente se sentir feliz perto dela.

Isso aconteceu na minha infância; uma pessoa muito virtuosa morreu na minha aldeia. Eu era meio apegado a ela. Tratava-se do sacerdote de um pequeno templo, um homem muito pobre. Sempre que eu passava — e eu costumava passar por lá duas vezes por dia; quando estava indo para a escola, que era perto do templo, eu passava — ele me chamava e sempre me dava uma fruta ou um doce.

Quando ele morreu, eu fui a única criança a ir vê-lo. Toda a cidade se reuniu. De repente eu não pude acreditar no que aconteceu — eu comecei a rir! Meu pai estava presente e tentou me fazer parar, porque ficou constrangido. A morte não é hora de rir. Ele tentou tapar a minha boca. Disse-me várias vezes para ficar quieto.

Eu nunca mais senti essa vontade outra vez. Desde então eu nunca mais a senti; nunca antes havia sentido — rir tão alto, como se algo belo tivesse acontecido. Eu não consegui me segurar; eu ri alto. Todo mundo ficou zangado e me mandaram para casa. Meu pai me disse, "Nunca mais deixarei que você participe de nenhuma ocasião séria! Por causa de você eu estava até ficando constrangido. Por que estava rindo? O que aconteceu? O que há na morte para rir? Todo mundo estava chorando e se lamentando e você estava *rindo*!"

Eu disse a ele, "Algo aconteceu... o velho liberou algo que foi extremamente bonito. Ele morreu uma morte orgásmica". Não foram exatamente com essas palavras, mas eu disse ao meu pai que eu sentia que o sacerdote estava muito feliz morrendo, muito alegre e queria que rissem com ele. Ele estava rindo, a energia dele estava rindo. Pensaram que eu estava louco. Como um homem pode morrer rindo? Desde então eu tenho observado muitas mortes e nunca mais vi nenhuma morte desse tipo.

Quando morre, você libera a sua energia e, com ela, a experiência de toda a sua vida. Seja como for que você tenha sido — triste, feliz, amoroso, raivoso, apaixonado, compassivo, seja o que for que tenha sido — essa energia carrega as vibrações de toda a sua vida. Sempre que um santo morre, próximo a ele há uma grande dádiva; só o fato de ser banhado por essa energia já é uma grande inspiração. Você é transportado para uma dimensão completamente diferente. Você ficará entorpecido por essa energia e se sentirá inebriado.

A morte pode ser uma completa realização, mas isso só será possível se a vida foi vivida.

4. RESPOSTAS A PERGUNTAS

Por que eu tenho tanto medo de ficar velho?
Mostre-me como me livrar desse medo.

A vida, se vivida do modo certo, se vivida de fato, nunca tem medo da morte. Se você viveu a sua vida, dará as boas-vindas à morte. Ela chegará como um repouso, como um grande sono. Se você chegou ao ápice, ao clímax, na sua vida, então a morte é um belo descanso, uma bênção. Mas, se você não viveu, então é claro que a morte causa medo. Se você não viveu, então a morte certamente vai tirar de você o tempo, todas as oportunidades futuras de viver. No passado, você não viveu e não haverá mais nenhum futuro; surge o medo. O medo surge não por causa da morte, mas por causa da vida não-vivida.

E, por causa do medo da morte, a velhice também causa medo, pois esse é o primeiro passo para a morte. Do contrário a velhice também é bela. Ela é o amadurecimento do seu ser, é maturidade, crescimento. Se você viveu cada momento, todos os desafios que a vida oferece e você aproveitou todas as oportunidades que a vida abre, e se você ousou se aventurar rumo ao desconhecido que a vida mostra e lhe convida a conhecer, então a velhice é um amadurecimento. Do contrário, a velhice é uma doença.

Infelizmente, muitas pessoas simplesmente envelhecem, ficam velhas, sem atingir nenhuma maturidade. A velhice é um fardo. O seu corpo ficou velho, mas a sua consciência continua juvenil. O seu corpo envelheceu, mas você não amadureceu na sua vida interior. Falta-lhe luz interior e a morte está se aproximando mais a cada dia; é claro que você vai estremecer, ficar com medo e brotará em você uma grande angústia.

Aqueles que vivem como se deve viver aceitam a velhice com grande disposição, pois a velhice simplesmente significa que agora eles estão florescendo, estão realizados, serão capazes de compartilhar o que quer que tenham atingido.

Normalmente a velhice é feia porque ela é simplesmente uma doença. O seu organismo não amadureceu, só ficou mais e mais doente, enfraquecido, impotente. De outro modo a velhice é a época mais bonita da vida. Todas as tolices da infância se foram, toda a febre e paixão da juventude se foram... aflora uma serenidade, um silêncio, uma meditação, um *samadhi*.

A velhice é extremamente bela e é assim que deve ser, pois toda a vida caminha para ela. Ela deveria ser um apogeu. Como o apogeu poderia estar no começo? Como o apogeu poderia estar no meio? Mas, se você acha que a infância é o apogeu, assim como muitas pessoas acham, então é claro que toda a sua vida será de sofrimento, pois você já atingiu o apogeu — dali em diante tudo será um declínio, uma queda. Se você acha que a juventude é o apogeu, assim como muitas pessoas também pensam, então é claro que, depois dos trinta e cinco anos, você ficará triste, deprimido, pois a cada dia você estará perdendo um pouco mais da sua juventude sem ganhar nada em troca. A energia diminuirá, você ficará mais fraco, as doenças atacarão o seu ser e a morte baterá na sua porta. O seu lar desaparecerá e aparecerá o hospital. Como você pode ser feliz? Não pode, mas no Oriente nós nunca pensamos na infância ou na juventude como o apogeu. O apogeu só vem no final.

E se a vida flui da maneira certa, pouco a pouco você atinge cumes cada vez mais altos. A morte é o ponto culminante da vida, o *crescendo*.

Mas por que estamos deixando de aproveitar a vida? Por que estamos ficando velhos e não estamos amadurecendo? Em algum momento, as coisas deram errado, em algum ponto você tomou o caminho errado — em algum lugar você concordou em tomar o caminho errado. Esse acordo tem de ser rompido; esse contrato tem de ser queimado. Você tem de entender que, até agora, você viveu do jeito errado — você cumpriu um acordo, em vez de viver de verdade.

Quando era uma criancinha, você fez um acordo. Vendeu o seu ser. Em troca de nada. O que você ganhou foi simplesmente nada, só lixo. Em troca de algumas coisinhas, você vendeu a sua alma. Você concordou em ser alguém que você não era; foi aí que você se desviou do seu caminho. A sua mãe queria que você fosse alguém, o seu pai queria que você fosse alguém, a sociedade queria que você fosse alguém; e você concordou. Pouco a pouco você decidiu não ser mais você mesmo. E, desde então, você tem fingido ser outra pessoa.

Você não pode amadurecer porque essa outra pessoa não pode amadurecer. Ela é falsa. Se eu uso uma máscara, a máscara não pode amadurecer. Ela está morta. O meu rosto pode amadurecer, mas não a minha máscara. E só a sua máscara vai continuar envelhecendo. Por trás dela, escondido, você não está crescendo. Você só pode crescer se aceitar a si mesmo — se aceitar que você vai continuar sendo você mesmo, mais ninguém.

A roseira concordou em ser um elefante; o elefante concordou em virar uma roseira. A águia está preocupada, quase consultou um psiquiatra, pois ela quer virar um cachorro; e o cachorro está hospitalizado porque queria voar como uma águia. Isso é o que acontece com a humanidade. A maior calamidade que existe é concordar em ser algo que você não é; você nunca conseguirá amadurecer.

Você nunca vai amadurecer sendo outra pessoa. Você só pode amadurecer sendo você mesmo. Os "deveres" têm de ser esquecidos e você tem de parar de se importar com o que as pessoas dizem. Qual é a opinião delas? Quem são elas? Você está aqui para ser você mesmo. Não está aqui para preencher as expectativas de outra pessoa; e todo mundo está tentando fazer isso. O seu pai pode já ter morrido, mas você está tentando cumprir a promessa que fez a ele. E ele está tentando cumprir a promessa que fez ao pai dele e assim vai. Essa tolice toda existe desde o início.

Tente entender e tome coragem — tome a sua vida nas suas próprias mãos. De repente você se deparará com uma torrente de energia. No momento em que você decide, "Vou ser eu mesmo e ninguém mais. Custe o que custar, eu vou ser eu mesmo", nesse mesmo instante você perceberá uma grande mudança. Você se sentirá vivo. Sentirá uma energia circulando em você, pulsando.

A menos que isso aconteça, você ficará com medo de envelhecer, pois como pode deixar de ver o fato de que está perdendo tempo, não está vivendo e a velhice está chegando e você não poderá mais viver? Como você pode deixar de ver o fato de que a morte está esperando por você e a cada dia se aproxima mais e mais e você não viveu ainda? Você com certeza acabará sentindo uma grande angústia.

Então, se você me pergunta o que fazer, eu sugiro o básico. E é sempre uma questão de fazer o básico. Nunca se preocupe com coisas secundárias, pois você pode mudá-las, mas nada mudará de fato. Mude o básico.

Por exemplo, o que é secundário. "Por que eu tenho tanto medo de ficar velho? Mostre-me como me livrar desse medo." A própria pergunta foi feita por causa do medo. Você quer "se livrar do medo", não entendê-lo, portanto é claro que você vai se tornar vítima de alguém ou de alguma ideologia que possa ajudá-lo a se livrar dele. Eu não posso ajudá-lo a se livrar dele. Na verdade, esse é o problema. Eu gostaria que você o entendesse e mudasse a sua vida. Não é uma questão de se livrar do problema; é uma questão de se livrar da sua máscara, da sua falsa persona — o jeito como você vem tentando ser e que não é o seu jeito verdadeiro. Você não é autêntico. Não é sincero com relação a si mesmo; você está traindo o seu próprio ser.

Então, se você pergunta — existem padres e filósofos e demagogos —, se você os procura e pergunta a eles como se livrar do medo, eles dizem, "A alma nunca envelhece. Não se preocupe. Lembre-se apenas de que você é uma alma. É o corpo que envelhece e você não é o corpo". Eles consolam você. Talvez por um momento você se sinta bem, mas isso não vai ajudar, não vai mudar você. Amanhã novamente, apesar da influência do padre, você estará na mesma situação.

E a beleza é que você nunca olha para o padre: ele próprio está com medo. Você nunca olha para o filósofo; ele próprio está com medo.

Eu ouvi:

O novo vigário estava com estafa e os exames revelaram que os pulmões dele haviam sido afetados. O médico disse que ele precisava de um longo descanso. O vigário protestou, dizendo que não tinha condições de deixar o trabalho.

"Bem", disse o médico, "Você tem duas opções: a Suíça ou o céu".

O vigário andou pela sala por algum tempo e depois disse, "Você venceu, a Suíça".

Quando a questão é de vida ou morte, até o padre, o filósofo, as pessoas a quem você faz perguntas, nenhuma delas viveu. O mais provável é que elas não tenham vivido nem o tanto que você viveu; do contrário não poderiam ser padres. Para ser padres, eles precisaram negar completamente a vida. Para ser monges, sadhus, mahatmas, eles tiveram que negar completamente todo o seu ser e tiveram de aceitar tudo o que a sociedade queria que eles fossem. Tiveram de concordar com tudo. Tiveram de discordar de si mesmos, da sua própria energia vital e tiveram de concordar com o falso, com tolices — o apreço dos outros, respeitabilidade.

E você os procura e pergunta para eles. Eles mesmos estão trêmulos. Bem no fundo estão com medo. Eles e os discípulos deles estão todos no mesmo barco.

Eu ouvi:

O papa estava gravemente doente no Vaticano e divulgou-se a mensagem de que o cardeal faria um pronunciamento especial do balcão da Basílica de São Pedro.

Quando chegou o dia, a famosa praça estava apinhada de fiéis. O idoso cardeal começou a falar com voz trêmula, "A Sua Santidade só poderá ser salva por um transplante de coração e eu estou fazendo um apelo a todos vocês, bons católicos que hoje se reúnem aqui, para que sejam doadores".

Segurando uma pena ele disse, "Eu jogarei esta pena e a pessoa que ela tocar será a escolhida pela Divina Providência para salvar a vida do papa".

Assim ele jogou a pena... e tudo o que ele pôde ouvir foi vinte mil católicos romanos devotos soprando disfarçadamente.

Todo mundo estava com medo. Se o papa queria sobreviver, por que esses pobres católicos tinham de ser doadores?

Eu não vou dar a você nenhum consolo. Não vou lhe dizer, "A alma é eterna. Não se preocupe, você nunca morrerá. Só o corpo morre". Eu sei que é verdade, mas essa verdade a pessoa tem de aprender do modo mais difícil. Você não vai aprendê-la só porque outra pessoa afirmou isso a você. Você não sabe o que é a vida. Como pode saber o que é a eternidade? Você não está sendo capaz nem mesmo de viver no tempo. Como pode ser capaz de viver na eternidade?

A pessoa toma consciência da imortalidade quando ela passa a ser capaz de aceitar a morte. Através da porta da morte, a imortalidade se revela. A morte é um modo como a imortalidade se revela para você... mas, com medo, você fecha os olhos e fica inconsciente.

Não, eu não vou lhe dar um método, uma teoria para se livrar do medo. Ele é sintomático. É bom que ele continue lhe indicando que você está vivendo uma vida falsa. É por isso que existe o medo. Aproveite simplesmente a dica e não tente mudar o sintoma; em vez disso, tente mudar a causa básica.

Feche os olhos por um momento; você ouvirá a voz do seu pai, da sua mãe, dos seus pares, professores, e nunca ouvirá a sua própria voz. Muitas pessoas me procuram e dizem, "Você fala da voz interior; eu nunca a ouvi". Existe uma multidão dentro de você. Quando Jesus diz, "Odeie pai e mãe", ele não está dizendo para você odiá-los de fato. Está dizendo para você odiar o pai e a mãe que se tornaram vozes da sua consciência. Odeie porque essa foi a pior concessão que você fez — foi um contrato suicida. Odeie, destrua essas vozes, de modo que a sua voz possa se libertar e ser ouvida, de modo que você possa sentir quem você é e o que quer ser.

No início, claro, você se sentirá completamente perdido. É isso o que acontece na meditação. Muitas pessoas me procuram e dizem, "Viemos para encontrar um caminho. As meditações, em vez disso, me deixaram completamente perdido". Essa é uma boa indicação. Mostra que o domínio dos outros está ficando mais fraco. É por isso que você se sente perdido, porque as vozes das outras pessoas estavam lhe dando uma orientação e você teve de começar a ouvi-las. Você acreditou nelas por tanto tempo que elas se tornaram o seu guia. Agora, quando você medita, essas vozes desaparecem. Você fica livre da armadilha. Você vira criança outra vez e não sabe para onde ir. Porque todas as orientações desapareceram. A voz do pai não está mais lá, a voz da mãe não está mais lá, o professor não está lá, a escola não está lá; de repente você fica sozinho. A pessoa começa a ficar assustada — "Onde estão os meus guias? Onde estão as pessoas que sempre me mostravam o caminho certo?"

Na verdade, ninguém pode mostrar a você o caminho certo, pois qualquer orientação vai ser errada. Nenhum líder pode ser o líder certo, pois a orientação como tal é errada. Seja quem for que você permita que lhe oriente trará a você algum prejuízo porque essa pessoa começará a fazer algo, a forçar algo, a dar a você uma estrutura; e você tem de viver uma vida desestruturada, uma vida livre de toda estrutura e perfil moral, livre de todas as molduras, referências, contatos — livre neste momento do passado.

Portanto, todas as orientações só desorientam e, quando elas desaparecem, depois que você acreditou nelas por tanto tempo, você subitamente se sente vazio, cercado pelo vazio e sem enxergar nenhum caminho à frente. Para onde ir?

Esse período é revolucionário na vida de um ser. A pessoa tem de enfrentá-lo com coragem. Se você continuar nele, sem medo, logo você vai começar a ouvir a sua própria voz, que ficou reprimida por tanto tempo. Logo você vai aprender a linguagem dela, porque você esqueceu até mesmo essa linguagem. Você só sabe a linguagem que ensinaram a você. E essa linguagem, a linguagem interior, não é verbal. Ela se constitui de sentimentos. E todas as sociedades são contra os sentimentos; porque o sentimento é uma coisa viva, é perigosa. O pensamento é morto; não é perigoso. Por isso toda sociedade força você a ir para a cabeça, empurra você para fora do seu corpo e para dentro da cabeça.

Você só vive na cabeça. Se cortassem a sua cabeça e você de repente cruzasse na rua com o seu corpo decapitado, você não conseguiria reconhecê-lo. Só se reconhecem os rostos. Todo o seu corpo se contraiu, perdeu o brilho, a suavidade, a fluidez. Ele é quase uma coisa morta, como uma perna de pau. Você o usa, ele continua sendo usado, mas não há vida nenhuma nele. Toda a sua vida foi para a cabeça. Empoleirado ali, você fica com medo da morte, pois só existe um lugar onde você pode viver, um único espaço em que você pode viver: o seu corpo inteiro. A sua vida tem de se espalhar e fluir por todo o seu corpo. Ela tem de ser um rio, um fluxo.

A pessoa precisa viver como uma unidade orgânica completa. Ela precisa ocupar o corpo todo. Porque, por meio dos pés, você fica em contato com a terra — você fica aterrado —, se perder as pernas e a força delas e elas se tornarem membros mortos, você deixará de estar enraizado na terra. Você é como uma árvore cujas raízes estão mortas ou apodrecidas, fracas; assim a árvore não pode mais viver e não pode viver de modo saudável, pleno, inteiro. Os seus pés precisam estar enraizados na terra; eles são as suas raízes.

A cabeça precisa de pouca energia para funcionar bem. Com excesso de energia na cabeça, ela funciona o tempo todo, não sabe parar, porque como vai dissipar essa energia? Ela não pára de pensar, pensar, pensar e sonhar, sonhar — dia após dia, ano após ano ela continua a funcionar — durante setenta anos. Simplesmente reflita. A sua vida é só isso. Então é claro que você fica com medo da velhice. O tempo está passando. É evidente que vai surgir o medo da morte. A morte pode chegar a qualquer momento e você vive dia após dia envolto em pensamentos. Você não foi para nenhum outro lugar, todo o território da sua vida permanece intocado.

Viva, movimente-se por todo o seu corpo. Aceite-o com profundo amor. Chegue quase a ponto de se apaixonar pelo seu corpo. Ele é uma dádiva divina, um templo onde você decidiu habitar. Assim não haverá medo de ficar velho; você começará a madurecer. As suas experiências farão com que você amadureça. Então a velhice não será como uma doença. Será um fenômeno belo. Toda a vida é uma preparação para ela. Como ela pode ser uma doença? Toda a vida caminha em direção a ela. Ela é um *crescendo*, a última canção e a última dança que você vai executar.

E nunca espere por um milagre. Você terá de fazer alguma coisa. A mente diz que uma coisa ou outra acontecerá e tudo ficará bem. Mas não vai acontecer desse jeito. Milagres não acontecem. Deixe-me contar uma história.

Abe Cohen quebrou as duas pernas num acidente. Os ossos calcificaram, mas ele acionou a companhia de seguros para ressarcir os danos, alegando que ficaria inválido para sempre e teria de passar o resto da vida numa cadeira de rodas. A companhia de seguros contratou cirurgiões para examinar o caso. Os cirurgiões afirmaram que os ossos estavam perfeitos e que Cohen podia andar perfeitamente; ele só estava se fingindo de doente. No entanto, quando o caso foi julgado, o juiz ficou com pena ao ver o rapaz na cadeira de rodas e ordenou que a companhia de seguro lhe pagasse uma indenização de dez mil libras. Cohen foi posteriormente levado em sua cadeira de rodas até o escritório central da seguradora para receber o cheque.

"Sr. Cohen", disse o Gerente, "Não pense que o senhor se livrará dessa. Nós sabemos que o senhor está fingindo. E deixe-nos avisá-lo de que estamos preparando um extenso relatório a seu respeito. Vamos vigiá-lo dia e noite. Vamos fotografá-lo e, se conseguirmos provas de que pode andar, o senhor não só terá de devolver a indenização como será processado".

"Senhor Gerente, eu ficarei o resto da vida nesta cadeira de rodas."
"Muito bem, aqui está o cheque de dez mil libras. O que o senhor pretende fazer com ele?"

"Bem, senhor Gerente, eu e a minha mulher sempre quisemos viajar, de modo que começaremos pelo extremo norte da Noruega e percorreremos a Escandinávia (ele mostrou o trajeto com o dedo para reforçar as palavras), depois a Suíça, a Itália, a Grécia — e eu não ligo que os seus agentes e espiões fiquem me seguindo; eu não posso sair desta cadeira de rodas. Naturalmente nós vamos a Israel, à Pérsia e à Índia e cruzaremos o Japão (ele fez um gesto com a mão para dar mais efeito) e depois às Filipinas — e eu ainda estou na minha cadeira de rodas, portanto não me importo com espiões que estejam me seguindo nem com as câmeras deles. E dali nós vamos cruzar a Austrália e depois vamos para a América do Sul, subindo até o México (ele mostrou a rota com a mão) e a América do Norte — e lembre-se que eu ainda estou inválido na minha cadeira de rodas, portanto que utilidade têm os seus espiões com suas câmeras? — e o Canadá. E dali iremos para a França, onde vamos visitar um lugar chamado Lourdes, e ali vocês verão um milagre!"

Mas, na vida real, milagres não acontecem. Não existe Lourdes para você. Se você está aleijado, terá de fazer alguma coisa — porque foi você que se aleijou, aceitando algo que é pura bobagem.

Mas eu sei que você teve de aceitar. Só para poder sobreviver você decidiu permanecer morto. Para sobreviver você vendeu a sua alma. Mas agora não há razão para continuar com essa estupidez. Você pode sair dela.

Sempre me disseram que a morte é um sono eterno, mas, na verdade, isso nunca me convenceu. Eu adoraria que me convencesse, seria um consolo para mim.

Convicções não ajudam muito, porque elas significam que outra pessoa silenciou as suas dúvidas e reprimiu-as; outra pessoa passou a ser uma autoridade para você. Talvez ela tenha mais argumentos lógicos, talvez tenha uma mente mais racional, mais desenvolvida e consiga convencer você de que a morte não existe e que você pode ser silenciado, assim como as suas dúvidas. Mas até mesmo as dúvidas que foram silenciadas voltarão novamente, mais cedo ou mais tarde, porque elas não desapareceram, elas só foram reprimidas por argumentos lógicos.

As convicções não ajudam muito; as dúvidas continuam existindo como uma corrente submarina. Uma pessoa é um cristão convencido, a outra é um hindu convencido. E eu tenho visto todo tipo de pessoa — elas vivem cheias de dúvida, todas elas: cristãs, hindus e muçulmanas. Na verdade, quanto mais cheia de dúvida a pessoa é, mais teimosa ela é também. Mais ela tenta acreditar, porque essas dúvidas são dolorosas. Ela diz, "Eu acredito piamente no Gita, no Alcorão, na Bíblia. Eu sou um católico fervoroso".

Por que você precisa ser um católico fervoroso? Para quê? Você deve ter grandes dúvidas. Se você não tiver nenhuma dúvida, também não teria nenhuma crença.

As dúvidas são as doenças e as crenças são os remédios, mas todas as crenças são remédios alopáticos — elas reprimem e são todas elas venenos. Todas as crenças são venenosas. Sim, por algum tempo elas podem lhe dar a sensação de que não existe mais nenhum problema, mas logo as dúvidas se impõem novamente; elas esperarão o momento certo. Um dia explodirão com uma grande urgência. Entrarão em erupção como um vulcão; buscarão vingança. Como você as reprimiu, elas acumularam energia demais. Um dia, num momento de fraqueza, quando você não estiver de sobreaviso, elas vão querer vingança. Os seus pretensos santos sofrem todos eles de grandes dúvidas.

A sua própria experiência será uma transformação verdadeira; então as dúvidas nunca mais voltarão outra vez. E, quando você descobre, fica surpreso ao ver que todos os poetas que lhe diziam — a morte é um sono, um sono profundo, um sono eterno — estavam mentindo para você. Mentiras reconfortantes, mentiras bonitas, mentiras úteis, mas mentiras são mentiras e elas só ajudam por um tempo.

É como nas ocasiões em que você fica muito preocupado, muito tenso e se embebeda. Sim, por alguns momentos você esquece todas as preocupações e todas as tensões, mas o álcool não pode levar as preocupações para sempre; ele não pode solucioná-las. E, enquanto você está entorpecido pelo álcool, essas preocupações estão ficando maiores, mais fortes; você está dando a elas tempo para crescer. Quando você volta, na manhã seguinte, com uma ressaca e uma dor de cabeça além das preocupações, você fica surpreso; elas estão ainda maiores.

Isso se torna um padrão na vida; você se intoxica várias e várias vezes para conseguir esquecer, mas todas as vezes você é forçado a enfrentar a sua vida. Esse não é um modo inteligente de viver.

Toda a minha abordagem se concentra na experiência existencial. Eu não quero que você seja um crente, eu gostaria que você vivesse as suas próprias experiências. Eu não quero convencer você. O que eu estou dizendo está de acordo com a minha experiência: a morte não existe. Eu não estou lhe dizendo para acreditar que a morte não exista. Estou simplesmente expressando e compartilhando a minha experiência de que a morte não existe. Trata-se de um desafio, não é um esforço para convencer você. É um desafio a se enfrentar e explorar.

O medo da morte muitas vezes irrompe, intenso e forte, e o medo de ter de deixar toda essa beleza, essa amizade e amor. Como é possível relaxar com essa certeza da morte?

Primeiro, só é possível relaxar quando a morte é uma certeza. Relaxar fica difícil quando as coisas são incertas. Se você souber que vai morrer hoje, todo o medo da morte vai desaparecer. Para que perder tempo? Você tem o dia de hoje para viver: viva tão intensamente quanto possível, viva da forma mais plena possível.

A morte pode não chegar. A morte não pode chegar para as pessoas que vivem com muita intensidade e plenitude. E, mesmo que ela chegue, essas pessoas que viveram intensamente vão lhe dar as boas-vindas, pois ela é um grande alívio. Elas estão cansadas de viver, elas viveram com tal plenitude e intensidade que a morte chega como uma amiga. Assim como depois de um dia inteiro de trabalho duro, a noite vem como um grande relaxamento, como um sono belo, o mesmo acontece com a morte depois da vida. A morte não tem nada de feio nela; você nunca encontrará nada mais cristalino do que a morte.

Se o medo da morte surgir, isso significa que ainda existem algumas brechas que ainda não foram preenchidas com o viver. Portanto, esses medos da morte são muito úteis e esclarecedores. Eles lhe mostram que a sua dança tem de ser um pouco mais rápida, que você tem de viver com mais intensidade. Dance tão rápido que o dançarino desapareça e só reste a dança. Assim nenhum medo da morte pode visitá-lo.

"E o medo de ter de deixar toda essa beleza, essa amizade e amor." Se você vive totalmente no aqui e agora, que interessa o amanhã? O amanhã tomará conta de si mesmo. Jesus está certo quando pede a Deus, "Senhor, dai-nos hoje o pão nosso de cada dia". Ele não está pedindo para amanhã, só o de hoje já é suficiente.

Você tem de aprender que cada momento tem uma completude.

O medo de ter de deixar isso tudo só irrompe porque você não está vivendo plenamente no presente; do contrário não haveria tempo, não haveria mente e não haveria espaço.

Um dia perguntaram a um mercador quantos anos ele tinha. Ele disse, "Trezentos e sessenta anos".

Sem poder acreditar, o homem disse, "Repita, por favor. Acho que não escutei direito".

O mercador gritou, "Trezentos e sessenta anos!"

O homem disse, "Perdoe-me, mas não posso acreditar. Você não parece ter mais de sessenta!"

O mercador respondeu, "Você não deixa de estar certo. No que diz respeito ao calendário, eu tenho sessenta anos. Mas, no que diz respeito à minha vida, eu tenho seis vezes mais do que qualquer pessoa. Em sessenta anos eu vivi trezentos e sessenta anos".

Depende da intensidade.

Existem duas maneiras de se viver. Uma é à maneira do búfalo — ele vive horizontalmente, numa única linha. A outra é à maneira do Buda. Ele vive verticalmente, em altitude e profundidade. Assim cada momento pode se tornar uma eternidade.

Não perca tempo com o trivial; viva, cante, dance, ame de modo tão pleno e transbordante quanto você for capaz. Nenhum medo interferirá e você não ficará preocupado com o que acontecerá amanhã. O hoje basta por si mesmo. Vivido, ele é tão pleno! Ele não deixa espaço para que se pense em mais nada.

Eu descobri que vou morrer. Eu aceito a morte, ou penso que sim, mas então muitas pessoas ficam doentes, vão para o hospital, a morte acontece e eu fico com esse imenso frio na barriga. A morte e o fato de morrer me assustam tanto! Fico tão apavorado!

A morte é um problema. Você pode evitá-la, pode adiá-la, mas não pode fazê-la desaparecer completamente. Você tem de enfrentá-la. Só enfrentando-a até o fim você pode dissipá-la, completamente. É muito arriscado e você ficará com muito medo: todo o seu ser vai se agitar e estremecer. A própria idéia de morrer é inaceitável. Ela parece tão injusta e tão sem sentido! Se a pessoa vai morrer, então qual o sentido da vida? Então por que eu estou vivendo, para quê? Se no final a morte vai acontecer, então por que não cometer suicídio agora? Por que levantar todo dia, trabalhar duro, ir para a cama, levantar novamente, trabalhar duro, ir para a cama — para quê? Só para morrer no final?

A morte é o único problema metafísico. É por causa da morte que o ser humano começa a pensar. É por causa da morte que ele fica contemplativo, faz meditação. Na verdade, é por causa da morte que nasceu a religião. Todo o crédito é da morte. A morte mexe com a consciência de todo mundo. O problema existe; ele tem de ser resolvido. Então não há nada de errado com ele.

"Eu descobri que vou morrer" — todo mundo vai morrer. Martin Heidigger disse, "O homem é um ser diante da morte". E essa é a prerrogativa do ser humano. Os animais morrem, mas não sabem que morrem ou que vão morrer. As árvores morrem, mas não descobrem que vão morrer. É a prerrogativa do ser humano que só ele saiba que vai morrer. Daí o ser humano poder se desenvolver além da morte. Daí haver a possibilidade de enfrentar a morte e superá-la.

"Eu a aceito, ou penso que sim" — não, a aceitação não é possível. Você pode se enganar; pode achar que a aceita porque até olhar para ela é perturbador. Pensar nela já é tão perturbador que a pessoa pensa, "Ah, tudo bem, eu vou morrer, e daí? Eu vou morrer, mas não traga a questão à baila. Não fale a respeito". A pessoa a mantém à distância e continua deixando-a de lado de modo que ela não atravesse o seu caminho. A pessoa a deixa no inconsciente.

A aceitação não é possível. Você terá de enfrentar a morte e, quando enfrentá-la, não precisará aceitá-la, porque você saberá que ela não existe.

"E então muitas pessoas ficam doentes, são hospitalizadas e eu fico com esse imenso frio na barriga." É aí que o problema tem de ser resolvido. Esse imenso frio na sua barriga é exatamente o lugar onde a morte acontece. Os japoneses o chamam de *hara*.

Logo abaixo do umbigo, cinco centímetros abaixo do umbigo, está o ponto onde o corpo e a alma se ligam. E é onde ocorre o desligamento quando você morre. Nada morre porque o corpo não pode morrer, ele já está morto. E você não pode morrer porque você é a própria vida. Só acaba a ligação entre você e o corpo. Esse frio se dá exatamente no lugar onde o trabalho tem de ser feito. Portanto não tente evitar esse frio.

Eu gostaria de lhe dizer que, sempre que sente esse frio na barriga, trata-se de um momento precioso. Feche os olhos e mergulhe profundamente nessa sensação. É aí que está o *hara*. Sinta esse frio e dê espaço a ele: ele tem uma mensagem para você e quer lhe dizer alguma coisa. Se você deixar, ele lhe transmitirá a mensagem. Se você se descontrair em contato com ele, se mergulhar dentro dele, pouco a pouco você verá que esse frio desapareceu e que existe, em vez do frio, uma flor de lótus; algo está florescendo ali. É uma bela experiência. Se você for ainda mais fundo, verá que ela é uma ponte, que a flor é uma ponte. Deste lado está o corpo e, do outro lado, está a sua realidade; a sua alma. Essa flor se liga a ambos; a flor é a ponte. As raízes da flor estão no corpo; a fragrância da flor e as pétalas estão na alma. É um elo. Mas, se você tiver medo e não for até lá, você terá a sensação de que é um frio, uma tensão, uma pressão.

"A morte e o fato de morrer me assustam tanto! Fico tão apavorado!" Não é preciso ficar apavorado. Fique encantado! É perfeitamente natural que, quando alguém morre, quando alguém é hospitalizado, várias e várias vezes, você lembre da sua própria morte. Não há nada de errado nisso. Não é um problema; basta que vá em frente e enfrente-a!

Você está evitando a morte. Ela tem de ser enfrentada. Faz parte da obra da vida; é uma das maiores lições que a pessoa tem a aprender. Não há por que ficar apavorado; isso não vai ajudar. Vá em frente e enfrente-a. Lembre-se de que, sim, um dia você será hospitalizado, ficará doente e vai morrer. Então não faz sentido ficar adiando. É melhor entender a morte antes que seja tarde.

Mulá Nasruddin ficou doente e, preocupado, mandou chamar às pressas o padre e insistiu para que ele o visitasse todos os dias para preparar sua alma negligente para o além. Um dia, quando o padre fazia sua visita diária, ele encontrou Mulá Nasruddin muito animado.

"Estou me sentindo bem, padre", disse Nasruddin com um ar de contentamento. "Meu médico disse que viverei mais uns dez anos, de modo que você não precisa voltar por enquanto. Mas que tal aparecer daqui uns nove anos, onze meses e vinte e nove dias?"

Um dia é preciso enfrentar a morte. Não seja tolo; não adie, porque, se você deixar para o final, será tarde demais. Ninguém sabe ao certo quando será o último dia. Pode ser hoje, pode ser amanhã; pode ser a qualquer momento. A morte é muito imprevisível. Vivemos na morte, de modo que a qualquer momento ela pode acontecer. Enfrente-a e encontre-a e esse frio na barriga é o lugar certo para encontrá-la. Essa é a porta por onde você entrou na vida e por onde você sairá dela.

Eu tenho medo da morte, no entanto, ao mesmo tempo, ela exerce uma atração inexplicável sobre mim. O que isso significa?

A morte é o maior mistério da vida. A vida tem muitos mistérios, mas não existe nada que se compare à morte. A morte é o clímax, o *crescendo*. A pessoa tem medo dela porque ela ficará perdida, ela se dissolverá nela. Ela tem medo da morte por causa do ego — o ego não pode sobreviver à morte. Ele ficará nesta margem quando você passar para a outra; ele não pode ir com você.

E o ego é tudo o que você sabe sobre si mesmo, daí o medo, o grande medo: "Eu não existirei mais depois de morrer." Mas existe uma grande atração também. O ego você perderá, mas não a sua realidade. Na verdade, a morte lhe revelará a sua verdadeira identidade; ela levará embora todas as máscaras e revelará a sua face original.

A morte tornará possível, pela primeira vez, que você encontre o seu âmago mais profundo, a sua subjetividade mais profunda assim como ela é, sem nenhuma camuflagem, sem nenhum fingimento, sem nenhuma personalidade falsa.

Por isso é que todo mundo tem medo da morte e se sente atraído por ela. Essa atração foi mal-interpretada por Sigmund Freud, que achou que havia um desejo de morte no ser humano — ele o chamou de Thanatos. Ele dizia, "O homem tem dois instintos básicos, fundamentais; um é Eros — um desejo profundo de viver, de viver para sempre, um desejo pela imortalidade — e o outro é Thanatos, o desejo de morrer, de acabar com tudo". Ele não entendeu o espírito da coisa, pois ele não era um místico; ele só conhecia uma face da morte — que ela é o fim da vida —, ele só sabia uma coisa: que a morte é o fim. Ele não se deu conta de que a morte é também um começo. Todo fim é somente um começo, porque nada acaba totalmente. Nada pode jamais acabar. Tudo continua, só a forma muda.

A sua forma morrerá, mas você também tem algo sem forma em você. O seu corpo não existirá mais, mas você tem algo aí dentro, dentro do seu corpo, que não faz parte do seu corpo. A sua parte terrena voltará à terra, é pó sobre pó, mas você tem algo do céu em você, algo do além, que empreenderá uma nova jornada, uma nova peregrinação.

A morte causa medo se você pensar no ego, e ela agrada você, atrai você, se você pensar no seu verdadeiro eu. Então a pessoa sente uma vaga atração pela morte; se você ficar totalmente consciente dela, ela pode se tornar uma compreensão transformadora, pode se tornar uma força de mutação.

Procure entender tanto o medo quanto a atração. E não pense que eles sejam opostos — eles não se sobrepõem, eles não são opostos um do outro; eles não interferem um no outro. O medo está voltado para uma direção: o ego; e a atração está voltada para uma dimensão totalmente diferente: o eu destituído de ego. E a atração é muito mais importante do que o medo.

O praticante de meditação tem de superar o medo. Ele tem de se apaixonar pela morte, tem de convidar a morte — o praticante de meditação não tem de esperar por ela, ele tem de evocá-la, pois a morte é uma amiga para ele. E o praticante de meditação morre antes do corpo. E essa é uma das mais belas experiências da vida: o corpo continua vivendo, externamente você continua vivendo como sempre, mas interiormente o ego não existe mais, o ego morreu.

Agora você está vivo e morto ao mesmo tempo. Você se tornou um ponto de encontro entre a vida e a morte; você contém agora os opostos polares e é grande a riqueza quando os dois opostos polares estão presentes. E esses são grandes opostos polares, a vida e a morte. Se abarca ambos, você será capaz de abarcar Deus, pois Deus é ambos. Uma face de Deus é a vida, a outra face é a morte.

Isso é belo — não torne isso um problema. Medite a respeito, faça disso uma meditação e você será imensamente beneficiado.

PARTE TRÊS

MARCOS NO CAMINHO

A meditação é só um jeito de descobrir a sua imortalidade. Depois todos os medos desaparecem. Todos os outros medos também vão desaparecer, porque eles eram só ramificações, extensões — podem ter se distanciado muito das raízes, mas ainda estarão ligados a elas.

1. MERGULHANDO NO VAZIO

O que acontece na morte? De repente você está perdendo o seu corpo, está perdendo a sua mente. De repente você sente que está se afastando de si mesmo, de tudo o que você acreditava que era você.

É doloroso porque você sente que está submergindo no vazio. Você não estará mais em lugar nenhum, porque viveu identificado com o corpo e com a mente e nunca conheceu nada além disso; nunca se conheceu além do corpo e da mente. Você ficou tão fixado na periferia e tão obcecado por ela que o centro ficou totalmente esquecido. Na morte, você tem de se deparar com o fato de que o corpo está partindo; não é mais possível conservá-lo como antes. A mente está deixando você — agora você não tem mais controle sobre ela. O ego está se dissolvendo; você não pode mais nem dizer "Eu". Você treme de medo, na beira do nada. Você não existirá mais.

Mas, se você tiver se preparado, se tiver praticado meditação — e preparação significa que você fez tudo o que podia para aproveitar a morte, para aproveitar esse abismo feito de nada — em vez de ser jogado dentro dele, você se preparou para saltar para dentro —, isso faz uma grande diferença. Se você está sendo empurrado para dentro, de má vontade — você não quer pular e está sendo obrigado —, então é doloroso, existe muita angústia e a angústia é tão intensa que você ficará inconsciente no momento da morte. Assim você não a aproveita.

Mas, se você estiver pronto para saltar, não há angústia. Se você aceitar a morte e lhe der as boas-vindas, sem nenhuma reclamação — em vez disso, você está feliz e celebrando esse momento que chega, e agora pode saltar para fora do seu corpo, que é uma limitação, pode saltar para fora deste corpo que é um confinamento, pode saltar para fora deste ego que sempre foi um sofrimento —, se você conseguir dar as boas-vindas para a morte, então não há nenhuma necessidade de ficar inconsciente. Se você conseguir aceitá-la, dar-lhe as boas-vindas — o que os budistas chamam de *tathata*, aceitá-la e não somente isso... Porque a palavra, aceitar, não é muito boa, lá no fundo ela esconde uma não-aceitação — não, se você der as boas-vindas à morte, como se ela fosse uma celebração, um êxtase, como se fosse uma bênção, você não precisa ficar inconsciente.

Se ela é uma bênção, você ficará perfeitamente consciente nesse momento. Lembre-se destas duas coisas: se rejeitá-la, se disser não, você ficará totalmente inconsciente; se aceitá-la, acolhê-la, e disser "Sim" de todo o coração, você ficará perfeitamente consciente.

Dizer "Sim" para a morte deixa você perfeitamente consciente; dizer "Não" para ela deixa você completamente inconsciente — esses são os dois jeitos de morrer.

2. O USO DA DOR COMO UMA MEDITAÇÃO

A maior preparação para receber a morte num estado consciente é, primeiro, receber a dor com consciência, pois a morte não acontece com freqüência, ela não chega todo dia. A morte virá só uma vez, esteja você preparado ou não; não dá para ensaiar a morte. Mas a dor e a infelicidade podem vir todo dia.

Podemos nos preparar enquanto estamos enfrentando a dor e o sofrimento — e, lembre-se, se conseguirmos fazer isso enquanto os enfrentamos, isso será bem útil no momento da morte.

Por isso que os buscadores sempre recebem bem o sofrimento. Não existe outra explicação. Não que o sofrimento seja uma coisa boa. A explicação é simplesmente que o sofrimento dá ao buscador uma oportunidade para se preparar e conhecer a si mesmo. O buscador sempre agradece à existência pelo sofrimento que passa pela simples razão que, nos momentos de infelicidade, ele tem a chance de se desidentificar do corpo.

Normalmente, durante os momentos de sofrimento, procuramos esquecer a dor. Se um homem está passando por alguma tribulação, ele se embebeda. A pessoa está sofrendo; ela sai e vai ao cinema. A pessoa está infeliz; ela tenta esquecer isso com preces e canções devocionais. Esses são todos meios e maneiras diferentes de se esquecer a dor.

Alguns bebem; podemos dizer que essa é uma tática. Outros saem e vão ao cinema; outra tática. Uma pessoa vai a um concerto; esse é um terceiro modo de se esquecer a dor. Outra pessoa vai ao templo e mergulha em preces e hinos; essa é a quarta estratégia. Pode haver milhares de estratégias — elas podem ser religiosas, não-religiosas ou seculares. A questão não é essa. Por trás de tudo isso a questão é que a pessoa quer esquecer a própria infelicidade. Ela está preocupada em esquecer a infelicidade.

A pessoa que sai para esquecer a dor nunca vai despertar para essa dor. Como podemos tomar consciência de algo que tendemos a esquecer? Só com a disposição de lembrar podemos tomar consciência de algo. Portanto, só lembrando da dor podemos nos dar conta dela.

Assim, sempre que você estiver infeliz, aproveite essa oportunidade. Tome total consciência disso e você terá uma experiência maravilhosa. Quando você estiver plenamente consciente do seu sofrimento, quando estiver olhando para ele de frente, sem fugir da dor, você terá um vislumbre de que você e ela estão separados.

O ser humano exagera o sofrimento. Ele aumenta sua infelicidade, que nunca é tão grande quanto ele pinta. A razão por trás disso é a mesma: identificação com o corpo. A infelicidade é como a chama de uma lamparina, mas nós a vivemos como se ela fosse a luz irradiada pela lamparina. A infelicidade é como a chama, fica limitada a uma parte muito pequena do corpo, mas nós a sentimos como se ela fosse a luz propagada pela lamparina, que cobre uma área muito maior. Feche os olhos e tente localizar a dor dentro de você.

Lembre-se também de que sempre conhecemos o corpo a partir de fora, nunca a partir de dentro. Mesmo que você conheça o seu corpo, você só o conhece como os outros o vêem. Se olhar a sua mão, você a verá sempre a partir de fora, mas você pode sentir a sua mão a partir de dentro também. É como se a pessoa se contentasse em ver a sua casa só pelo lado de fora. Mas existe o interior da casa também.

A dor acontece nas partes interiores do corpo. O ponto onde dói está localizado em algum lugar no interior do corpo, mas a dor se propaga pelas partes de fora do corpo. É como se a chama da dor estivesse dentro, embora a luz se irradiasse para fora. Como estamos acostumados a ver o corpo a partir de fora, a dor parece se propagar para fora. É uma experiência maravilhosa tentar ver o corpo a partir de dentro. Feche os olhos e tente sentir e experimentar como é o seu corpo a partir de dentro. O corpo humano também tem um muro interior; ele também tem uma cobertura interior. Esse corpo tem um limite interior também. Essa fronteira interior pode, com certeza, ser percebida com os olhos fechados.

Você viu a sua mão levantando. Agora feche os olhos por um tempo e levante a mão; sinta a mão levantando a partir de dentro. Você sabe como é sentir fome a partir de fora. Feche os olhos e sinta a fome a partir de dentro; pela primeira vez você conseguirá senti-la a partir de dentro.

Se você olhar para a sua infelicidade bem de perto, verá uma separação entre ela e você, pois você só pode ver o que está separado. Obviamente, aquilo que é inseparável você não pode ver. A pessoa que está consciente da própria infelicidade, que tem plena consciência dela, que se recorda totalmente dela, sente como se a infelicidade estivesse num lugar e ela em outro, à distância.

No dia que o ser humano conseguir perceber a diferença entre ele próprio e a infelicidade, tão logo ele saiba que a sua dor está acontecendo em algum lugar à distância, a inconsciência causada pela infelicidade deixará de existir. E depois que a pessoa passa a entender que o sofrimento assim como a felicidade do seu corpo ocorre em outro lugar, e que ela é simplesmente alguém que os conhece, a sua identidade com o corpo acaba. Ela passa a saber que ela não é o corpo.

Essa é a preparação inicial.

Depois que essa preparação for concluída, é fácil receber a morte com consciência.

3. RESPOSTAS A PERGUNTAS

Uma visita que fiz recentemente ao médico me fez descobrir que a morte está muito próxima. Ele me disse que eu tenho, no máximo, dois anos de vida. Como eu posso reagir a isso por meio dessa celebração, como você sugere?

A morte está sempre presente. Você pode não ter consciência dela, mas ela está sempre nos confrontando com a sua proximidade. Você não pode ter certeza de que estará vivo daqui a pouco. Mas continuamos vivendo e ninguém acredita que vai morrer. É sempre o outro que morre.

Cada aniversário é um esforço para esquecer que você não está celebrando o dia do seu nascimento, está pensando na sua morte; é um ano a menos que você tem de vida. Mas com flores, velas e bolos esquecemos a proximidade da morte. Ela está sempre com você. O nascimento é o início da morte.

Portanto, essa notícia do médico não deve deixá-lo tão circunspecto; pelo contrário, deve deixá-lo mais alerta e mais consciente, porque você é uma das raras pessoas para quem a morte é uma certeza e que não pode mais se enganar. Muitos que não estão na mesma situação morrerão antes de você, mas a morte deles virá sem que eles soubessem. E saber é sempre melhor do que não saber. Algo pode ser feito quando você sabe que um fato vai acontecer.

Disseram que dentro de dois anos você vai morrer. Essa proximidade da morte deveria despertar você. Agora não dá mais para perder tempo nem para se enganar. A morte está ali adiante esperando por você e você tem a sorte de saber disso. Saber da própria morte pode ser uma transformação.

Se você sabe que vai morrer dentro de dois anos, esses dois anos podem ser dedicados à meditação. Do contrário, as pessoas ficam adiando; elas meditarão amanhã — e o amanhã nunca chega. Existem muitas outras coisas a fazer; você não tem tempo para meditar. Mas um homem que está plenamente consciente de que agora não há mais jeito, que não vai ter amanhã, tudo o que ele tem nas mãos é o momento presente... Essa é a realidade, seja você um doente terminal ou não, mas saber que vai morrer faz com que isso seja sentido profundamente e pode ser uma bênção disfarçada. A hora de meditar chegou. Agora você pode esquecer todas as bobagens com que se ocupava.

Existem milhões de pessoas que estão jogando cartas, assistindo a partidas de futebol, sem nenhuma consciência do que estão fazendo. Se perguntar a elas, elas dirão que estão matando o tempo. Que ótimo! O tempo está matando você e você continua com a idéia de que está matando o tempo. Como você pode matar o tempo? Você nunca nem sequer o viu! As suas espadas não podem transpassá-lo, nem armas nucleares são capazes de afetá-lo. Como você vai matar o tempo? Mas o tempo está matando você a todo momento.

A situação em que você está deve ser encarada como uma grande bênção. Agora você pode parar de jogar cartas, pode parar de perder tempo e parar de assistir àqueles jogos de futebol idiotas. Agora todo o tempo é seu e a única coisa que resta diante da morte é conhecer a si mesmo. A morte está tão próxima que você não pode mais continuar ignorante com relação ao seu próprio ser. A própria proximidade da morte permite que você entenda a mortalidade, que sempre esteve dentro de você.

Essa é toda a arte da meditação: mergulhar dentro de si mesmo o mais profundamente possível, até o próprio centro do seu ser. Você ficará surpreso e encantado ao constatar que, no centro do seu ser, você é eterno. A morte não existe nem nunca existiu. Nada morre na realidade, só a forma muda. A morte pode destruir o seu corpo, mas ele seria destruído de qualquer maneira; isso não é problema. É melhor que você saiba que não pode ter esperanças de sobreviver; com o diagnóstico do médico, todas as suas esperanças se foram. Agora já não existe cura — você tem de enfrentar o fato. Nenhuma ajuda externa é possível; você depende do seu interior. Você está sozinho.

Na verdade, todo mundo sempre está sozinho.

Desde o nascimento até a morte, toda a jornada é solitária.

Você pode estar no meio de uma multidão, mas ninguém pode acabar com a sua solidão. Ela existe. Você faz o possível para disfarçar a sua solidão, mas ninguém nunca conseguiu, essa é a verdade. Você pode adiá-la um pouquinho...

É bom que você fique consciente de que a morte é absolutamente certa. Agora é a hora de procurar algo em você que seja imortal, que vá além da morte. Não existe época melhor para a meditação.

E não fique tão sisudo, pois a morte é natural; o que a causa não importa. Não entre em paranóia. Na verdade, alegre-se por ser um dos poucos escolhidos; todo mundo está na escuridão com respeito à própria morte, você não está. E o próprio fato de saber que a morte está chegando acabará dando espaço para que você conheça a si mesmo.

Conhecer o seu ser eterno, saber que você sempre esteve aqui e sempre estará, é uma grande revelação. Nessa revelação está a celebração.

Existem tantas terapias diferentes à disposição; tantas emoções dentro de nós no decorrer de um dia apenas! Isso me deixa absolutamente confuso e desnorteado. O que fazer? Como ter mais lucidez?

A confusão é uma grande oportunidade.

As pessoas que não estão confusas são um grande problema — elas acham que sabem, mas não sabem. As pessoas que acreditam ter lucidez são, na verdade, um grande problema; a lucidez delas é extremamente superficial. Na realidade, elas não sabem nada sobre lucidez; o que chamam de lucidez é só estupidez. Os idiotas são muito, muito lúcidos — lúcidos no sentido de que não tem inteligência para sentir confusão. Para se sentir confuso você precisa de uma grande inteligência.

Só as pessoas inteligentes se sentem confusas; o medíocre passa a vida sorrindo, dando risada, acumulando dinheiro, lutando para conseguir mais poder e fama. Quando o vê você sente um pouco de inveja; ele parece tão confiante, parece até mesmo feliz. Você só fica ali, sem saber o que fazer e o que não fazer, o que é certo e o que é errado. Mas sempre foi assim; o medíocre sempre tem certeza. Só os mais inteligentes sentem confusão e caos.

A confusão é uma grande oportunidade. Ela indica simplesmente que, por meio da mente, não há solução. Se você está realmente confuso — como você disse, "absolutamente confuso", se está realmente confuso, você foi abençoado. Algo é possível, algo imensamente valioso; você está no limite. Se você está absolutamente confuso, isso significa que a mente falhou; agora ela não pode lhe dar mais nenhuma certeza. Você está se aproximando cada vez mais da morte da mente.

Essa é uma das maiores coisas que pode acontecer a uma pessoa na vida, a maior das bênçãos — porque, depois que você vê que a mente é confusão e que não existe solução por meio da mente, como você pode continuar apegada a ela? Mais cedo ou mais tarde você terá de pará-la; mesmo que não a pare, ela parará por si mesma. A confusão ficará tão grande, tão pesada, que só esse peso já fará com que ela pare. E, quando a mente pára, a confusão desaparece.

Não posso dizer que você vai passar a ter certeza, não, porque essa também é uma palavra que só se aplica à mente e ao mundo da mente. Quando existe confusão, pode haver certeza; quando a confusão desaparece, a certeza também desaparece. Você é simplesmente lúcido — nem confusão nem certeza... só uma lucidez, uma transparência. E a transparência tem beleza, a transparência é graça e delicadeza.

O momento mais belo na vida de uma pessoa é aquele em que não existe nem confusão nem certeza. A pessoa simplesmente existe, ela é um espelho refletindo aquilo que existe, sem nenhuma direção, indo para lugar nenhum, sem idéia de fazer algo e sem nenhum futuro... só completamente no momento presente, intensamente no momento presente.

Se não existe mente não pode haver futuro, não pode haver nenhum programa para o futuro. Este momento é tudo, tudo o que existe; este momento é toda a existência. Toda a existência começa a se convergir para este momento e ele passa a ser tremendamente significativo. Ele tem profundidade, ele tem elevação; ele tem mistério e tem intensidade. Ele tem fogo, tem proximidade. Ele prende a sua atenção, se apossa de você e o transforma.

Mas eu não posso lhe dar certeza; a certeza é dada pela ideologia. A certeza nada mais é do que apaziguar a sua confusão. Você está confuso, alguém diz: "Não se preocupe", e diz isso com muita autoridade, convence você com argumentos, com escrituras, e tenta remediar a sua confusão, cobri-la com um lindo cobertor — com a Bíblia, com o Alcorão, com o Gita. Você se sente bem, mas é temporário, pois a confusão está fervilhando por dentro. Você não se livrou dela; ela só está sendo reprimida.

É por isso que as pessoas se aferram às suas crenças, igrejas, doutrinas e sistemas de pensamento. Por que as pessoas investem tanto em sistemas de pensamento? Por que alguém deveria ser cristão ou hindu? Por que deveria ser comunista? Para quê? Existe uma razão, uma grande razão também. Todo mundo está confuso, por isso é preciso alguém para lhe dar certeza. A pessoa inteligente hesita, pondera e reflete. A que não é inteligente nunca reflete e nunca hesita. Quando o sábio apenas sussurra, o tolo simplesmente alardeia aos quatro ventos.

Lao Tzu dizia, "Acho que sou o único homem confuso deste mundo. Todo mundo parece ter tanta certeza, exceto eu". Ele está certo. Ele tem tanta inteligência que não consegue ter certeza de nada.

Eu não posso lhe prometer certeza se você descartar a mente. Só posso lhe prometer uma coisa, que você ficará lúcido. Haverá uma lucidez, uma transparência e você será capaz de ver as coisas como realmente são. Você não estará nem confuso nem terá certeza de nada. A certeza e a confusão são os dois lados da mesma moeda.

A existência está simplesmente ali; não há nada a escolher. E, lembre-se, quando não há nada a escolher, você não fica dividido. Quando existem duas coisas entre as quais escolher, você fica dividido. A divisão é uma faca de dois gumes; ela divide a realidade lá fora, ela divide você por dentro. Se você escolhe, você opta pela divisão, pela cisão, pela esquizofrenia. Se não escolhe, se você sabe que não existe nada bom e nada ruim, você opta pela sanidade.

Não escolher nada é optar pela sanidade, não escolher é ser sano, pois deixa de haver divisão lá fora, então como você pode ficar dividido interiormente? O interior e o exterior caminham juntos. Você passa a ficar indivisível, você vira um indivíduo. Esse é o processo de individuação. Nada é bom e nada é ruim. Quando isso passa a fazer parte da sua consciência, você fica subitamente coeso; todos os fragmentos desaparecem e surge uma unidade. Você fica cristalizado e centrado.

O meu médico, os meus amigos e a minha família ficam me dando todo tipo de conselho a respeito do que fazer, do que comer e do que não comer. Eu fico sem saber o que fazer. A quem eu devo ouvir?

Ouça, mas não siga. Ouça bem, mas siga a sua própria intuição, não siga o conselho dos outros. Ouça com cuidado, com ponderação; procure entender o que eles querem lhe transmitir. Eles podem ter de fato boas intenções, mas, se você os seguir cegamente, você nunca conquistará a sua própria inteligência. Você ficará dependente da opinião dos outros; sempre esperará que os outros lhe digam o que fazer ou não fazer. Você vai sempre precisar de líderes, e precisar de líderes é um estado muito pouco saudável.

Ouça, porque as pessoas já passaram por muitas experiências e, se elas compartilham, estão dispostas a compartilhar essas experiências, seria tolo da sua parte não ouvir. O fato de conhecer as experiências delas pode dar a você um grande lampejo intuitivo — ajudará você a ficar mais consciente —, mas não siga o conselho de ninguém.

As pessoas seguem literalmente o que os outros dizem e então ficam simplesmente cegas. Se os outros dão a você tudo de que precisa, qual a necessidade de ter os seus próprios olhos? Se os outros estão mastigando por você, para que você precisa mastigar? Bem lentamente, você começa a ficar cada vez mais fraco, mais e mais empobrecido, mais e mais escravizado.

Um homem que tinha aberto uma loja havia pouco tempo mandou fazer uma grande placa onde estava escrito: "Vendemos peixe fresco aqui." Chegou um amigo e disse, "Para que você colocou a palavra 'aqui' na placa?" Então ele mandou tirar a palavra 'aqui'.

Outro amigo apareceu e disse, "'Vendemos'? É claro que você vende. Você não dá os peixes, dá? Então tire a palavra 'vendemos'".

Um terceiro amigo apareceu e disse, "'Peixe fresco?' O peixe tem de ser fresco. Quem iria comprar peixe estragado? Tire essa palavra, 'fresco'".

O dono da loja ficou grato aos amigos. Só havia a palavra "Peixe" na placa quando uma quarta pessoa apareceu e disse, "'Peixe'? Não diga! Dá para sentir o cheiro a quilômetros!" O dono da loja apagou a última palavra da placa.

Um outro homem chegou e disse, "Que idéia é essa a de pendurar uma placa vazia na entrada da loja?" O dono da loja tirou a placa.

Outro homem apareceu em cena e disse, "Você abriu uma loja bem grande mesmo. Você não poderia pendurar uma placa na porta dizendo, 'Vendemos peixe fresco aqui'?"

Ora, se você for ouvir as pessoas, ficará cada vez mais confuso; é assim que você fica confuso. A sua confusão é esta: você ouve todo tipo de pessoa e elas lhe dão conselhos diferentes. Eu não estou dizendo que elas estejam mal-intencionadas; elas têm boas intenções, mas não são conscientes; do contrário, não lhe dariam conselhos. Elas lhe dariam uma inspiração, não um conselho. Elas não lhe diriam o que fazer e o que não fazer. Elas lhe ajudariam a tomar consciência para que você conseguisse decidir por si mesmo.

O amigo de verdade é aquele que não aconselha você, mas que o ajuda a ficar mais alerta, mais desperto e mais consciente da vida — dos seus problemas, dos seus desafios, dos seus mistérios — e o ajuda a fazer a sua própria viagem, lhe dá coragem para experimentar, para buscar e explorar, para cometer muitos erros... porque a pessoa que não está pronta para cometer erros nunca aprenderá nada.

Os amigos verdadeiros ajudarão você a aguçar a sua inteligência. Eles não lhe dão conselhos prontos, porque isso não serve para nada. O que é verdade hoje pode não ser amanhã e o que é certo numa situação pode não ser em outra. As situações mudam o tempo todo, portanto você não precisa de um padrão fixo pelo qual viver, mas de uma maneira de ver que lhe permita, esteja onde você estiver, em qualquer situação, descobrir por si mesmo, saber como se comportar espontaneamente e como depender apenas do seu próprio ser.

Eu vivo me perguntando: Por que eu? Eu tenho muita raiva do que acontece comigo. Como eu posso lidar com os meus sentimentos? Eu tento observar ou me ocupar com as questões práticas do dia-a-dia, mas nada funciona.

Viva cada emoção que você tem. Isso é você.

Seja ela cheia de ódio, vil, desprezível — seja o que for, mergulhe realmente na emoção. Primeiro dê às emoções uma chance para virem totalmente à consciência. Bem agora, na sua tentativa de observá-las, você está reprimindo as emoções no seu inconsciente. Então você fica ocupado com o seu trabalho cotidiano e as obriga a voltar para lá. Não é assim que você se livra delas.

Deixe-as vir à tona — viva-as, sofra com elas. Será difícil e tedioso, mas imensamente compensador. Depois que as tiver vivido, sofrido com elas e as aceito — aceito que esse é você, que você não fez a si mesmo desse jeito, então não precisa se condenar, que esse é o jeito que você descobriu que era... Depois que você viveu conscientemente, sem nenhuma repressão, você ficará surpreso ao ver que elas desaparecem por conta própria. A força que elas têm sobre você passa a ser menor; elas já não apertam o seu pescoço com tanta força. E, quando elas estiverem desaparecendo, poderá haver tempo para você começar a observá-las.

Depois que tudo vem à tona na mente consciente, aquilo se dispersa e, quando só resta uma sombra, essa é a hora de ficar consciente. Neste exato momento, ela poderá criar esquizofrenia ou poderá proporcionar a iluminação.

Eu sou briguento. Não sei fazer nada senão brigar — e o que é pior: eu adoro brigar. Adoro ficar diante da mais forte das tempestades e dar risada. Não gosto de me deitar ao sol e derreter.

Não há nenhum problema nisso. Se você sente que é briguento, se gosta de brigar, não apenas isso, se tem orgulho de ser briguento — então relaxe. Brigue de verdade! Não brigue contra a sua natureza briguenta. Isso será uma entrega para você.

É uma beleza ficar diante da mais forte das tempestades e dar risada. Não se sinta culpado. Procure simplesmente entender uma coisa: Quando eu digo entrega, não quero dizer com isso que você tenha de mudar alguma coisa. Quero simplesmente dizer que, sinta o que sentir, dê total vazão a esse sentimento.

Seja briguento com todo o seu ser e, nessa totalidade, você perceberá que o seu coração está derretendo. Essa será a recompensa por se integrar de corpo e alma. Você não precisa fazer nada para conseguir isso; a recompensa vem naturalmente. Entregue-se de corpo e alma a tudo o que sentir que ama, do qual sinta orgulho — entregue-se a isso de corpo e alma. Não crie uma cisão. Não fique em cima do muro; não seja parcial. Se você se entregar de corpo e alma, um dia — quando estiver diante da tempestade dando risada —, você de repente sentirá o seu coração derretendo-se ao sol. Essa será a sua recompensa.

O ser humano cria problemas desnecessariamente. Quero que você entenda que não existem problemas na vida, a não ser os que você mesmo cria. Procure ver que tudo o que é bom para você é bom. Então faça isso. Mesmo que o mundo inteiro seja contra, não importa. A recompensa determinará se você de fato se entregou de corpo e alma.

Se você começar a se sentir como se estivesse derretendo, então saberá que não se enganou, saberá que foi sincero e verdadeiro. Esse agora é ponto do qual você pode se orgulhar.

Eu expresso a minha raiva do modo mais completo que sei, mas ela continua a influenciar os meus pensamentos como uma subcorrente.

Você só conhece dois modos de lidar com a raiva: A expressão e a repressão. Nenhum deles é o verdadeiro modo de se lidar com ela. Não se trata de expressão, pois se você expressa a raiva isso provoca raiva na outra pessoa; e aí vira uma bola de neve. Aí o outro expressa a raiva dele e você também se sente provocado. Onde isso vai acabar? E, quanto mais você expressa a raiva, mais isso se torna um hábito, um hábito mecânico. Quanto mais você a expressa, mais a pratica! Será difícil se livrar dela.

A repressão vem do medo: não expresse, pois isso causará grande infelicidade para você e para os outros — inutilmente. Isso torna você vil, causa situações ruins na sua vida e então você tem de arcar com as conseqüências de tudo isso. E, bem lentamente, você se habitua de tal modo à raiva que ela vira uma segunda natureza. Por causa do medo de expressá-la, surge a repressão. Mas, se você a reprimir, está acumulando veneno. Uma hora ela explodirá.

A terceira abordagem, a abordagem de todas as pessoas iluminadas deste mundo, não é nem expressar nem reprimir, é observar. Quando surgir a raiva, sente-se silenciosamente, deixe que ela envolva você no seu mundo interior, deixe que a nuvem cerque você e seja um observador silencioso. Veja, "Isto é raiva".

Buda disse aos discípulos: Quando surgir a raiva, ouça-a, ouça a mensagem dela. E lembre-se sempre de dizer a si mesmo: "Raiva, raiva..." Mantenha-se alerta e não adormeça. Mantenha-se alerta com relação a essa raiva que envolve você. Você não é a raiva! Você é quem a observa. E é aí que está a chave.

Muito lentamente, enquanto observa, você fica tão separado dela que ela não pode mais afetar você. Você se desapega dela, fica alheio, tranqüilo e distante, e essa distância é tal que a raiva deixa de ser um problema. Na verdade, você começa a rir de todas as coisas ridículas que fez no passado por causa dessa raiva. Não é você. Ela está fora de você; envolve você. Mas, no momento em que se desidentifica dela, você deixa de alimentá-la com a sua energia.

Lembre-se, nós alimentamos a raiva com a nossa energia e isso só faz com que ela ganhe vida. Ela própria não tem energia; ela depende da nossa cooperação. Ao observá-la, a cooperação acaba; você deixa de sustentá-la. Ela resistirá por alguns instantes, alguns minutos, e depois acabará. Sem encontrar raízes em você, sem encontrá-lo disponível, vendo que você está afastado, um observador sobre as colinas, ela se dissipará e desaparecerá. E esse desaparecimento é belo. Esse desaparecimento é uma grande experiência.

Ao ver a raiva desaparecer, surge uma grande serenidade: o silêncio que vem depois da tempestade. Você ficará surpreso ao ver que, sempre que a raiva surge e você consegue observá-la, você sente uma tranqüilidade como nunca sentiu antes. Você mergulha numa meditação profunda. Quando a raiva desaparece você se vê mais renovado, mais jovem e mais inocente do que nunca. Então você ficará até grato pela raiva; não ficará mais zangado com ela, pois ela lhe proporcionou um belo espaço novo no qual viver, uma experiência absolutamente nova pela qual passar. Você a aproveitou; criou um degrau para sair dela.

Vejo-me muitas vezes mergulhado em tristeza ao pensar em deixar esta vida. O que posso fazer?

A tristeza é triste porque você não gosta dela. Ela é triste porque você não gostaria de senti-la. Ela é triste porque você a rejeita. Até a tristeza pode se tornar um florescimento de grande beleza, de silêncio e profundidade, se você gostar dela.

Nada é errado. É assim que tem de ser, ser capaz de gostar de tudo o que acontece, até da tristeza. Até a morte tem de ser amada; só assim você conseguirá transcendê-la. Se conseguir aceitar a morte, se conseguir amá-la e recebê-la bem, a morte não pode matar você; você a transcendeu.

Quando a tristeza vier, aceite-a. Ouça a sua canção. Ela tem algo para lhe dar. Trata-se de uma dádiva que felicidade nenhuma pode lhe oferecer; só a tristeza pode.

A felicidade é sempre superficial; a tristeza é sempre profunda. A felicidade é como uma onda; a tristeza é como as profundezas do oceano. Na tristeza, você fica consigo mesmo, sozinho. Na felicidade, você começa a acompanhar outras pessoas e começa a compartilhar. Na tristeza, você fecha os olhos e mergulha fundo dentro de si mesmo.

A tristeza tem uma canção... ela é um fenômeno extremamente profundo.

Aceite-a. Aproveite-a. Prove-a sem nenhuma rejeição e você verá que ela lhe traz muitas dádivas que nenhuma felicidade pode trazer.

Se você conseguir aceitar a tristeza, ela deixa de ser tristeza; você dá um novo caráter a ela. Você crescerá por meio dela. Ela não será mais uma pedra, uma rocha no caminho, bloqueando a passagem; ela será um passo.

E lembre-se sempre: aquele que nunca sentiu uma tristeza profunda é uma pessoa pobre. Ele nunca terá riqueza interior. A pessoa que sempre viveu feliz, sorrindo, com frivolidade, não entrou no templo interior do seu ser. Ela não conhece o santuário interior.

Seja sempre capaz de ir para todas as polaridades. Quando a tristeza vier, fique realmente triste. Não tente fugir dela — permita-a, coopere com ela. Deixe que ela se dissolva em você e você se dissolverá nela. Deixe que você e ela sejam uma coisa só. Fique realmente triste: sem resistência, sem conflito e sem luta. Quando a felicidade vier, fique feliz: dance e fique extasiado. Quando a felicidade vier, não tente se agarrar a ela. Não diga que ela tem de durar para sempre; assim você a perderá. Quando a tristeza vier, não diga, "Não venha" ou "Se tem de vir, por favor venha logo". Assim você deixa de aproveitá-la.

Não rejeite a tristeza e não se apega à felicidade.

Logo você entenderá que a felicidade e a tristeza são dois aspectos da mesma moeda. Então você verá que a felicidade também traz em si uma tristeza e a tristeza traz em si uma felicidade. Então o seu ser interior fica mais rico. Você pode desfrutar de tudo: da manhã e do entardecer também, da luz do dia e da escuridão da noite, do dia e da noite, do verão e do inverno, da vida e da morte — você pode desfrutar de tudo.

Existem tantos pensamentos misturados, contraditórios nos dias de hoje! É como uma montanha-russa e eu nunca sei como vou me sentir daqui a pouco.

Observe os seus pensamentos, observe as suas emoções e, só de observá-los, você começará a tomar consciência de um novo fator: o observador. Essa conscientização é o início de uma revolução interior: você é um observador, não a coisa observada. Você não é a mente, não é o corpo, mas algo escondido bem dentro de você: o observador.

O observador observa todos os altos e baixos da vida. Não há mais necessidade de se identificar. Se está na pior, você não precisa ficar triste, pois o observador é só o observador. Se está numa fase boa, também não precisa ficar egocêntrico; você é só observador. Aos poucos, todo o tumulto ao seu redor começa a diminuir.

O problema é a sua identificação com as coisas que não são você.

A sua desidentificação é meditação.

Desidentifique-se de tudo até que reste apenas o puro observador. Fique sempre na posição de observador, faça o que fizer, aconteça o que acontecer. Você será um novo homem, com um frescor, com uma vida que nunca existiu antes, com algo de eterno em seus olhos, algo da existência imortal em todos os seus gestos.

Quanto mais as pessoas ficam à minha volta, dando-me apoio por causa da minha doença, mais sozinho eu me sinto — e isso é extremamente doloroso. O que eu posso fazer?

Confrontar-se consigo mesmo na solidão é assustador e doloroso; a pessoa tem de sofrer a sua dor. Ela não pode fazer nada para evitá-la, para distrair a mente ou para fugir. Ela tem de sofrer e superar a dor. Esse sofrimento e essa dor são apenas um bom sinal de que você está perto de um renascimento, pois todo nascimento é precedido pela dor. Ela não pode nem deve ser evitada, pois faz parte do crescimento.

Mas por que existe dor? É preciso entender, pois isso ajudará você a enfrentá-la e, se enfrentá-la com conhecimento de causa, você sairá dela com mais facilidade e rapidez.

Por que você sente dor quando está sozinho? A primeira coisa é que o seu ego fica doente. O seu ego só pode existir com os outros. Ele se desenvolve no relacionamento, não pode existir sozinho. Então, se a situação não permite que ele exista mais, ele se sente sufocado; ele se sente simplesmente à beira da morte. Esse é o sofrimento mais profundo que existe. Você se sente como se estivesse morrendo. Mas não é você que está morrendo, e sim o ego que você tomou por você mesmo, com o qual você se identificou. Ele não pode existir porque ele foi proporcionado pelos outros; ele é uma contribuição. Quando você deixa os outros, não consegue carregá-lo com você.

Então, na solidão, tudo o que você sabe acerca de si mesmo cai por terra; pouco a pouco o ego desaparece. Você pode prolongar o seu ego para que ele dure um certo período — e isso você também terá de fazer por meio da imaginação —, mas não pode fazer com que ele dure por muito tempo. Sem a sociedade você fica desarraigado; o solo de onde você tira o seu alimento deixa de existir. A dor básica é essa. Você não está mais seguro de quem você é; você é só uma personalidade se dispersando, se dissolvendo. Mas isso é bom, pois, a menos que esse falso eu desapareça, o verdadeiro não pode emergir. A menos que você esteja completamente purificado e cristalino outra vez, o verdadeiro não pode emergir.

Esse eu falso está ocupando o trono. Ele tem de ser destronado. Vivendo em solidão, tudo o que é falso pode ir embora. E tudo o que é dado pela sociedade é falso. Na verdade, tudo o que é dado é falso; tudo o que nasce com você é verdadeiro. Tudo o que é você por você mesmo, sem que tenha sido contribuição de ninguém mais, é verdadeiro, é autêntico. Mas o falso tem de ir embora, e ele é um grande investimento. Você investiu muito nele; tem zelado muito por ele; nele estão todas as suas esperanças. Então, quando ele começa a se dissolver, você fica amedrontado, receoso e hesitante: "O que você está fazendo a si mesmo? Está destruindo toda a sua vida, toda a estrutura".

Haverá medo. Mas você tem que enfrentar esse medo; só assim você ficará destemido. Eu não disse que você ficará valente, não. Disse que você ficará destemido. A valentia é só uma parte do medo. Não importa o quanto você seja valente, o medo sempre estará espreitando. Eu digo "destemor". Você não será valente; não há necessidade de ser valente quando não existe medo. Tanto a valentia quanto o medo deixam de ter importância. Eles são lados da mesma moeda. Assim, os homens que você considera valentes nada mais são do que você ao contrário. A sua valentia está oculta dentro de você e o seu medo está na superfície; o medo deles está escondido interiormente e a valentia está na superfície. Então, quando está sozinho, você é muito valente. Quando pensa em algo, você é muito valente, mas, quando surge uma situação real, você fica com medo.

Dizem que os soldados, os mais condecorados, antes de ir para a linha de frente, têm tanto medo quanto qualquer pessoa. Por dentro eles estão tremendo, mas eles vão. Eles deixam esse tremor de lado, jogando-o para o inconsciente; e, quanto maior for esse tremor interior, mais eles criarão em torno deles uma fachada de valentia. Eles criarão uma armadura. Você olha para essa armadura — eles parecem valentes, mas lá no fundo estão cheios de medo.

A pessoa só fica destemida quando ela já passou pelo mais profundo de todos os medos — que é a dissolução do ego, a dissolução da imagem e a dissolução da personalidade.

Isso é morte, pois você não sabe se uma nova vida imergirá dela. Durante o processo, você só conhecerá a morte. Só quando o jeito como você é agora morre, como uma entidade falsa, é que você sabe que a morte era só uma porta para a imortalidade. Mas isso acontecerá no fim; durante o processo você estará simplesmente morrendo. Tudo o que lhe era tão caro é tirado de você — a sua personalidade, as suas idéias, tudo o que você achava bonito. Tudo vai embora. Você é desnudado. Todos os papéis e vestes são retirados.

Nesse processo, haverá medo, mas esse medo é básico, necessário e inevitável — a pessoa tem de enfrentá-lo. Você precisa entendê-lo, mas não tente evitá-lo, não tente fugir dele, pois toda fuga trará você de volta novamente. Você voltará para a sua personalidade.

Aqueles que mergulham em profundo silêncio e solitude, sempre me perguntam, "Haverá medo, então o que fazer?" Eu digo para que não façam nada, só vivam o medo. Se o tremor vier, trema. Para que impedir? Se, lá dentro, você sentir medo e começar a se sentir agitado, se agite. Não faça nada. Deixe que aconteça. A coisa acontecerá por si mesma. Se evitá-la — e você pode evitá-la. Você pode começar a entoar, "Ram, Ram, Ram"; pode se apegar a um mantra para desviar a atenção da mente. Você ficará em paz e não haverá medo — você o jogara no inconsciente. Ele surgiu — isso é bom, você vai ficar livre dele —, depois deixou você e, quando isso aconteceu, você estremeceu. Isso é natural porque, de todas as células do corpo e da mente, uma certa porção de energia que havia sido empurrada para baixo está saindo. Haverá uma agitação e um estremecimento; será como um terremoto. Toda a alma sofrerá uma perturbação. Mas deixe que seja assim. Não faça nada. Esse é o meu conselho. Nem mesmo entoe nada. Não tente fazer nada com isso, pois tudo o que você pode fazer será reprimir outra vez. Simplesmente por você ter permitido, ter deixado que o estremecimento acontecesse, ele passará — e, quando tiver passado, você será um novo homem.

O ciclone se foi e você estará centrado, centrado como nunca esteve antes. E depois que você souber a arte de deixar que as coisas sejam como são, você conhecerá uma das chaves-mestras que abrem todas as portas interiores. Portanto, não importa o caso, deixe que aconteça; não evite.

Se você puder ficar pelo menos três meses em total solitude, em total silêncio, sem brigar com nada, deixando que tudo seja como é, seja o que for, em três meses o velho terá ido embora e o novo chegará. Mas o segredo é deixar que aconteça — não importa que seja temível e doloroso, aparentemente perigoso e mortal. Haverá muitos momentos em que você achará que ficará louco se não fizer alguma coisa e, involuntariamente, você começará a fazer alguma coisa. Você pode saber que nada pode ser feito, mas você não estará no controle e começará a fazer alguma coisa.

É como se você estivesse passando por uma rua escura, à noite, à meia-noite, e sentisse medo porque está tudo deserto e a noite é escura e a rua desconhecida. Então você começa a assobiar. Para que assobiar? Você sabe que não adianta nada. Então você começa a cantar. Sabe que não pode mudar nada cantando — a escuridão não vai se dispersar e você ainda estará sozinho —, mas isso distrai a mente. Se começar a assobiar, só por isso você ficará mais confiante e esquecerá a escuridão. A sua mente acompanha o assobio e começa a se sentir melhor.

Nada aconteceu. A rua é a mesma, a escuridão é a mesma e o perigo, se houver, é o mesmo, mas agora você se sente mais protegido. Tudo é igual, mas agora você está fazendo algo. Você pode começar a entoar um nome, um mantra; isso será uma espécie de assobio. Dará força a você, mas essa força é perigosa, essa força também vai se tornar um problema, pois ela vai ser o seu antigo ego. Você está revivendo esse ego.

Continue sendo uma testemunha e deixe que aconteça o que acontecer.

É preciso enfrentar o medo para superá-lo.

É preciso enfrentar a angústia para transcendê-la. E quanto mais autêntico for esse encontro, quanto mais você olhar para ela, frente a frente, quanto mais olhar as coisas como elas são, mais rápido acontecerá.

Só demora porque a sua autenticidade não é intensa. Então você pode levar três dias, três meses ou três vidas — depende da intensidade. Na verdade, pode ser três minutos também, ou três segundos. Mas aí você terá que passar por um inferno terrível, com tamanha intensidade que pode não agüentar, pode não tolerar. Se a pessoa conseguir enfrentar o que quer que esteja oculto dentro dela, isso passa e, quando tiver passado, ela estará diferente, pois tudo o que deixou você fazia parte de você antes e agora não faz mais.

Então não pergunte o que fazer. Não é preciso fazer nada. Não faça nada, testemunhe, enfrente o que for, sem fazer nem o mínimo esforço, só deixando que aconteça... Continue passivo e deixe que passe. Sempre passa. Quando você faz algo, isso acaba com tudo, pois você interfere.

E quem interferirá? Quem está com medo? A própria doença interferirá. O mesmo ego que tem de ser deixado para trás interferirá. Eu disse a você que o ego faz parte da sociedade. Você quer deixar a sociedade, mas não quer deixar a parte que a sociedade lhe deu. Ela está enraizada na sociedade; ela não pode viver sem a sociedade. Então, ou você a deixa ou cria outra sociedade onde ela possa viver. Ser solitário é não criar uma sociedade alternativa. Simplesmente se retire da sociedade e aí, seja o que for que a sociedade tenha lhe dado deixará você. Você terá descartado isso. Será doloroso, pois você estava adaptado demais a isso, tudo estava no devido lugar. Essa adaptação passou a ser confortante, pois tudo era conveniente. Quando você muda e passa a andar sozinho, você deixa para trás todos os confortos, todas as conveniências, tudo o que a sociedade pode dar — e quando a sociedade dá algo a você, ela também tira algo: a sua liberdade, a sua alma.

Portanto, é uma troca e, quando você está tentando resgatar a sua alma, na sua pureza, você tem de parar de barganhar. Será doloroso, mas, se você conseguir enfrentar isso, a mais intensa alegria estará próxima. A sociedade não é tão dolorosa quanto a solidão. A sociedade é tranqüilizadora, é conveniente e confortável, mas ela lhe confere algo como um sono. Se você se retirar da sociedade, haverá fatalmente alguma inconveniência. Haverá todo tipo de inconveniência. Essas inconveniências têm de ser suportadas com a compreensão de que elas fazem parte da solitude e parte do processo de resgatar a si mesmo.

Você sairá dessa experiência renovado, com uma nova glória e dignidade, uma nova pureza e inocência.

Estou tentando fazer as pazes com esse medo que me acompanha; esse é o jeito certo de lidar com ele?

Ninguém tem de fazer as pazes com a escuridão, com a morte, com o medo. É preciso se livrar deles. É preciso simplesmente despedir-se deles para sempre.

Esse medo é um apego que você tem; o fato de fazer as pazes com ele só o tornará mais profundo. Não pense que fazendo as pazes com ele você estará se preparando para mergulhar dentro de si. Até um medo amigável impedirá você; na verdade, ele o impedirá de um modo ainda mais intenso. Ele o impedirá de um modo amigável; aconselhará você, "Não faça isso. Não há nada aí dentro de você. Você cairá num vazio e voltar de lá é impossível. Tome cuidado para não cair nessa interioridade. Apegue-se às coisas".

É preciso entender o medo — não, fazer as pazes com ele — para que ele suma.

Do que você tem medo? Quando nasceu, você estava nu. Você também não tinha conta em banco, mas não tinha medo. Você veio a este mundo completamente nu, mas chegou como um imperador. Nem mesmo um imperador pode vir a este mundo como uma criança. O mesmo vale para o mergulho no seu mundo interior. Trata-se de um segundo nascimento; você volta a ser criança — a mesma inocência e a mesma nudez e a mesma não-possessividade. Do que você precisa ter medo?

Na vida, não há como ter medo de nascer. Isso já aconteceu; agora não há nada a fazer. Você não pode ter medo da vida; ela já está acontecendo. Você não pode ter medo da morte; não importa o que você faça, ela vai acontecer. Então que medo é esse?

Sempre sou interpelado até por pessoas muito instruídas, "Você nunca se preocupou em saber o que acontece depois da morte?"

Sempre me admiro ao ver que se trata de pessoas instruídas. Eu pergunto a elas, "Um dia eu não estava nascido e isso não foi nenhuma preocupação. Nunca procurei saber, nem por um instante, que espécie de problema, de preocupação, de angústia, eu teria de enfrentar ao nascer. Simplesmente não pensei nisso! O mesmo vale para esse caso: quando morre, você simplesmente morre!"

Confúcio ouviu de seu mais caro discípulo a seguinte pergunta: "O que acontecerá depois da morte?"

Confúcio disse, "Não perca tempo. Quando você estiver na cova, fique deitado ali pensando a respeito, mas por que se preocupar com isso agora?"

Portanto, muitas pessoas estão agora na cova pensando! Você acharia que aparentemente não existe nenhum problema. Em todo cemitério, e existem milhões deles, as pessoas estão simplesmente deitadas lá. Elas nem sequer se levantam para investigar, "O que aconteceu? Quais são as novidades?" Elas nem sequer mudam de lado. Estão tão relaxadas!

Quando as pessoas morrem, os outros fecham os olhos delas de medo: "Estes coitados continuarão enxergando dentro do túmulo". Isso faz com que elas fiquem com medo de que os mortos estejam olhando — "Feche os olhos deles!"

Eu tive uma tia distante que era diferente, pois ela dormia com um olho aberto. Ela tinha de dormir, pois um olho era falso. Mas sempre que ela nos visitava eu costumava assustar as pessoas. Quando ela estava dormindo eu levava as pessoas para vê-la e dizia, "Olhe, vejam isto! Sempre que ela está dormindo um olho fica aberto".

Na morte, você tenta fechar os olhos das pessoas, mas não pense que consegue. Elas abrirão os olhos e olharão em volta, "O que está acontecendo?"

Não há por que ter medo do que acontecerá quando você morrer. Seja o que for, não dá para mudar — e não há nada que você possa fazer de antemão. Você não sabe, então não é uma questão de fazer uma lição de casa, preparar-se para o tipo de pergunta que lhe farão ou para o tipo de gente que vai encontrar, aprendendo os costumes ou a língua delas. Nós não sabemos nada. Não há necessidade de se preocupar; não perca tempo.

Mas existe o medo, medo de que alguma coisa vá acontecer depois da morte — e você estará tão sozinho! Mesmo que chame da sua cova, ninguém escutará. As pessoas o fecham completamente só por causa do medo. Se você deixar alguma janela aberta e os mortos começarem a olhar de lá, qualquer um ficará com medo!

Não há por que ter medo, basta um pouco de inteligência — não digo amizade com a morte, mas inteligência: o coração do aventureiro, a coragem daqueles que exploram o desconhecido. Eles são pessoas abençoadas, pois encontram o significado e o sentido da vida. Os outros só vegetam; somente eles vivem de fato.

Um francês, um judeu e um polonês foram condenados a trinta anos de prisão. Cada um deles teve a chance de fazer um pedido ao carcereiro.

"Uma mulher", pediu o francês.

"Um telefone", pediu o judeu.

"Um cigarro", pediu o polonês.

Trinta anos depois, o francês saiu com a mulher e dez filhos.

O judeu foi libertado carregando dez mil dólares de comissão que recebera enquanto ficou preso.

O polonês saiu da prisão e disse, "Alguém tem um fósforo?"

Não seja como o polonês! Trinta anos segurando o cigarro na mão e esperando: "Quando a porta se abrir eu pergunto se alguém tem um fósforo".

A primeira coisa: um pouco de inteligência, um pouco de senso de humor, um coração um pouco amoroso — você não precisa de muito para mergulhar no seu próprio ser. As pessoas sérias continuam postadas do lado de fora com uma expressão carrancuda.

Basta um pouco de senso de humor, um pouco de risada, uma inocência pueril — e o que você vai perder? Qual é o medo? Nós não temos nada. Nós chegamos de mãos vazias e sairemos de mãos vazias. Antes que aconteça, basta um pouco de espírito de aventura para ver quem é este amigo escondido por trás das roupas, dentro do esqueleto? Quem é este camarada que nasce, cresce, apaixona-se e um dia morre e ninguém sabe para onde vai?

Só um pouco de curiosidade para investigar o seu próprio ser. É muito natural; não há por que ter medo.

Quando chega a hora, a folha se desprende suavemente do galho e, cheia de graciosidade, encontra o seu fim. É então que o caminho se abre para a vida abraçar a si própria antes que a folha toque o chão?

Sim, este é o segredo da vida e da morte, o segredo dos segredos: como deixar que a existência passe por você sem impedimento, sem obstáculo; como ficar num estado de absoluta não-resistência. Buda dá a isso o nome de *tathata* — aceitação daquilo que é.

Você diz, "Quando chega a hora, a folha se desprende suavemente do galho e, cheia de graciosidade, encontra o seu fim".

É assim que temos de aprender a morrer.

E você não pode se prender à vida; do contrário será difícil largá-la. Você tem de viver sem se prender à vida. Você não pode se agarrar a ela. Só se agarram a ela aqueles que não compreendem esse jogo de polaridades da existência, e essa atitude acaba com tudo. Essas pessoas têm de morrer, mas a morte delas não terá graciosidade. Elas têm de morrer, como todo mundo, mas a morte delas será uma agonia.

A palavra agonia vem de *agon* — *agon* significa luta. Agonia significa luta. Elas morrem lutando. Toda essa luta é um exercício inútil; elas não vão ganhar, mas mesmo assim continuam tentando. Milhões de pessoas tentaram e fracassaram; mesmo assim, somos tão tolos quanto elas, continuamos a repetir o mesmo padrão. Ainda temos esperança de que talvez nós sejamos uma exceção, de que talvez nós possamos encontrar um jeito de vencer a morte.

Ninguém conseguiu encontrar um jeito ainda, não porque as pessoas não tentem, não porque não tentem com afinco, mas porque isso não é possível pela própria natureza das coisas. Elas fizeram tudo o que podiam, não resta mais nada, mas a morte vai acontecer de qualquer jeito. Na verdade, ela já aconteceu no dia em que você nasceu. O nascimento é um pólo; o outro pólo está oculto dentro dele.

Desprenda-se suavemente da vida, tão suavemente que a morte possa acontecer a qualquer momento, sem que você precise lutar para se desprender, sem que isso demore nem um único instante — pois basta um instante para que você perca o principal, perca a graça do momento.

O meu trabalho consiste em ensiná-lo a viver e a morrer, a ser alegre e a ser triste, a aproveitar a juventude e a aproveitar a velhice, a usufruir a saúde e a usufruir a doença. Se eu só ensiná-lo a usufruir a saúde, a alegria e a vida, deixando que a outra parte seja negligenciada, eu estarei lhe ensinando algo que provocará uma divisão, uma cisão em você.

Eu ensino a você a totalidade da existência.

Não seja possessivo, não se prenda nem se agarre a nada.

Deixe que tudo venha e vá embora.

Deixe que as coisas passem por você e permaneça vulnerável, disponível. Assim haverá uma grande beleza, uma grande graça, um grande êxtase. A sua tristeza também lhe trará profundidade, assim como a sua alegria. A sua morte lhe proporcionará grandes dádivas, assim como a própria vida. Então o ser humano saberá que toda esta existência pertence a ele: noites e dias, verões e invernos — tudo lhe pertence.

Permanecendo vulnerável, aberto e relaxado, você se torna um mestre.

Esse é um fenômeno estranho e extremamente paradoxal: por viver entregue à existência, você passa a ser vitorioso. Esses momentos lhe ocorrerão muitas e muitas vezes. Todo o meu empenho é para lhe proporcionar cada vez mais momentos como esses, tão penetrantes como esses. Não se comporte de modo tão estúpido, não continue repetindo as mesmas estratégias, os mesmos padrões da sua mente. Aprenda maneiras novas de ser.

A maior lição que você pode aprender é não se prender a nada: nem ao amor, nem à alegria, nem ao corpo, nem à saúde. Desfrute de tudo — da sua saúde, do seu corpo, do seu amor, da sua mulher, do seu homem —, mas não se apegue. Fique com as mãos abertas; não as feche. Se as fechar, você ficará fechado — fechado para os ventos e para as chuvas, para o sol e para a lua, fechado para a própria existência — esse é o pior modo de se viver. Ele cria uma cova ao seu redor. A sua vida fica sem janelas. Você começa a sufocar interiormente e está sufocando porque acha que está garantindo sua segurança e proteção.

Eu ouvi uma antiga parábola sufi:

Havia um rei que tinha muito medo da morte, assim como todo mundo — e quanto mais você tem, mais tem medo, é claro. Um homem pobre não tem tanto medo assim. O que ele tem a perder? Que vida ele vive? Ele não se preocupa com isso.

É por isso que nos países pobres você sempre verá uma grande indiferença com relação à morte, à pobreza e à fome. A razão é que as pessoas viveram na pobreza durante tanto tempo que deixaram de se preocupar com a morte. A morte para elas é um alívio — um alívio com relação a todas as infelicidades e preocupações, um alívio com relação à fome, ao sofrimento e à pobreza.

As pessoas que vêm de países mais ricos pensam, "Por que eles vêem a morte com tanta indiferença?" A razão é simples: não há nada a que se apegar. A vida dessas pessoas não proporcionou nada a elas. A vida delas é cercada de tamanha pobreza que a morte nada pode lhes tirar; nada pode fazer para que fiquem mais pobres do que já são. Mas quanto mais você tem, mais medo tem da morte. Quanto mais rica a sociedade, maior o medo da morte.

Nas sociedades pobres, o tabu é o sexo e, nas sociedades mais ricas, o tabu é a morte. Isso é o que indica se uma sociedade é rica ou pobre — basta saber o que ela considera tabu. Se as pessoas forem contra o sexo, isso significa que são pobres; se forem contra a morte, se tiverem receio até mesmo de falar sobre ela, isso significa simplesmente que elas são ricas. Daí ser muito difícil o encontro entre países ricos e pobres; seus tabus se chocam.

Portanto, o rei tinha muito medo, naturalmente. Ele tinha muitas posses e a morte levaria tudo embora; e ele tinha passado a vida inteira acumulando bens. Como se proteger? Por acumular tantas riquezas, ele tinha feito muitos inimigos e estes só esperavam uma oportunidade para cortar a cabeça do imperador ou alvejá-lo.

O rei pedia conselhos às pessoas mais velhas e sábias do país. Elas lhe diziam para fazer um castelo com uma só porta — sem janelas e sem portas, com exceção de uma, pela qual se podia entrar e sair. O imperador estaria seguro. E na porta ele poderia pôr guardas que impediriam a entrada de qualquer pessoa. A idéia parecia boa. O rei fez um grande castelo sem janelas e sem portas, com exceção de uma, protegida por mil soldados.

O rei do país vizinho, amigo dele, também tinha medo da morte. Ele ouviu falar do castelo e quis vê-lo. Muito impressionado, ele disse, "Começarei as obras imediatamente; farei um castelo para mim. Este parece tão seguro e protegido!"

Quando o amigo estava de partida, o rei saiu do castelo para se despedir dele, que mais uma vez contemplou o castelo. Enquanto fazia isso, um mendigo se sentou à beira da estrada e começou a rir alto. Os dois reis ficaram chocados e interpelaram o mendigo, "Por que está rindo? Ficou louco? Não sabe se comportar na presença de reis?"

O mendigo disse, "Não pude me conter. Sinto muito! Mas eu também já fui rei e deixe-me contar por que estou rindo. Eu fiquei observando, porque costumo pedir esmolas nesta estrada e vi o castelo sendo construído. Mas fiquei intrigado; e digo a vocês, só cometeram um erro, uma falha, que será fatal".

O rei disse, "Que erro? Diga-nos; nós o corrigiremos". O rei estava pronto para ouvir e não só para ouvir como também para corrigir o erro.

O mendigo disse, "Faça uma coisa: vá lá dentro e diga para o seu pessoal fechar a porta, para sempre, pois essa porta se revelará um perigo. A morte entrará por ela! Esses mil soldados não conseguirão impedir a morte; não serão nem mesmo capazes de vê-la. Então feche a porta completamente. Em vez da porta, faça uma parede e você ficará dentro do castelo, a salvo para sempre! Ninguém poderá matar você, nem a morte poderá entrar".

Mas o rei disse, "Isso significa que eu já estarei morto! Se não posso sair, para que viver?"

O mendigo respondeu, "É por isso que estou rindo. Você já está noventa e nove por cento morto! Só deixaram uma porta, portanto, você só está vivo até essa medida".

Quanto mais seguro você está, mais morto está também. E essa não é uma morte bela — a morte graciosa da folha, da pétala de rosa caindo no chão e voltando para a fonte. É uma morte feia, uma invenção do ser humano. A morte natural é bela; o ser humano a tornou feia. O ser humano faz tudo ficar feio; qualquer coisa que ele toque fica feio. Se ele toca no ouro, ele vira poeira.

Deixe que essa compreensão vá o mais fundo possível. Deixe que ela seja o seu próprio âmago e a sua inspiração. Sim, ela é. Não possua nada, não se agarre a nada. Fique relaxado, sem ser possessivo. Se algo estiver ao seu alcance, usufrua. Quando se for, deixe que se vá com o coração cheio de gratidão — a gratidão por tudo o que foi feito por você, sem rancor e sem reclamação. E você conhecerá a maior das alegrias tanto da vida quanto da morte, tanto da luz quanto da escuridão, tanto do ser quanto do não-ser.

Sinto como se eu tivesse vivido todos os meus sentimentos e agora restasse apenas um vazio.

O vazio se torna plenitude se você aceitá-lo, se der as boas-vindas a ele e recebê-lo com reverência. Se você não recebê-lo — se ficar meio assustado, apavorado —, o vazio continua vazio, continua negativo.

Transformar o negativo em positivo é toda a alquimia de transformar metais básicos em ouro.

O vazio é um metal básico. Ele próprio não tem muito valor; é só vazio. Mas, se você lhe der as boas-vindas com grande amor e respeito, se aceitá-lo, subitamente ele muda de caráter. Por meio da sua aceitação, ele se torna um vazio positivo. Então ele deixa de ser vazio; ele fica cheio de si mesmo. Ele passa a ter uma espécie de plenitude, de transbordamento — e é isso que é o divino.

Portanto, você tem de mergulhar nesse vazio várias e várias vezes. E ele voltará muitas vezes. Ele ficará à sua espera, baterá à sua porta, portanto receba-o; ele é um convidado. Ame-o! Não existe nada de mais valioso. Se você puder transformá-lo em plenitude, então não haverá mais nada a fazer. Mas as pessoas continuam perdendo a oportunidade. Às vezes esse vazio aparece, mas elas continuam deixando de aproveitá-lo porque ficam com medo, ficam contra ele. Começam a se segurar e a se controlar.

Lembre-se, é preciso evitar o controle nesse momento. O controle gera conflito. Você e o vazio agem como inimigos e então surge o conflito. Nesse conflito muita energia se dissipa desnecessariamente — e trata-se de uma energia muito valiosa, muito preciosa.

É uma grande oportunidade essa que bate à sua porta. Se ficar com medo — se fechar a porta, trancá-la e fugir para debaixo da cama —, você a perde. Talvez ela não volte a bater. Pode ser que só volte a bater daqui a muitos anos ou muitas vidas — ninguém sabe. Você está simplesmente muito próximo a algo que será uma grande revelação. Você pode perder a chance e um modo de perder a chance é ficar com medo. Quando sente medo, a pessoa começa a se controlar; ao se controlar, ela assume uma postura antagônica. O vazio tem de ser amado.

O vazio tem de ser o seu bem-amado.

Você tem de se perder dentro dele e ele tem de se perder dentro de você.

Deixe que haja um profundo orgasmo com esse vazio, deixe que haja um caso de amor. Logo você verá que esse vazio já não é mais vazio; ele está pleno! Essa é a experiência mais plena possível para a consciência humana.

4. TÉCNICAS PARA LIDAR COM A DOR

Aceitar a dor assim como ela é

Primeiro tente entender o que significa a expressão "aceitação daquilo que é". Buda depende muito dessa expressão. Na linguagem dele, a palavra é *tathata*, aceitação daquilo que é. Toda a orientação budista consiste em viver essa palavra, em viver com essa palavra com tamanha profundidade que a palavra desaparece e você se torna a aceitação daquilo que é.

Por exemplo, você fica doente. A atitude de aceitação daquilo que é consiste em aceitar a doença e dizer a si mesmo, "Tal é o caminho do corpo" ou "É assim que as coisas são". Não lute, não comece a travar uma batalha.

Depois que aceitar, depois que deixar de reclamar e parar de brigar, a energia passa a ser uma só por dentro. A ruptura se desfaz e muita energia passa a ser liberada, pois deixa de haver conflito e a própria liberação da energia passa a ser uma força de cura.

Algo está errado no corpo: relaxe, aceite isso e simplesmente diga para si mesmo, não só com palavras, mas sentindo profundamente: Tal é a natureza das coisas. O corpo é um conjunto, muitas coisas se combinam nele. O corpo nasce e está propenso a morrer. Trata-se de um mecanismo complexo e há toda a possibilidade de uma coisa ou outra sair errada.

Aceite isso e não se identifique. Quando aceita, você fica acima, você transcende. Quando luta, você desce para o mesmo nível. Aceitação é transcendência. Quando aceita, você fica sobre uma colina e o corpo é deixado para trás. Você diz, "Sim, tal é a sua natureza. O que nasce tem de morrer e, se tem de morrer, às vezes fica doente. Não é preciso se preocupar tanto" — fale como se isso não estivesse acontecendo com você, só acontecendo no mundo das coisas.

Esta é a beleza: quando não está lutando, você transcende e deixa de ficar no mesmo nível. Essa transcendência torna-se uma força de cura. De repente o corpo começa a mudar.

O mundo das coisas é um fluxo; nada é permanente ali. Não espere permanência! Se esperar permanência neste mundo onde tudo é impermanente, você provocará inquietação. Nada pode ser para sempre neste mundo; tudo o que pertence a este mundo é momentâneo. Essa é a natureza das coisas, a aceitação daquilo que é.

Se você relutar em aceitar um fato, viverá o tempo todo na dor e no sofrimento. Se aceitá-lo sem nenhuma queixa, não num estado de impotência, mas de compreensão, trata-se de aceitação daquilo que é. Dali em diante você deixa de ficar preocupado e não existe mais problema. O problema surgiu não por causa do fato, mas porque você não o aceitava da maneira como estava acontecendo. Você queria que ele seguisse os seus pensamentos.

Lembre-se, a vida não vai seguir você, você é que tem de segui-la. Com má vontade ou com alegria, a escolha é sua. Se você seguir com má vontade, sofrerá. Se segui-la com alegria, você se tornará um buda e a sua vida se tornará um êxtase.

Entrar na Dor

Da próxima vez que você tiver uma dor de cabeça, tente fazer uma pequena técnica de meditação, só para experimentar; depois você pode aplicá-la nos casos de doenças ou sintomas mais graves.

Sente-se silenciosamente e observe a dor de cabeça — não como se estivesse olhando para um inimigo, não dessa forma. Se você olhá-la como se estivesse diante de um inimigo, não conseguirá olhar para ela diretamente, você a evitará. Ninguém olha para o inimigo diretamente; a pessoa o evita. Olhe para a dor de cabeça como se ela fosse sua amiga. Ela é sua amiga; ela está a seus serviços. Ela está dizendo, "Algo está errado, veja o que é". Sente-se simplesmente em silêncio e olhe para a sua dor de cabeça sem pensar em acabar com ela, sem querer que ela pare, sem conflito, sem briga e sem antagonismo. Simplesmente olhe para ela, para o que ela é.

Observe, de modo que, se houver alguma mensagem interior, a dor de cabeça possa transmiti-la a você. Ela tem uma mensagem codificada. E, se olhar para ela silenciosamente, você ficará surpreso. Se olhar silenciosamente, três coisas acontecerão.

Primeiro, quanto mais você olhar para ela, mais forte ela ficará. Aí você vai ficar intrigado: "No que isso vai ajudar se a dor de cabeça fica mais forte ainda?" Ela vai ficar mais forte porque antes você a estava evitando. Ela só doía porque você a estava evitando; você já a estava reprimindo, mesmo sem ter tomado uma aspirina. Quando você olha para ela, dentro dela, a repressão acaba. A dor de cabeça passa a ter a intensidade natural. Aí você estará ouvindo com ouvidos destampados, sem algodão nos ouvidos. A dor ficará mais forte.

A segunda coisa é que a dor também ficará mais localizada; ela não se espalhará por uma grande área. Antes você pensava, "Toda a minha cabeça está doendo". Agora você vê que não é toda a cabeça, mas só um pequeno ponto. Essa também é uma indicação de que você está olhando para ela mais profundamente. A sensação de que a dor atingia toda a cabeça é um truque, um jeito de evitá-la. Se ela se concentrar num ponto, ficará mais forte, então você cria a ilusão de que ela pega a cabeça toda. Quando a dor se espalha por toda a cabeça, ela não fica tão intensa em nenhum ponto. Esses são truques que nós continuamos usando.

Olhe para a dor e o segundo passo é ver que ela começa a ficar cada vez mais concentrada. Até que chega um ponto em que ela é apenas uma agulhada — muito aguda, extremamente aguda e dolorosa. Você nunca sentiu tanta dor de cabeça antes, mas ela se limita a um único ponto. Continue olhando para a dor.

A terceira coisa é a mais importante que acontece. Se continuar olhando para esse ponto quando a dor de cabeça ficar mais forte, localizada e concentrada, você verá que ela muitas vezes desaparece. Quando o seu olhar é perfeito, ela desaparece. E, quando desaparece, você tem um vislumbre da sua origem, do que a causou. Quando o efeito desaparece, você vê a causa.

Acontecerá muitas vezes; a dor de cabeça voltará. O seu olhar deixa de ser tão alerta, concentrado, atento e a dor de cabeça volta. Sempre que o seu olhar for realmente verdadeiro, a dor de cabeça desaparece e, quando isso acontece, escondida atrás dela está a causa. Você ficará surpreso ao perceber que a mente está pronta para revelar a causa.

Tornar-se a dor

Sofrimento significa resistência. Você precisa resistir a algo, só então poderá sofrer. Experimente. Você dificilmente será crucificado, mas existem crucificações diárias, pequenas. Elas acontecerão.

Você tem uma dor na perna ou uma dor de cabeça. Pode ser que você não tenha observado o mecanismo dessa dor. Você tem dor de cabeça e está constantemente lutando e resistindo. Você não quer essa dor de cabeça. Você é contra ela e provoca uma divisão em si mesmo: você está em algum lugar dentro da sua cabeça e a dor de cabeça também está. Você e a dor de cabeça estão separados e você insiste em achar que não deveria ser assim. Esse é o verdadeiro problema.

Experimente uma vez não brigar. Flua com a dor de cabeça e torne-se essa dor. Diga, "É assim que é. É assim que está a minha cabeça agora e nada mais é possível neste momento. Pode ser que seja no futuro, mas neste momento a minha cabeça está doendo". Não resista. Deixe que ela aconteça e deixe que você e ela sejam uma coisa só. Não se separe dela, mas flua para dentro dela. Haverá então um súbito rompante de um novo tipo de felicidade que você não conhecia ainda.

Quando não há resistência, até uma dor de cabeça deixa de ser dolorosa. É a luta que causa a dor. A dor sempre significa brigar contra a dor — essa é a dor de verdade.

Tente quando tiver uma dor de cabeça, quando o seu corpo estiver doente, quando alguma dor o afligir; simplesmente flua com a dor. Assim que deixar que isso aconteça, você descobrirá um dos segredos mais profundos da vida, o de que a dor desaparece se você fluir com ela. E, se você conseguir fluir completamente, a dor vira felicidade.

★

Você está sentindo dor, o que está realmente acontecendo dentro de você? Analise todo o fenômeno: a dor está ali e existe a consciência de que a dor está ali. Mas não existe nenhuma lacuna e, de alguma forma, você sente que está com dor. Essa sensação acontece, você sente que "está com dor". E não apenas isso; mais cedo ou mais tarde, você começa a sentir que você "é a dor".

"Eu sou a dor, eu estou com dor; eu estou consciente da dor" — esses são três estados muito, mas muito diferentes. A consciência transcende a dor, você é diferente dela e existe uma separação profunda. Na verdade, nunca existe nenhuma relação entre você e a dor; ela só começa a existir por causa da proximidade, por causa da grande proximidade entre a sua consciência e tudo o que acontece à volta dela.

A consciência está muito próxima quando você está com dor; ela está ali ao seu lado, muito próxima. Ela tem de estar; do contrário, a dor não pode ser curada. Ela tem de estar bem perto para que você a sinta, para que você a conheça e esteja consciente dela. Mas, por causa dessa proximidade, você fica identificado e vocês se tornam uma coisa só. Isso também é uma medida de segurança, além de ser uma segurança natural. Se existe dor, você tem de estar perto; quando existe dor, a sua consciência tem de se precipitar na direção à dor — para senti-la e fazer alguma coisa a respeito.

Mas, por causa dessa necessidade, outros fenômenos acontecem. Por estarem tão próximos, você e ela se tornam uma coisa só; por estarem tão próximos, você começa a sentir que ela é você, e o mesmo acontece com o prazer. Por causa da proximidade existe uma identificação: você se torna a raiva ou se torna o amor; você se torna a dor ou se torna a felicidade.

Você não é o que pensa, sente, imagina e projeta; você só é o fato de estar consciente. A dor está ali; no momento seguinte ela pode não estar — mas você estará. A felicidade vem e vai embora; ela está presente agora e depois não estará mais; mas você estará. O corpo é jovem, depois fica velho. Todo o resto vem e vai embora; os hóspedes vêm e vão embora, mas o anfitrião continua o mesmo.

Lembre-se do anfitrião. Lembre-se sempre do anfitrião. Concentre-se no anfitrião, mantenha-se na sua condição de anfitrião. Assim haverá uma separação, haverá uma lacuna, um intervalo. A ponte se parte e, no momento em que ela se parte, o fenômeno da renúncia acontece. Você passa a estar no fenômeno, mas não pertence a ele. Você está no convidado, mas continua sendo o anfitrião. Você não precisa fugir do convidado, não há necessidade.

Fique onde você está, mas não fique centrado no convidado. Fique centrado em si mesmo, lembre-se do anfitrião.

Reparar duas vezes

Buda ensinou aos discípulos que, se tivessem dor de cabeça, simplesmente dissessem duas vezes: "Dor de cabeça, dor de cabeça". Repare, mas não analise. Não diga, "Por quê?" "Por que a minha cabeça está doendo? Ela não deveria estar".

Deixe que essa dica fique muito bem entendida: Se você conseguir testemunhar a dor de cabeça sem tomar nenhuma atitude antagônica, sem evitá-la, sem fugir dela; se conseguir ficar simplesmente ali, num estado meditativo, simplesmente repetindo "Dor de cabeça, dor de cabeça"; se conseguir simplesmente olhar para ela, a dor de cabeça desaparecerá a seu tempo. Não estou dizendo que ela sumirá como que por milagre, que, só pelo fato de olhá-la, ela irá embora. Ela irá embora a seu tempo. Mas não será absorvida pelo seu organismo, não envenenará você. Ela ficará ali, você reparará nela e ela irá embora. Será liberada.

Bloquear os sentidos

Imagine qualquer experiência... Você tem uma ferida, ela dói. Você tem uma dor de cabeça ou qualquer outra dor no corpo; qualquer coisa servirá como objeto.

O que é para fazer? Feche os olhos e imagine que é cego e não pode ver. Feche os ouvidos e imagine que não pode ouvir. Todos os cinco sentidos, bloquei-os. Como bloqueá-los? É fácil. Pare de respirar por um instante; todos os sentidos serão bloqueados. De repente você se retira, para longe.

Fique como uma pedra, fechado para o mundo. Quando estiver fechado para o mundo, de verdade, você também estará fechado para o seu próprio corpo, pois o corpo não faz parte de você; ele faz parte do mundo. Quando você está completamente fechado para o mundo, você também está fechado para o seu próprio corpo.

Você está deitado na cama, sente os lençóis frios, como se estivesse morto. De repente os lençóis começam a desaparecer cada vez mais, até desaparecerem por completo. A cama desaparece; o seu quarto desaparece; o mundo inteiro desaparece. Você está fechado, morto, como uma pedra, como uma mônada leibnitziana, sem nenhuma janela para fora. Você não pode se mover. Então, quando estiver ali sem poder se mover, você é arremessado de volta para si mesmo, fica centrado em si mesmo. Pela primeira vez, então, você conseguirá ver a partir do seu próprio centro.

5. CHAVES PARA A ACEITAÇÃO E A TRANSFORMAÇÃO

Meditação Nadabrahma

[O primeiro estágio deste método consiste em ficar sentado durante meia hora, com os olhos fechados e fazendo o som "mmmm...", com os lábios fechados, a língua imóvel e alto o suficiente para que as outras pessoas possam ouvir. No segundo estágio, mova as mãos bem lentamente, com as palmas voltadas para cima, durante sete minutos e meio, formando um grande círculo no ar. Comece na altura do umbigo e vá subindo, com os braços se separando até formar um grande círculo que acaba novamente na barriga. Nos sete minutos e meio seguintes, vire as palmas das mãos para baixo e, ainda bem lentamente, mude a direção do movimento. Durante pelo menos quinze minutos, fique deitado com os olhos fechados, tranqüilo e em silêncio. Para essa meditação, também está disponível uma música especial; consulte o site osho.com, na Internet, para mais detalhes.]

Essa meditação faz uso de um mantra, que é um dos métodos com mais potencialidades. Embora muito simples, ela é extremamente eficaz, pois, quando você entoa um mantra ou um som, o seu corpo começa a vibrar; as suas células cerebrais, particularmente, começam a vibrar.

Se a meditação for realizada da maneira correta, todo o cérebro fica extremamente vibrante, assim como o resto do corpo. Depois que o corpo começa a vibrar e a sua mente já estiver entoando o mantra, eles entram numa sintonia, numa harmonia, que normalmente não existe. A sua mente funciona do jeito dela e o corpo do jeito dele. O corpo está comendo e a mente está pensando. O corpo está andando na rua e a mente está viajando nas estrelas. Eles nunca se encontram, eles percorrem caminhos separados e isso cria uma lacuna.

A esquizofrenia básica surge porque o corpo segue numa direção e a mente segue em outra. E você é o terceiro elemento — você não é nem o corpo nem a mente, por isso você é puxado de um lado para o outro pelos dois. Metade do seu ser é puxada pelo corpo e a outra metade é puxada pela mente; por isso você vive numa grande angústia, sente-se dividido.

Na meditação Nadabrahma, é assim que o mecanismo trabalha: quando você começa a fazer o som "mmmm", se você começa a ressoar interiormente, o corpo começa a reagir. Chega uma hora, mais cedo ou mais tarde, em que o corpo e a mente seguem juntos numa mesma direção pela primeira vez. Quando o corpo e a mente estão juntos, você fica livre do corpo e da mente, você não fica mais dividido. Então o terceiro elemento que você é na realidade, chamado de alma, espírito, *atma*, o que seja, ele fica à vontade, pois ele não é mais atirado em direções diferentes.

O corpo e a mente ficam tão ocupados em produzir o "mmmm" que a alma pode deslizar para fora deles muito facilmente, sem ser notada, e pode se tornar uma testemunha, pode ficar à distância e observar todo o jogo que está se desenrolando entre a mente e o corpo. Trata-se de um ritmo tão belo que a mente e o corpo nunca se dão conta de que a alma retirou-se furtivamente, pois eles não deixam que isso aconteça tão facilmente; eles tomam posse dela. Ninguém quer perder essa posse. O corpo quer dominar a alma e a mente também quer.

Essa é uma maneira muito astuta de se desvencilhar de ambos. Eles ficam inebriados com a produção do som e você escapa. Portanto, na Nadabrahma, lembre-se disto: deixe que o corpo e a mente fiquem totalmente juntos, mas lembre-se de que você tem de se tornar uma testemunha. Livre-se deles, devagar, com tranqüilidade, pela porta dos fundos, sem criar uma briga e sem travar nenhuma batalha. A mente e o corpo estão inebriados, você escapa e fica observando de fora.

Esse é o significado da palavra êxtase — ficar de fora. Fique de fora e observe desse ponto de vista. Ele é extremamente pacífico. Ele é silêncio, é bem-aventurança, é uma bênção.

Conclua as coisas

Qualquer coisa que você faça com consciência é superada e deixa de ser uma dor de cabeça. Qualquer coisa que você não viva conscientemente, torna-se uma dor de cabeça, pois você nunca a vive totalmente e algo fica incompleto. Quando algo fica incompleto, você tem de carregá-la, pois ela requer uma conclusão.

Você era criança e alguém quebrou o seu brinquedo: você estava chorando, a sua mãe consolou você e desviou a sua atenção para outra coisa. Ela lhe deu algumas balas, conversou sobre outras coisas, contou a você uma história e o distraiu. Você não parava de chorar e de se lamentar, mas acabou esquecendo. Isso ficou incompleto. Ainda está com você, e no dia em que alguém arrancar um brinquedo de você — pode ser qualquer brinquedo; pode ser uma namorada que alguém roube de você —, você começa a chorar e a se lamentar. A criança está ali novamente, incompleta. Também pode ser um cargo. Você é prefeito da cidade e alguém rouba de você o seu cargo, um brinquedo, e você chora e se lamenta.

Descubra... volte no passado e reviva a situação novamente, pois agora não há outro jeito. O passado não existe mais, portanto, se algo ficou sem conclusão, o único jeito é reviver isso mentalmente, retroceder no tempo.

Toda noite, faça questão de fazer uma retrospectiva durante uma hora, totalmente alerta, como se você estivesse vivendo toda a coisa novamente. Muitas coisas vão vir à tona e chamarão a sua atenção. Portanto, não tenha pressa, não se atenha apenas por alguns momentos a alguma coisa só para passar apressadamente para outra, pois isso criará mais uma vez incompletude. Não importa o que venha à tona, dê a isso toda a sua atenção. Viva a experiência de novo. E, quando eu digo "viva a experiência de novo" quero dizer exatamente isso; não basta se lembrar apenas, pois, quando você se lembra de uma coisa, você é um observador à distância; isso não ajuda. Reviva a experiência!

Você é criança outra vez. Não observe como se estivesse à distância, olhando para uma criança quando o seu brinquedo lhe é arrancado. Não! Seja a criança. Não fora da criança, dentro da criança — seja outra vez criança. Reviva o momento: alguém arranca de você o brinquedo, alguém o destrói e você começa a chorar — e chore! A sua mãe está tentando consolar você. Viva toda a situação outra vez, mas agora não deixe que nada distraia a sua atenção. Deixe que todo o processo se complete. Quando ele estiver completo, você de repente sentirá o coração mais leve; algo terá saído de você.

Você queria dizer algo ao seu pai; agora ele está morto, não há mais possibilidade de você falar com ele. Ou você queria que ele o perdoasse por algo que você fez e que ele não gostou, mas o seu ego entrou em cena e você não conseguiu pedir perdão; agora ele está morto, nada pode ser feito. O que fazer? O sentimento ainda está ali. Ele persistirá e destruirá todos os seus relacionamentos.

Se estiver consciente, você poderá observar. Volte ao passado. Agora o seu pai não está mais presente, mas para os olhos da memória ele ainda está. Feche os olhos; seja outra vez uma criança que tenha se envolvido numa situação, que tenha feito algo contra o pai, que quer ser perdoado, mas não consegue criar coragem. Agora você pode criar coragem! Você pode dizer qualquer coisa que quiser e pode tocar os pés dele de novo ou pode ficar com raiva e golpeá-lo, mas dê uma conclusão. Deixe que todo o processo se conclua.

Retroceda no tempo. Toda noite antes de dormir, durante uma hora, volte ao passado e reviva... Muitas memórias pouco a pouco vão aflorar. Em muitos casos, você ficará surpreso ao perceber que não estava consciente de que essas memórias existiam, e tão vivas e nítidas, como se as situações tivessem acabado de acontecer! Você voltará a ser criança, a ser um jovem, a ser um namorado; muitas coisas lhe ocorrerão. Avance bem devagar, até que tudo chegue a uma conclusão.

A sua montanha ficará cada dia menor — a montanha é o seu fardo — e quanto menor ela ficar, mais livre você se sentirá. Uma certa sensação de liberdade invadirá você, assim como uma vivacidade. Interiormente, você se sentirá como se tivesse tocado uma fonte de vida.

Você estará sempre animado. Até as outras pessoas sentirão que o seu jeito de andar mudou; ele se parece com uma dança. O seu toque mudou. Não é mais o toque de uma mão morta, ele se tornou vivo outra vez. Agora a vida está fluindo, pois os bloqueios desapareceram. Agora não existe mais raiva na mão; o amor pode fluir facilmente, descontaminado e em sua total pureza. Você ficará mais sensível, vulnerável e aberto.

Se você aceitar o passado, sentirá de repente que você está aqui e agora no presente, pois não há mais necessidade de retroceder no tempo várias e várias vezes.

Menos e menos memórias aflorarão à medida que o tempo passa. Haverá lacunas, você gostaria de reviver algo, mas nada aflora na memória, e essas lacunas são belas. Então chegará um dia em que você não conseguirá mais voltar ao passado, pois tudo estará completo. Quando você não conseguir mais voltar no tempo, e só então, siga em frente. Conclua o passado. Quando ficar mais livre do passado, a montanha começará a desaparecer. E então você atingirá um uníssono; você se tornará, pouco a pouco, um só ser.

Aaaahhh!

Use a sua respiração como uma consciência da vida e da morte, simultaneamente.

A expiração é associada com a morte. A inspiração é associada com a vida. Cada vez que o ar sai dos pulmões, você morre e, cada vez que ele entra, você renasce. A vida e a morte não são duas coisas separadas, divididas; elas são uma coisa só. E, a todo momento, ambas estão presentes.

Então lembre-se: quando expirar, sinta como se estivesse morrendo. Não tenha medo. Se tiver, a respiração ficará desregulada. Aceite que a expiração é a morte. E a morte é bela; é relaxante.

Quando estiver relaxado, diga "Aaaahhh" e expire. Sinta um relaxamento profundo com a expiração. Quando inspirar, sinta, "Aaaahhh! A vida está me invadindo" — você renasce. Faça disso um ciclo: vida e morte. Entre nesse ciclo e fique consciente dele. Trata-se de uma limpeza profunda. A cada expiração, morra e, a cada inspiração, renasça. A respiração para fora é morte. Morra, como se estivesse mesmo morrendo. A respiração para dentro é vida. Sinta como se estivesse renascendo. O dia todo, vinte e quatro horas por dia, sempre que estiver consciente, lembre-se disso. Isso mudará totalmente a qualidade da sua mente.

Se a expiração tornar-se morte e a cada momento você morrer, o que estará acontecendo? A sua morte significará que você está morrendo para o passado; o velho homem não está mais ali. E, se você tem de morrer a todo momento, não existe futuro. O momento seguinte é morte, então você não pode se projetar na direção do futuro. Só este momento, este momento atômico, solitário, permanece com você. Até mesmo nesse momento você terá que morrer e renascer.

Pense no conceito de reencarnação não em termos de vida, mas em termos de respiração. A todo momento você estará renascendo, seguindo uma nova orientação e renovado... uma criança outra vez, sem o fardo do passado e sem se preocupar com o futuro. O momento presente é despreocupado. A preocupação só surge por causa do passado e do futuro.

Então lembre-se. E não se lembre simplesmente, pratique.

Desapareça

Existe uma meditação, uma das mais antigas, que ainda é usada em alguns mosteiros do Tibete. Ela ensina que às vezes você pode simplesmente desaparecer.

Sentado num jardim, você simplesmente começa a sentir como se estivesse desaparecendo. Simplesmente observe como o mundo fica quando você se retira dele, quando você deixa de estar presente e quando ficou completamente transparente. Procure por um segundo não existir mais. Na sua casa, aja como se você não existisse.

Imagine só, um dia você não vai mais existir. Um dia você terá partido, estará morto; o rádio continuará a tocar, a sua mulher ainda preparará o café da manhã e as crianças ainda se prepararão para ir à escola. Pense: hoje você partiu e não está mais presente. Tornou-se um fantasma.

Sentado na sua poltrona favorita, você simplesmente desaparece. Pense apenas, "Eu não tenho mais realidade, eu não existo". E veja como a casa continua. Haverá uma grande paz e silêncio. Tudo continuará como está. Sem você, tudo continuará como está. Não se perderá nada. Então para que continuar ocupado, fazendo as coisas, fazendo algo obcecado com a ação? Para quê? Você partirá e tudo o que fizer desaparecerá, como se você tivesse assinado o seu nome na areia e o vento viesse e fizesse a assinatura desaparecer e tudo terá acabado. Aja como se você nunca tivesse existido.

Trata-se de uma bela meditação. Você pode experimentar fazê-la várias vezes durante as vinte e quatro horas do dia. Basta meio segundo. Por meio segundo, simplesmente pare: você não existe e o mundo continua. À medida que você se tornar mais e mais alerta de que, sem você, o mundo continuará perfeitamente bem, você conseguirá conhecer outra parte do seu ser que tem sido negligenciada há muito tempo, há muitas vidas — e esse é o modo receptivo. Você simplesmente permite e se torna uma porta. As coisas começam a acontecer sem você.

É a isso que Buda se refere quando diz: seja como um tronco à deriva. Siga a corrente como um tronco e, para onde quer que a corrente o levar, deixe que ela o conduza; você não faz nenhum esforço.

A meditação do OM

Quando for dormir hoje à noite e todas as noites a partir de hoje, antes de cair no sono, apague a luz, sente-se na cama, feche os olhos e expire profundamente pela boca produzindo o som "O" — "Ooooooo". Continue expirando com esse som, tão profundamente quanto possível. A sua barriga se contrai, o ar sai e você continua produzindo o som. Lembre-se, não estou dizendo "Om", mas simplesmente "O". Ele se transformará em "Om" naturalmente. Você não precisa dizer "Om", pois ele não seria verdadeiro. Você simplesmente produz o som "O". Quando o som ficar mais harmonioso e você estiver gostando de produzi-lo, você se dará conta de que ele se transformou espontaneamente em "Om", mas não o force a se transformar; senão ele não será verdadeiro. Depois que ele se transformar espontaneamente em "Om", haverá algo vibrando dentro de você. E esse som de "Om" é o som mais profundo que existe, o mais harmonioso e o mais básico.

Quando esse som acontecer e você estiver apreciando, fluindo com a música, todo o seu corpo e o seu cérebro relaxarão. Com o som "Om", você continuará relaxando e o seu sono terá um caráter diferente, totalmente diferente. E o seu sono precisa ser transformado. Só assim você poderá ficar mais alerta e consciente.

À noite, apague a luz, sente-se na cama e expire o mais profundamente possível pela boca, enquanto produz o som "O". Quando tiver expirado todo o ar e sentir que a expiração não é mais possível, pois todo o ar saiu, pare por um instante. Não inspire nem expire. Pare. Nessa parada, você é o divino. Nessa parada, você não está fazendo nada, nem mesmo respirando. Nessa parada, você é o oceano.

Simplesmente lembre-se de parar por um instante e de ser uma testemunha, só olhando o que acontece. Tome consciência de onde você está: testemunhando toda a situação que se desenrola nesse único momento de parada. O tempo não existe mais, pois o tempo segue a respiração; a respiração é o processo do tempo. Graças à respiração, você sente o tempo passando. Quando não respira, você é simplesmente como uma pessoa morta. O tempo parou, não existe mais nenhum processo. Tudo parou... como se toda a existência tivesse parado com você. Nessa parada, você pode tomar consciência da fonte mais profunda do seu ser e da sua energia. Portanto, por um único instante, pare. Depois inspire pelo nariz, sem fazer nenhum esforço.

Lembre-se, esforce-se ao máximo para expirar, mas não faça nenhum esforço para inspirar; deixe simplesmente que o corpo inspire. Você simplesmente relaxa o seu controle e deixa que o corpo faça a inspiração. Você não faz nada. Isso também é muito belo e faz maravilhas. Você expira e pára por um momento; depois deixa que o corpo inspire. Você não faz nenhum esforço para inspirar; simplesmente observa o corpo fazendo a inspiração. E, enquanto observa o corpo inspirando, você sentirá um profundo silêncio à sua volta, pois você agora sabe que o seu esforço não é necessário para a vida. A vida respira por si mesma. Ela segue por si mesma, em causa própria. Ela é um rio; você apressa o rio desnecessariamente. Você verá que o corpo está inspirando. O seu esforço é desnecessário, o seu ego é desnecessário — você é desnecessário. Você passa a ser simplesmente um observador; você simplesmente vê o seu corpo inspirando. Um profundo silêncio é sentido. Quando o corpo tiver enchido os pulmões de ar, pare mais uma vez por um instante. Volte a observar.

Esses dois momentos são totalmente diferentes. Quando tiver expirado completamente e parado, essa parada será como a morte. Quando inspira totalmente e depois pára, essa parada é o clímax da vida. Esse momento é um momento de vida: o clímax da energia; o poder ou biopoder no seu auge. Sinta isso e sinta ambos. É por isso que eu digo para parar duas vezes: quando tiver expirado e quando tiver inspirado, assim você pode sentir ambos, a vida e a morte, de modo que possa observar a vida e a morte.

Depois que você souber o que é a vida e o que é a morte, você transcende ambas. A testemunha não é nem vida nem morte. A testemunha nunca nasce nem nunca morre; só o corpo, o mecanismo. Você se torna o terceiro elemento.

Vida/Morte

À noite, antes de ir dormir, faça esta meditação de quinze minutos. Trata-se da meditação da morte.

Deite-se e relaxe o corpo. Sinta como se estivesse morrendo, sem poder mexer o corpo, porque você está morto. Apenas crie a sensação de que você está sumindo do seu corpo. Faça isso durante dez ou quinze minutos e, dentro de uma semana, você conseguirá. Medite desse modo e depois caia no sono. Não interrompa o processo. Deixe que a meditação se transforme em sono e, se o sono dominar você, deixe.

Pela manhã, no momento em que sentir que está acordado, não abra os olhos; faça a meditação da vida. Sinta que você está ficando cada vez mais vivo, que a vida está voltando e todo o seu corpo está cheio de vitalidade e de energia. Comece a se mexer na cama com os olhos fechados. Sinta simplesmente que a vida está voltando a fluir em você. Sinta que o corpo está cheio de energia fluindo, exatamente o oposto da meditação da morte. Então faça a meditação da morte à noite, antes de cair no sono, e a meditação da vida um pouco antes de se levantar da cama.

Com a meditação da vida, você pode fazer algumas inspirações profundas. Sinta-se cheio de energia... a vida está começando a fluir junto com a respiração. Sinta-se pleno e muito feliz, vivo. Depois de quinze minutos, levante-se da cama.

Essas duas meditações, a da vida e a da morte, vão ajudar você imensamente.

A Experiência do Eu Além do Corpo

Durante meia hora, todos os dias, concentre-se em desviar a sua força vital para o seu ser interior. Se você fizer com que a sua mente mergulhe dentro de você e submerja ali, enquanto você recolhe a sua energia para dentro, você conseguirá o que deseja. Mas essa técnica requer constância, prática diária. Chegará um momento em que você perceberá que a sua energia vital começou a se voltar para dentro. Sentirá que o seu corpo físico afrouxou seus grilhões sobre você e está mais separado.

Se seguir essa técnica sem interrupções durante três meses, chegará um dia em que você perceberá que o seu corpo está deitado fora de você, separado de você. Você poderá ver isso. A princípio, você percebe isso a partir de dentro, mas com a prática, depois que criar mais coragem, você conseguirá trazer o seu espírito interior para fora e conseguirá ver de fora o seu próprio corpo deitado ao lado, totalmente separado de você.

Conhecer o seu corpo de uma perspectiva interior é como conhecer um mundo totalmente diferente, mundo do qual você nunca teve nenhum conhecimento ou informação. A medicina não sabe absolutamente nada a respeito desse corpo interior, nem jamais será capaz de investigá-lo.

Depois que você se conscientiza totalmente de que o seu interior é diferente do seu corpo externo, a morte deixa de existir. Quando não existe morte, a pessoa consegue deixar facilmente a concha do corpo e ver as coisas como um espectador indiferente.

Meditação da Luz Azul

À noite, antes de dormir, deite-se, apague a luz e comece a sentir que está morrendo. Relaxe o corpo e sinta que você está morrendo, a ponto de não conseguir nem mesmo mexer o corpo. Nem se quisesse mexer a mão, você não conseguiria. Continue sentindo que está morrendo; durante uns quatro ou cinco minutos, sinta que está morrendo e que o corpo está morto.

Essa experiência de cinco minutos de morrer fará você sentir uma qualidade de vida completamente diferente. O corpo está quase morto, ele é um cadáver, mas você está mais vivo do que nunca! E, quando o corpo está morto, a mente, pouco a pouco, vai parando, pois todo o pensamento está associado à vida. Quando você está morto, a mente começa a parar. Depois de dois ou três meses, você conseguirá morrer em cinco minutos. O corpo ficará morto e você será apenas pura consciência, uma consciência luminosa... algo como uma luz azul, só isso. Você sentirá uma luz azul próxima do terceiro olho, uma pequena chama azul. Essa é a forma mais pura de vida. E, quando essa chama azul começar a ser percebida ali, simplesmente caia no sono.

Toda a sua noite será transformada numa meditação da morte e, pela manhã, você se sentirá extremamente vivo, mais do que jamais se sentiu — tão jovem, revigorado e cheio de ânimo que você poderia dar essa energia para o mundo inteiro. Você se sentirá tão abençoado que poderia abençoar o mundo inteiro.

Essa meditação da morte fará com que você tome consciência de que a morte é uma ilusão. Ela não acontece na verdade. Ninguém jamais morreu e ninguém jamais morrerá realmente. Pelo fato de estarmos apegados demais ao corpo, tem-se a impressão da morte. Pelo fato de pensarmos que o corpo é a nossa vida, nós a achamos terrível.

Essa é uma das melhores preparações para a morte. No dia em que a morte vier, antes que ela venha, você já estará pronto, estará pronto para morrer!

Flutuar, Desintegrar-se, Ficar no Estado de Aceitação do que é

Sente-se sozinho ou junto de outras pessoas, mas sem encostar nelas. Feche os olhos lentamente e solte o corpo. Relaxe completamente de modo que não haja nenhuma tensão no corpo.

Agora imagine que um rio esteja correndo muito rápido, ruidosamente e com tremenda força, entre duas montanhas. Observe o rio e mergulhe nele, sem nadar. Deixe que o seu corpo flutue sem fazer nenhum movimento. Agora você está seguindo com o rio, apenas flutuando. Não há nada a atingir, nenhum destino, por isso não há necessidade de nadar. Sinta-se como uma folha morta flutuando solta pelo rio. Sinta essa experiência com tamanha nitidez a ponto de saber o que significa "rendição", "entrega total".

Se você descobriu como flutuar, agora descubra como morrer e como se dissolver completamente. Deixe os olhos fechados, o corpo solto e relaxe completamente.

Observe uma pira funerária queimando. Uma pilha de lenha está pegando fogo e as labaredas parecem subir até o céu. Lembre-se de mais uma coisa: você não está simplesmente observando a pira queimando, você está sendo colocado sobre ela. Todos os seus amigos e familiares estão em volta dela.

É melhor viver esse momento de morte conscientemente, pois mais cedo ou mais tarde ele com certeza chegará. Com as labaredas ficando cada vez maiores, sinta que o seu corpo está queimando. Dentro de alguns instantes, o fogo se apagará por si mesmo. As pessoas se dispersarão e o cemitério ficará vazio e silencioso novamente. Sinta isso e você verá que tudo ficou silencioso e nada resta senão as cinzas. Você se desintegrou completamente.

Lembre-se dessa experiência de se desintegrar, pois a meditação também é um tipo de morte.

Mantenha os olhos fechados e relaxe completamente. Você não tem de fazer nada. Não é preciso fazer nada. Antes de você existir, as coisas já existiam como são agora e elas serão iguais até mesmo depois que você morrer.

Agora sinta que qualquer coisa que esteja acontecendo é simplesmente inevitável. Sinta a "aceitação daquilo que é" com relação ao que está acontecendo. As coisas são o que são; só poderiam ser desse modo. Não existe outra possibilidade, então para que resistir? A aceitação daquilo que é significa não-resistência. Não existe expectativa de que as coisas sejam de outra forma. A grama é verde, o céu é azul, as ondas do oceano quebram, os pássaros cantam, os corvos estão cantando... Nenhuma resistência parte de você, pois a vida é o que é. De repente uma transformação acontece. O que era normalmente considerado uma perturbação agora parece confortante. Você não é contra nada; você está feliz com o jeito como as coisas são.

A primeira coisa que você fez foi flutuar em vez de nadar no oceano da existência. A pessoa disposta a flutuar, o rio leva para o oceano. Se você não resistir, a própria vida leva você para o que está além dela.

Em segundo lugar, você teve de se desintegrar em vez de se salvar da morte. O que nós queremos salvar certamente vai morrer e o que existirá eternamente existirá sem que precisemos nos esforçar. A pessoa que está pronta para morrer é capaz de abrir as portas para receber o divino. Mas, se continuar mantendo as portas fechadas por causa do medo da morte, você fará isso à custa de não atingir o transcendental. Meditar é morrer.

A última coisa que você tinha de sentir era a "aceitação daquilo que é". Só a aceitação tanto das flores quanto dos espinhos pode lhe trazer paz. A paz, afinal de contas, é o fruto da total aceitação. A paz só existirá para aquele que está pronto para aceitar até mesmo a ausência da paz.

Então feche os olhos, deixe o corpo solto e sinta como se não houvesse vida no seu corpo. Sinta como se o seu corpo estivesse relaxando. Continue sentindo isso e, dentro de pouco tempo, você saberá que não é o mestre do corpo. Todas as células e todos os nervos do seu corpo se sentirão relaxados — como se o corpo não existisse. Deixe o corpo sozinho como se ele estivesse flutuando num rio. Deixe que o rio da vida leve você para qualquer lugar que ele queira e flutue em suas águas como se fosse uma folha seca.

Agora sinta a sua respiração aos poucos ficando mais silenciosa e tranqüila. À medida que a sua respiração vai ficando mais silenciosa, você sentirá que está se desintegrando. Sentirá como se estivesse na pira funerária e queimasse completamente. Não restará nem sequer cinzas.

Agora sinta o som dos pássaros, os raios do sol, as ondas do mar e seja uma testemunha de tudo isso, receptiva e, mesmo assim, consciente e atenta. O corpo está relaxado, a respiração está silenciosa e você está num estado de "aceitação daquilo que é"; você é só uma testemunha de tudo isso.

Aos poucos você sentirá uma transformação interior e então, de repente, algo ficará silencioso dentro de você. A mente ficará silenciosa e vazia. Sinta isso; seja uma testemunha disso e viva essa experiência. O rio levou embora o seu corpo flutuante, a pira o queimou e você é uma testemunha disso. Nesse vazio, um sentimento de bem-aventurança surge, o que chamamos de divindade.

Respire lentamente, duas ou três vezes agora, e a cada respiração você vai sentir mais vigor, mais paz e um prazer jubiloso.

Agora abra os olhos devagar e saia do estado de meditação.

Sentir como se Você Estivesse Morrendo

A técnica de Raman Maharshi é muito fácil. Ele só diz isto: aprenda a morrer. E, quando tiver aprendido isso, você descobrirá, no momento da morte, que existe algo dentro de você que não morre. A sua consciência não morre. O corpo ficará deitado ali, absolutamente sem vida, mas você estará completamente alerta, cheio de vida. Você nunca se sentiu alerta, vivo desse jeito, porque até hoje você viveu como se você e o seu corpo fossem uma coisa só; até agora todo o fardo do corpo pesa sobre você. Mas agora o corpo jaz ali morto e não existe mais nenhum fardo. Agora você está livre para voar pelo céu.

Se você praticar o morrer durante alguns dias, ficando deitado por um tempo diariamente e deixando que o corpo fique como se estivesse morto, você conseguirá fazer esta meditação. Você só tem de se lembrar de uma coisa: que o corpo agora está morto e que ele é só um cadáver. Ele não se agitará mais nem será perturbado; um cadáver não se mexe. Suponha que uma formiga morda você. O que você fará? Você deitado ali morto e uma formiga mordendo você. Você só deve observar.

Se você conseguir ficar deitado ali como se estivesse morto, se conseguir ficar ali sem se mexer durante algum tempo todos os dias, de repente um dia a coisa acontece. O relacionamento entre você e o corpo é estilhaçado; a consciência e o corpo se separaram um do outro. Se continuar afastado e indiferente, você verá o corpo ao seu lado. Uma distância infinita surge então, sem que haja nenhuma ponte entre vocês dois. Agora a morte deixa de existir. Agora você conheceu a morte e ela desapareceu para sempre.

O Imortal

Esta técnica é muito útil para proporcionar uma visão de fora, que transforma toda a sua consciência e toda a sua vida, pois, quando consegue ter uma visão de fora, você imediatamente se diferencia do mundo.

A falsa identidade segundo a qual "eu sou o meu corpo" só existe porque olhamos o nosso corpo a partir de fora. Se você conseguir olhar a partir de dentro, o observador fica diferente. Depois que você aprende a se distanciar, descobre que está separado do corpo, você fica livre de um grande cativeiro. Você deixa de exercer atração gravitacional; deixa de ter limitação. Você fica absolutamente livre. Pode sair do corpo, pode ir e vir. E o seu corpo passa a ser apenas um abrigo.

Feche os olhos, veja o seu ser interior em detalhes e vá passando de um membro para outro interiormente. Vá para o dedão do pé. Esqueça todo o corpo e vá para o dedão do pé. Fique ali e dê uma olhada. Depois passe para as pernas, suba e passe por cada um dos membros. Então muitas coisas acontecem. Muitas coisas.

A primeira e a parte exterior da técnica é olhar para o corpo a partir de dentro, do seu centro interior. Fique ali e dê uma olhada. Você estará separado do corpo porque o observador nunca é a coisa observada. O observador e o objeto são duas coisas diferentes.

Se conseguir ver o corpo totalmente a partir de dentro, você nunca cairá na ilusão de que você é o corpo. Você fica diferente, totalmente diferente: fica dentro dele, mas não é ele; fica no corpo, mas não é o corpo. Essa é a primeira parte. Depois você se move; fica livre para se mover.

Depois que fica livre do corpo, livre da identidade, você fica livre para se mover. Agora você pode passar para a mente, mergulhar nela. Você pode passar pelas nove camadas que existem ali dentro e pelo inconsciente.

Essa é a caverna interior da mente. Se entrar nessa caverna da mente, você fica separado dela também. Você verá, então, que a mente também é um objeto para o qual você pode olhar e que aquilo que está invadindo a mente, mais uma vez, está separado e é diferente dela. Tanto o corpo quanto a mente devem ser explorados e olhados a partir de dentro. Daí você será apenas uma testemunha e nada poderá afetá-la.

Quando você tem um vislumbre disso, a coisa toda fica muito fácil e simples. Você passa a sair e a entrar sempre que quiser, assim como saísse da sua casa e depois entrasse; saísse e entrasse.

Meditação da Expiração

Sempre que alguém era iniciado pelo Buda, a primeira coisa que ele fazia era dizer à pessoa para que ela fosse até um crematório e visse um corpo sendo queimado, um corpo morto sendo queimado. Durante três meses ela não devia fazer mais nada a não ser se sentar ali e observar. Então o buscador se dirigia ao crematório da aldeia. Ele ficava ali durante três meses, dia e noite, e sempre que chegava um cadáver ele se sentava e meditava. Ele olhava para o corpo morto, depois o fogo era aceso e o corpo começava a queimar. Durante três meses ininterruptos ele não fazia outra coisa a não ser observar os corpos mortos sendo queimados.

Buda dizia, "Não pense a respeito. Só olhe". É difícil que não lhe ocorra o pensamento de que, mais cedo ou mais tarde, será o seu corpo que estará ali queimando. Três meses é um longo período e, continuamente, dia e noite, sempre que houvesse um corpo para ser queimado, o buscador ficava meditando. Mais cedo ou mais tarde ele começaria a ver o seu próprio corpo queimando na pira funerária. Ele começaria a ver ele próprio sendo queimado.

Será muito útil se você concordar em praticar essa técnica de ir a um crematório. Observe — não durante três meses —, mas pelo menos observe um corpo sendo queimado. Observe-o e depois você conseguirá praticar essa técnica facilmente consigo mesmo. Não pense; simplesmente observe o fenômeno e o que está acontecendo.

As pessoas costumam mandar incinerar o corpo de seus familiares, mas nunca observam. Elas começam a conversar sobre outras coisas ou discutir e argumentar sobre a morte. Elas fazem muitas coisas. Conversam sobre muitas coisas e fazem fofocas, mas nunca observam. Elas deviam fazer uma meditação. Deveria ser proibido conversar ali, pois trata-se de uma experiência rara essa de ver o corpo de um ente querido sendo queimado. Você acabará sentindo como se também estivesse queimando ali. Se vir a sua mãe sendo queimada, ou o seu pai, ou a sua mulher, ou o seu marido, você fica propenso a ver a si mesmo queimando no fogo. Essa experiência será útil para esta técnica.

Nós temos medo da morte. Na verdade, você não tem medo da morte; o medo é de outra coisa. Você nunca viveu de fato, isso é que causa o medo da morte.

Se quiser explorar esta técnica, você precisa ficar consciente desse medo profundo, ele tem de ser descartado e purgado; só então você poderá praticar essa técnica.

Isto ajudará: preste mais atenção na expiração. Na verdade, se você puser toda a sua atenção na expiração e esquecer a inspiração... Não tenha medo de morrer; você não vai; o corpo inspirará por conta própria. O corpo tem a sua própria sabedoria; se você expirar profundamente, o corpo inspirará profundamente por si mesmo. Você não precisa interferir. Depois um relaxamento profundo se espalhará por toda a sua consciência. O dia todo você se sentirá relaxado e um silêncio interior surgirá.

Você pode aprofundar ainda mais esse sentimento se fizer outra experiência. Durante quinze minutos por dia apenas, expire profundamente. Sente-se numa cadeira ou no chão e expire profundamente. Enquanto expira, feche os olhos. Quando o ar sair dos pulmões, você entra. Depois deixe que o corpo inspire e, quando o ar entrar, abra os olhos e saia. Trata-se simplesmente do inverso: quando o ar sai, você entra; quando o ar entra, você sai.

Quando você expira, um espaço é criado interiormente, porque respiração é vida. Quando expira profundamente, você fica vazio; a vida se vai. Num certo sentido, você está morto, por um momento você está morto. O silêncio de morte penetra interiormente. O ar está se movendo para fora; você fecha os olhos e vai para dentro. O espaço existe e você pode se mover com facilidade.

Lembre-se de que, ao inspirar, é muito difícil se mover para dentro, pois não há nenhum espaço onde se mover. Enquanto expira, você pode se mover para dentro. Quando o ar entra, você sai; abre os olhos e vai para fora. Crie um ritmo entre essas duas etapas. Em quinze minutos você se sentirá profundamente relaxado e estará pronto para praticar esta técnica.

Antes de praticá-la, faça isso durante quinze minutos, de modo que fique pronto — não só pronto como receptivo, aberto. O medo da morte terá desaparecido, pois a morte passa a parecer um relaxamento, parece um profundo descanso. A morte não parece mais antagonizar a vida, a própria fonte da vida e a sua própria energia. A vida é apenas como as ondulações na superfície de um lago e a morte é o próprio lago. Mesmo quando não há ondulações, o lago está ali. E o lago pode existir sem as ondulações, mas as ondulações não podem existir sem o lago. A vida não pode existir sem a morte. A morte pode existir sem a vida, pois ela é a fonte. Depois disso você pode praticar esta técnica.

O Corpo Queimando

Deite-se. Primeiro imagine-se morto; o corpo fica como se fosse um cadáver. Deite-se e depois concentre-se nos dedos dos pés. Com os olhos fechados, vá para dentro. Leve a atenção para os dedos dos pés e deixe que o fogo que está surgindo ali comece a subir; tudo está queimando. À medida que o fogo sobe, o seu corpo vai desaparecendo. Comece do dedão dos pés e vá subindo.

Por que começar pelos dedos dos pés? Será mais fácil, pois os dedos dos pés estão mais distantes do seu "Eu", do seu ego. O seu ego existe na cabeça. Você não pode começar pela cabeça; seria muito difícil, então comece do ponto mais distante. Os dedos dos pés são o ponto mais distante do ego. Comece o fogo a partir dali. Sinta que os seus dedos dos pés estão queimando, só restam cinzas, e depois suba lentamente, queimando tudo o que é atingido pelo fogo. Todas as partes, as pernas e as coxas vão desaparecendo.

Continue vendo-as se transformar em cinzas. O fogo está subindo e as partes por onde ele passa deixam de existir. Elas se transformam em cinzas. Continue subindo até que a cabeça finalmente seja atingida pelo fogo e também vire cinzas. Tudo se transformou... pó sobre pó... até que o corpo todo queime até se transformar em cinzas, não você. Você permanece como um observador na colina. O corpo não está mais ali, ele está morto, queimado, transformado em cinzas; e você será o observador, será a testemunha. Essa testemunha não tem ego.

Esta técnica é muito boa para se alcançar o estado de ausência de ego. Ela é só um método para separar você do corpo, só para criar uma distância entre você e o corpo, só para você ficar alguns instantes fora do corpo. Se conseguir fazer isso, então você pode continuar no corpo e, mesmo assim, não estar lá. Você pode continuar a viver como sempre viveu, mas você não será mais o mesmo.

Esta técnica durará pelo menos três meses. Continue praticando. Não vai acontecer de um dia para outro, mas, se você continuar tentando diariamente, durante uma hora, em três meses, chegará uma hora em que a sua imaginação conseguirá criar uma distância. Você realmente verá o corpo virando cinzas. Aí você poderá observar.

A técnica parece simples, mas ela pode lhe proporcionar uma mutação profunda. Mas primeiro vá e medite sobre os crematórios, sobre as sepulturas, de modo que você possa ver o corpo queimando e se transformando em pó novamente, assim ficará mais fácil imaginar. Depois comece dos dedos dos pés e vá subindo bem lentamente.

Antes de praticar esta técnica, preste atenção na expiração. Um pouco antes de praticá-la, durante quinze minutos expire e feche os olhos; deixe que o corpo inspire e abra os olhos. Durante quinze minutos, sinta um profundo relaxamento e depois comece a praticar a técnica.

O Mundo Queimando

Se você conseguir praticar a meditação anterior, a segunda será bem fácil. Se conseguir imaginar que o seu corpo está queimando, não será difícil imaginar que o mundo todo está queimando —, pois o seu corpo é o mundo e, por meio dele, você se relaciona com o mundo. Na verdade, você só se relaciona com o mundo por causa do seu corpo; o mundo é a extensão do seu corpo. Se você consegue imaginar que o corpo está queimando, não haverá dificuldade em imaginar com o mundo todo.

Mas, se você achar a primeira meditação muito difícil, pode começar pela segunda. A segunda é muito fácil se você conseguir fazer a primeira. Não há nem mesmo a necessidade de fazer a segunda caso tenha feito a primeira. Junto com o seu corpo, tudo desaparece automaticamente. Mas você também pode começar pela segunda, se a primeira for muito difícil.

Eu disse para começar com os dedos dos pés porque eles estão bem afastados da cabeça, do ego, mas você pode não querer começar nem mesmo pelos dedos dos pés. Então distancie-se um pouco mais e comece com o mundo, depois vá se aproximando cada vez mais de si mesmo. Comece com o mundo e então vá chegando mais perto. E, quando o mundo todo estiver queimando, você achará mais fácil queimar a si mesmo nesse mundo em chamas.

Se conseguir ver o mundo todo queimando, você terá ficado acima do humano e se tornado sobre-humano. Terá conhecido a consciência sobre-humana. Você pode imaginá-la, mas antes é necessário um treinamento. A nossa imaginação não é treinada. Ela é muito destreinada porque não existe escola para a imaginação. O intelecto é treinado; existem escolas e colégios e passamos uma grande parte da vida treinando o intelecto. A imaginação não é treinada e ela própria tem uma dimensão admirável. Se você treinar a imaginação, pode fazer maravilhas por meio dela.

Comece com coisas pequenas, pois é difícil saltar diretamente para coisas maiores e você pode não conseguir. Por exemplo, imaginar que o mundo todo está queimando — você pode não conseguir ir a fundo. Primeiro, você sabe que tudo não passa de imaginação e, mesmo na sua imaginação, você acha que as chamas estão em todo lugar; você sentirá que o mundo não foi queimado, que ele ainda existe, pois tudo se passou apenas na sua imaginação. Você não sabe como a sua imaginação pode ser real. Você tem de sentir isso primeiro.

Tente fazer um experimento simples antes de praticar essa técnica. Junte as mãos, feche os olhos e imagine que você não consegue mais afastá-las. Elas estão mortas. Elas estão coladas e você não pode fazer nada para que desgrudem uma da outra. No começo, você sentirá que está só imaginando e que pode afastá-las. Mas, durante dez minutos, continue pensando que não pode fazer com que se separem, que não pode fazer nada, as mãos não se afastarão. Depois de dez minutos, tente separá-las.

Quatro entre dez pessoas, ou seja, quarenta por cento, terão sucesso na mesma hora: depois de dez minutos elas não conseguirão abrir as mãos. O que era pura imaginação tornou-se real. Não importa o quanto se esforcem... e, quanto mais se esforçarem para separar as mãos, mais difícil ficará. Elas começarão a transpirar. Você está olhando para as suas próprias mãos e não consegue separá-las! Elas estão grudadas.

Mas não tenha receio. Basta fechar os olhos novamente e imaginar que agora pode separá-las; só então você conseguirá. Quarenta por cento das pessoas conseguirão de imediato. Esses quarenta por cento conseguem praticar essa técnica com facilidade; não há problemas para elas.

Os outros sessenta por cento das pessoas encontrarão dificuldade e levarão mais tempo. Treine um pouco a sua imaginação e essa técnica será extremamente útil.

PARTE QUATRO

A HORA DE DIZER ADEUS: IDÉIAS PARA PESSOAS COM PARENTES OU AMIGOS À BEIRA DA MORTE

Se você conseguir transformar a morte num momento de celebração, você ajudará o seu amigo, a sua mãe, o seu pai, a sua mulher ou o seu marido. Você concederá a eles a maior dádiva possível na vida.

1. A GRANDE REVELAÇÃO

O momento da morte de alguém que você ama muito faz com que você pense na sua própria morte. O momento da morte é uma grande revelação. Ela faz com que você se sinta impotente e desamparado. Faz com que sinta que você não existe. A ilusão do existir desaparece.

Qualquer um fica abalado, pois de repente você não sente o chão sob os seus pés. Você não pode fazer nada. Alguém que você ama está morrendo, você gostaria de dar a sua vida, mas não pode. Nada pode ser feito; a pessoa simplesmente espera na mais profunda impotência.

Esse momento pode fazer com que você fique deprimido. Pode deixá-lo triste ou transportá-lo para uma grande jornada rumo à verdade; uma grande jornada de busca. Que vida é esta? Se a morte chega e a arrebata de você, que vida é esta? Que significado ela tem se ficamos tão impotentes diante da morte. E lembre-se, todo mundo um dia estará num leito de morte. Depois de nascer, todo mundo um dia estará num leito de morte. Não há escapatória. Todos os leitos são leitos de morte, pois, depois que se nasce, a única certeza é a de que a morte virá.

Todo dia alguém morre: uma pessoa amanhã e outra depois de amanhã; que diferença faz? O tempo não faz muita diferença. O tempo só pode criar uma ilusão de vida, mas a vida que acaba na morte não é e não pode ser a vida verdadeira. Ela tem de ser um sonho.

A vida só é autêntica quando é eterna. Do contrário que diferença há entre um sonho e o que você chama de vida? À noite, durante o sono profundo, o sonho é tão verdadeiro quanto qualquer outra coisa; é tão real, até mais real, do que o que você vê de olhos abertos. Pela manhã, o sonho se desvanece sem deixar traço. Pela manhã, quando acorda, você vê que tudo não passou de um sonho, não era realidade. Esta vida de sonho dura alguns anos, mas de repente a pessoa acorda e descobre que toda a vida dela foi um sonho.

A morte é uma grande revelação. Se não houvesse morte, não haveria religião. É por causa da morte que a religião existe. É por causa da morte que Buda nasceu. Todos os budas nasceram por causa da realização da morte.

Quando você se senta ao lado de uma pessoa que está morrendo, você sente pesar por si mesmo. Vocês estão no mesmo barco, na mesma situação difícil. A morte baterá na sua porta algum dia. Esteja pronto. Antes que ela bata, volte para casa. Você não deve ser pego de surpresa, do contrário, toda a sua vida desaparece como um sonho e você é deixado ali, na maior pobreza, numa pobreza interior.

A vida, a vida de verdade, nunca morre. Então quem morre? Você morre. O "Eu" morre, o ego morre. O ego faz parte da morte; a vida não. Portanto, se você conseguir ficar destituído de ego, a morte não existirá mais para você. Se você conseguir se livrar do ego conscientemente, você vence a morte. Se ficar realmente consciente, você consegue se livrar da morte num único golpe. Se não ficar tão consciente, você terá de se livrar dela aos poucos. Só depende de você. Mas uma coisa é certa: o ego tem de ser descartado. Com a dissolução do ego, a morte desaparece. Quando o ego é suprimido, a morte também é.

Não fique triste diante de uma pessoa morrendo, fique triste por si mesmo. Deixe que a morte envolva você. Sinta-lhe o sabor. Sinta-se desamparado, impotente. Quem está se sentindo desamparado e impotente? O ego, pois você vê que não pode fazer nada. Você gostaria de ajudar a pessoa e não pode. Você gostaria que ela sobrevivesse, mas não pode fazer nada.

Sinta essa impotência tão profundamente quanto possível e desse desamparo nascerá uma consciência, um estado de espírito reverente e uma meditação. Aproveite a morte da pessoa, ela é uma oportunidade. Use tudo como uma oportunidade.

Fique ao lado dela. Sente-se em silêncio e medite. Deixe que a morte seja um sinal para você, de modo que pare de perder tempo na vida. O mesmo vai-lhe acontecer.

★

Se conseguir transformar a morte num momento de celebração, você ajudará o seu amigo, a sua mãe, o seu pai, a sua mulher ou o seu marido. Você concederá a eles a maior dádiva possível na vida. E perto da morte é muito fácil. A criança não está preocupada nem com a vida nem com a morte; ela não tem nenhuma preocupação. O jovem está ocupado demais com jogos biológicos, ambições, enriquecimento, conquista de poder e de prestígio; ele não tem tempo para pensar nas questões eternas.

Mas, no momento da morte, um pouco antes de ela acontecer, você não tem nenhuma ambição. Se é rico ou pobre, não faz diferença; se é um criminoso ou um santo, também não faz. A morte leva você para além de todas as discriminações da vida e para além de todos os jogos estúpidos da vida.

Em vez de ajudar a pessoa que está morrendo, as outras destroem esse momento de beleza. Trata-se do momento mais precioso de toda a vida de um ser humano. Mesmo que ele tenha vivido cem anos, esse é o momento mais precioso que ele tem. Mas as pessoas começam a chorar, a lamentar e a mostrar simpatia, dizendo, "É cedo demais, não deveria estar acontecendo agora". Ou elas começam a consolar a pessoa, dizendo, "Não se preocupe, os médicos disseram que você vai sair desta".

Isso é tudo bobagem. Até os médicos entram nesse jogo idiota. Eles não dizem à pessoa que ela vai morrer. Evitam o assunto; continuam dando esperanças. Eles dizem, "Não fique preocupado, você será salvo", mesmo sabendo perfeitamente bem que a pessoa vai morrer. Eles dão um consolo mentiroso, sem saber que esse é o momento em que a pessoa deveria estar plenamente consciente da morte — tão aguda e impecavelmente consciente que a pura consciência é sentida. Esse momento tem de se tornar um momento de grande vitória. Deixa de haver morte para a pessoa e passa a haver apenas vida eterna.

2. NA PRESENÇA DA MORTE

Quando a morte chega, você tem de ser muito respeitoso, pois a morte não é um fenômeno comum, ela é o mais extraordinário fenômeno deste mundo. Nada é mais misterioso do que a morte. A morte chega no próprio âmago da existência e, quando um homem está morto, você está pisando em território sagrado. Esse é o momento mais sagrado que existe. Não, curiosidades comuns não têm lugar ali. Elas são um desrespeito.

Você tem de ficar silencioso. Se conseguir ficar silencioso quando a morte vier, você começa a enxergar muitas coisas, pois a morte não consiste apenas em uma pessoa parando de respirar. Muitas coisas acontecem. Quando uma pessoa morre, a aura começa a se retrair. Se ficar em silêncio você consegue senti-la, uma força energética, um campo de energia vital, diminuindo, voltando para o centro.

Quando uma criança nasce, acontece justamente o contrário. Quando ela nasce, a aura começa a se expandir a partir de um ponto perto do umbigo. Assim como acontece quando jogamos um pedregulho num lago, surgem ondulações, que começam a se espalhar cada vez mais. O nascimento de uma criança é como um pedregulho jogado num lago. Quando ela respira, o centro umbilical é atingido. O primeiro pedregulho é atirado no lago silencioso, causando ondulações que vão se espalhando.

Elas continuam a se espalhar durante toda a vida. Por volta dos trinta e cinco anos, a aura está completa, no seu apogeu. Depois ela começa a diminuir. Quando a pessoa morre, a aura volta para o umbigo. Quando chega no umbigo, ela se torna uma energia ou uma luz concentrada.

A HORA DE DIZER ADEUS

Se ficar em silêncio, você consegue senti-la e perceber algo puxando. Se se sentar perto do morto, você sentirá como se uma brisa sutil estivesse soprando na direção dele e puxando você. O morto está contraindo toda a sua vida, todo o "campo" que ele era.

Muitas coisas começam a acontecer em volta de uma pessoa morta. Se ela amou alguém profundamente, isso significa que ela deu uma parte da sua energia vital para essa pessoa. Ao morrer, essa energia volta para a pessoa que a deu. Se você morrer aqui e a pessoa que você ama morar em Hong Kong, algo a deixará no mesmo instante, pois você cedeu a ela uma parte da sua vida e essa parte voltará para você. É por isso que, quando uma pessoa amada morre, sentimos como se um pedaço de nós fosse com ela; algo em nós também morre. Uma ferida profunda, um grande vazio surge nesse momento.

Sempre que uma pessoa morre, algo naquela que a amava também morre, pois elas tinham um profundo envolvimento. E, se você amou muitas pessoas — por exemplo, se uma pessoa como Buda morre, partindo de todos os pontos do universo, a energia volta para o centro. Trata-se de um fenômeno universal, pois essa pessoa tinha relação com muitas vidas, com milhares delas, e, de toda parte, sua energia retorna. As vibrações que ele tiver deixado para muitos deixarão essas pessoas. Elas voltarão para a fonte original; vão se tornar novamente uma concentração perto do umbigo.

Se observar, você perceberá ondulações fazendo o percurso inverso e, quando elas estiverem totalmente concentradas no umbigo, você poderá sentir uma energia incrível, uma força vital incrível. Então esse centro deixa o corpo. Quando uma pessoa "morre", ela simplesmente deixa de respirar e você acha que ela está morta. Ela não está; isso leva tempo. Às vezes, se a pessoa se envolveu com milhões de vidas, leva dias para que ela morra. É por isso que os sábios, os santos, principalmente no Oriente, nunca têm seus corpos queimados.

Só os santos não são queimados; todas as outras pessoas são, o envolvimento delas não é tão grande. Em minutos a energia se acumula e elas deixam de fazer parte desta existência.

Quando a morte acontecer, fique em silêncio. Observe!

Ao redor do mundo todo, sempre que uma pessoa demonstra respeito diante de um homem morto, ela fica em silêncio durante dois minutos, sem saber por quê. Essa tradição é mantida no mundo todo. Por que silêncio? Essa tradição tem muito significado. Você pode não saber por quê, pode não ter consciência; o seu silêncio pode ser preenchido com um falatório interno ou pode ser como um ritual, isso é com você. Mas o segredo é esse. Esse não é um momento para se falar [da morte]; é um momento para se ficar com ela. Até mesmo se se tratar da morte de uma pessoa estranha.

Sempre que a morte acontecer, chegue perto, participe, deixe que ela aconteça a você. Quando o seu pai estiver morrendo, quando a respiração dele começar a ficar difícil, sinta a morte e empatia por ele. Sinta o que ele está sentindo, torne-se o seu pai e deixe que a morte aconteça a você também. Você será imensamente beneficiado. Ficará agradecido ao seu pai pela vida dele e pela morte também. Ele muito lhe deu quando estava vivo e lhe deu mais ainda quando estava morto.

Quando uma mulher estiver morrendo, quando um homem estiver morrendo, chegue mais perto. Sinta o batimento cardíaco de um amigo à beira da morte, de um ente querido, da pessoa amada. Deixe que essa experiência se torne uma experiência sua também. Muito lentamente, conhecendo a morte em seus muitos aspectos, você passará a vê-la como uma amiga, não como uma inimiga; como um grande descanso e relaxamento. Ela não é contra a vida. É só por causa da morte que a vida é possível. Sem a morte, a vida não seria possível.

Quando uma rosa estiver morrendo numa tarde, suas pétalas estiverem caindo, sente-se perto dela e medite. Sinta-se como uma flor com as pétalas caindo. Bem cedo pela manhã, quando o sol nascer e as estrelas sumirem no céu, sinta como se estivesse sumindo junto com elas. E, quando o sol tiver nascido e as gotas de orvalho na grama começarem a evaporar, sinta-se evaporando como elas. Sinta a morte das mais variadas maneiras possíveis. Torne-se a grande experiência da morte.

3. RESPOSTAS A PERGUNTAS

Acabei de saber que o meu pai tem câncer e que ele ainda não recebeu a notícia de que talvez não tenha muito tempo de vida. Na sua opinião, é melhor que a pessoa saiba ou não?

Os psicólogos começaram a perceber, e os médicos também, que o ser humano vive até os setenta anos não porque exista um limite de vida, mas porque durante milhares de anos dizem que o homem vive até os setenta anos. Essa é uma auto-hipnose: sessenta mais dez, a idéia bíblica. Nos tempos bíblicos, repetia-se muito que o homem vivia sessenta mais dez; setenta anos era a regra. Portanto, na época em que tinha cinqüenta anos, a pessoa começava a achar que a morte estava chegando. Na época em que tinha sessenta e um, ela sentia, "Agora estou quase à beira da morte"; na época em que fazia setenta, ela estava pronta. Essa é a repetição de uma idéia. Repetida continuamente durante milhares de anos, essa idéia adquiriu uma grande força — trata-se de uma auto-hipnose — e o homem morre. Pesquisas modernas mostram que o homem não precisa morrer necessariamente aos setenta anos; na verdade, não existe um limite para a vida. Ele pode viver cento e cinqüenta anos, duzentos anos ou até mais, se conseguir superar essa auto-hipnose.

Portanto, é melhor dizer à pessoa a verdade. Isso pode quebrar o seu padrão vital e mudar todo o seu estilo de vida.

Eu ouvi falar de um homem que ia morrer; os médicos deram a ele no máximo seis meses de vida. Ele era muito rico, mas muito infeliz e nunca vivera de fato. Ele estava sempre pensando em fazer amor com uma mulher, em comprar um carro, mas nunca fizera nada disso; continuava dirigindo seu velho Ford. Ele era, na verdade, miserável, pois pensava mil vezes antes de gastar um centavo. Mas agora ele só tinha seis meses de vida, então pensou, "O que vou fazer?"

Resolveu comprar todas as belas roupas que podia, todas feitas sob medida. Comprou todos os carros bonitos que havia no mercado; não apenas um, todos! E começou a fazer sexo com todas as mulheres que cruzavam o seu caminho. Ele sempre quisera dar uma volta ao mundo e foi isso mesmo o que ele fez. Ele fez tudo o que tinha vontade e começou a se divertir.

Esqueceu-se da vida porque, seis meses depois, estaria morto... e tinha dinheiro suficiente para gastar. Passados os seis meses, quando terminou a sua volta ao mundo, o câncer tinha desaparecido.

Os médicos, intrigados, diziam, "Não há nem sinal de câncer! O que aconteceu? O que você fez?"

Ele respondeu, "Eu não fiz nada! Foram vocês! Durante esses seis meses, pela primeira vez eu vivi".

O fato de viver pela primeira vez acabou com o *stress* desse homem; ele relaxou. Foi para o Himalaia, foi para a Suécia; visitou todos os lugares bonitos. Não havia mais razão para negar a si mesmo; ele satisfez todas as suas vontades. A morte estava próxima. Talvez ela chegasse em seis meses; se ele abusasse, ela poderia chegar em três meses, e daí? Que chegasse, ele só queria se divertir! Ele esticou o corpo, suas energias começaram a fluir e os bloqueios desapareceram...

Convença os médicos a contar para o seu pai. Isso não é justo, a pessoa precisa saber. Trata-se de um fato importantíssimo na vida dela; não deve ficar em segredo. É ela quem vai morrer; ela precisa saber disso.

O meu irmão está morrendo, mas as pessoas da minha família não querem nem mesmo falar a respeito, especialmente com ele. Eu acho que ele tem de saber, pois está muito doente, mas ninguém quer contar. O que eu posso fazer por ele?

Se você puder praticar a meditação Nadabrahma (capítulo 7), isso o ajudará muito a relaxar. Simplesmente mostre essa meditação a ele, pratique-a com ele, empenhe-se ao máximo nesse sentido e ele acabará reagindo profundamente a isso. Ele vai gostar de praticá-la, deitado na cama e esperando pela morte.

No Ocidente, as pessoas estão fazendo coisas simplesmente absurdas com relação à morte. Em primeiro lugar, elas não contam para a pessoa que ela vai morrer. Isso é pura tolice, porque vai fazer com que ela continue se preocupando com esta vida, achando que vai viver, e todo mundo fica fingindo que isso é verdade. Portanto, consiga um momento de silêncio em que ninguém esteja presente e simplesmente conte a ele. Pode ser um choque, mas vai ser bom, pois, depois que a pessoa sabe que vai morrer, imediatamente o interesse dela por este mundo acaba — imediatamente.

Pense nisso. Depois que você sabe que vai morrer em alguns dias, na mesma hora este mundo — o dinheiro, o banco, os negócios, isto e aquilo — fica inútil. Agora tudo isso não passa de um sonho e você já está despertando. Depois que você diz a um homem que ele vai morrer em pouco tempo, e que isso é uma certeza, num certo sentido ele já está morto e começa a pensar no futuro. Então a meditação é possível.

Se você lhe diz que ele vai viver e que está tudo bem, e os médicos, os hospitais e os parentes ficam fingindo e sorrindo, você está enganando esse homem e ele vai continuar se agarrando a coisas que são inúteis, fúteis, bobagens. Depois que souber que vai morrer, ele mesmo vai querer deixar de lado essas bobagens. No mesmo instante toda sua maneira de ver as coisas vai se transformar. Ele não fica mais aqui; ele começa a olhar o futuro, pois, quando a pessoa vai fazer uma viagem, ela começa a se preparar.

Se tem de partir amanhã, você começa a fazer as malas, pára de se preocupar com este quarto de hotel. Na verdade, você já nem está mais aqui; você só está organizando as suas roupas e as suas coisas, com a cabeça na viagem. O mesmo acontece com a pessoa quando lhe dizem que ela vai morrer, que a morte é certa, que não pode ser evitada, que ela não deve mais perder tempo, pois agora o momento decisivo chegou e ela já desperdiçou demais a vida... No mesmo instante a pessoa vira as costas para o mundo e começa a espreitar o futuro.

Nesse momento, se você comentar com ela sobre meditação, ela estará disposta a praticar, e esse pode ser um dos maiores presentes que você pode dar.

Minha avó está morrendo e eu quero saber como ajudá-la. Ela tem oitenta e dois anos e vive quase o tempo todo inquieta e assustada.

Só ensine a ela um pouco de meditação: observar a respiração. Enquanto ela está deitada na cama, sente-se ao lado e coloque a mão sobre a cabeça dela. Fique muito quieto, silencioso e meditativo. A meditação é contagiosa; se você estiver realmente meditativo, ela pode ser transferida. Então sente-se ao lado dela, fique em completo silêncio, coloque a mão sobre a cabeça dela e lhe explique que ela só deve observar a respiração. O ar entrando e saindo dos pulmões. Diga-lhe que, se ela conseguir observar o ar entrando e saindo, ficará mais consciente de que ela não é só este corpo e que também não é essa respiração. Ela é quem está observando e esse observador nunca morre; ele é imortal.

No momento em que conhecemos nosso testemunhar, somos imortais.

O jeito melhor e mais rápido de conhecê-lo é observar a respiração, pois ela é a ponte que liga o corpo e a alma. Se observa a respiração, você já está na outra margem. Observar a respiração significa que você está observando a ponte — a ponte que liga você ao corpo. O corpo é deixado para trás. Entre você e ele está a respiração e você a está observando. Como está observando, você está separado dela. Você só consegue observar uma coisa se estiver separado dela.

Portanto, se nestes últimos dias, você conseguir ajudá-la a observar, esse será o maior presente que você poderá dar a ela antes de morrer, pois assim ela poderá partir em perfeito silêncio, em profunda calma e serenidade. E esse é o jeito verdadeiro de morrer.

Existem pessoas que não sabem viver e só existem algumas poucas que sabem morrer. Essa é a maior arte que existe, pois trata-se da culminância da vida.

Se não aproveita a morte, você deixa de aproveitar toda a vida. Você é jogado de volta no útero, pois terá de aprender e passar por todo o processo outra vez. Você falhou, então tem de voltar a ter a mesma aula, até que passe de ano. O único jeito de passar é morrer de tal maneira centrado, alerta e tranqüilo que passa a não existir nenhum medo. Isso não é algo que se consiga criando coragem, não. Não dá para conseguir, não há como. A menos que você saiba que existe algo em você que é imortal, é impossível conseguir. E essa imortalidade sempre existiu; e é a sua consciência capaz de testemunhar.

Portanto, simplesmente disponha-se a ajudá-la todos os dias. Sempre que a sua avó estiver disposta, pela manhã ou à noite, sente-se ao lado dela por alguns minutos e, enquanto fica com a mão na cabeça dela, observe também a sua respiração. Na verdade, você faz o que gostaria que ela fizesse; só assim o seu estado meditativo pode ser transferido para ela, pode contagiar o seu ser.

O meu marido está morrendo por causa de um tumor no cérebro, mas ainda está consciente. Existe algo que eu possa fazer por ele?

Ajude-o a morrer num estado meditativo.

A meditação é a ponte entre a vida e a morte. É uma prática de imenso valor quando a pessoa está viva e também quando ela está morrendo. Praticada em vida, a meditação deixa a pessoa tranqüila e desapegada; ela fica no centro do ciclone. Quando a pessoa está morrendo, o ciclone atinge o seu ponto máximo. Se ela ainda conseguir ficar centrada, não haverá necessidade de nascer de novo; o objetivo da vida terá sido alcançado. Este é o objetivo: a vida toda é uma oportunidade para ficarmos agitados, ansiosos e uma oportunidade para ficarmos centrados e não nos abalarmos. A vida é o grande desafio de não nos deixarmos perturbar. Se fica perturbado, você não consegue vencê-lo. Se fica imperturbável, você consegue e sai vitorioso. O teste final é a morte.

Por isso, ajude-o simplesmente a ficar silencioso. Coloque uma música para tocar — a música clássica ajuda muito — e diga-lhe apenas para ouvir a música. Diga-lhe para observar a respiração. Para relaxar e não lutar contra a morte, pois a morte também é divina.

A mente ocidental não sabe relaxar. Ela sabe muito bem como brigar; ela é guerreira e vai continuar lutando até o fim. Até contra a morte ela vai brigar. Mesmo quando não existe mais possibilidade de brigar, ela continua aferrada aos mesmos hábitos antigos. Diga a ele para relaxar. Para deixar que a morte se apodere dele. Para dar as boas-vindas à morte; para não pensar na morte como uma inimiga, mas como uma amiga.

Fique tão feliz quanto possível ao lado dele; esse é o único jeito de dizer adeus a alguém que está morrendo. As pessoas fazem justamente o contrário: quando estão perto de alguém que está morrendo, elas ficam muito sérias, tristes, desesperadas. Elas criam uma atmosfera de escuridão. A pessoa precisa de um pouco de luz! Ela vai fazer uma longa viagem, precisa de pessoas que se despeçam dela num clima de celebração. Mas elas fazem com que tudo fique extremamente pesado. Acham que estão sendo amigas e solidárias, mas estão fazendo com que essa viagem fique mais difícil.

Ao ver a tristeza dos outros, a pessoa fica mais triste ainda. Ela começa a se agarrar à vida e a lutar desesperadamente contra a morte, achando que, se todo mundo está tão triste, é porque a morte deve ser algo bem ruim. Nem os outros que estão por perto sabem o que é a morte nem ela mesma. Esse não é um jeito muito bom de se dizer adeus.

Faça com que haja música, que haja luz e que haja risos. Cante algo, seja amorosa e ajude-o a perceber que ele está passando para um outro tipo de vida — a morte é só uma porta. São só os trajes velhos que estão sendo descartados e ele terá outros melhores. Se ele puder continuar a rir, você realmente o ajudou. Fique ao lado dele e o ajude de todas as maneiras que puder.

__Minha mulher está muito doente; os médicos não sabem se vai se salvar. Eu me sinto impotente e não sei o que fazer.__

A morte, quando se aproxima, ou quando sentimos que ela se aproxima, é uma grande oportunidade para que sejam amorosos.

Quando achamos que a outra pessoa vai viver, somos miseráveis no amor, pois achamos que podemos amar amanhã ou depois de amanhã; e a mente sempre fica adiando. A mente tem medo de amar porque o amor é demais para ela e ela não consegue controlá-lo. O amor a domina, o amor cria um caos e a mente está sempre tentando criar uma certa ordem. Por isso a mente vive deixando o amor para amanhã.

Mas, quando a pessoa começa a sentir que a morte está próxima — e a morte está sempre próxima; podemos morrer a qualquer momento... Mas, se percebemos que alguém está gravemente doente — a pessoa pode não morrer, mas, se começamos a sentir a sombra da morte —, não há mais jeito de adiar. O amor tem de acontecer no mesmo instante, pois não podemos pensar nem mesmo no instante seguinte. No instante seguinte ela já pode ter partido, portanto não existe futuro.

Se não existe futuro, a mente não pode continuar controlando você. A mente só controla por meio do futuro, por meio do adiamento. Ela diz, "Amanhã. Espere, deixe-me fazer as coisas do jeito certo agora; amanhã você pode fazer outras coisas. O mundo não vai acabar amanhã, então para que tanta pressa?" Mas, se o amanhã não existe e de repente você percebe que a cortina está caindo, a mente não pode mais enganar você.

Esses momentos podem ser de imensa revelação.

Portanto, seja amoroso! Tudo o que nós temos é o amor.

Tudo o mais é imaterial, pois tudo o mais está do lado de fora; só o amor vem de dentro. Tudo o mais — podemos dar dinheiro, coisas, presentes... nós não trouxemos isso conosco; nós acumulamos essas coisas aqui. Nós viemos nus, mas viemos cheios de amor. Nós viemos vazios de todo o resto, mas viemos cheios de amor, transbordantes. Por isso, quando damos o nosso amor, tudo o que fazemos é nos doar. Esse é o presente, o verdadeiro presente, e ele só pode ser dado quando a morte chega. Então não perca a oportunidade.

A sua mulher pode sobreviver, mas você terá aprendido uma lição de extrema importância. Não se esqueça dessa lição, pois ninguém precisa ficar gravemente doente para morrer! A pessoa pode simplesmente morrer de um ataque do coração, a qualquer momento. Então nunca adie o amor; você pode adiar qualquer coisa, menos o amor. E a pessoa que nunca adia o amor torna-se amor e tornar-se o amor é conhecer o divino.

A morte é uma grande oportunidade. Ela remete você de volta para a sua fonte de amor. Portanto, fique perto dela e irradie a sua energia amorosa. Se ela morrer, morrerá num clima de muito amor; se sobreviver, ela será um novo ser. As duas alternativas são perfeitamente boas. A morte não importa, tudo o que importa é o amor.

Então seja amoroso. Se ela partir, partirá rodeada de amor; e, quando existe amor, não existe morte. Quem liga para a morte? A pessoa pode morrer dando risada! Se ela sabe que é amada, ela pode ir ao encontro da morte com um espírito de grande celebração. Se a sua mulher morrer, ela morrerá em paz. Se sobreviver, ela será outra pessoa; pela primeira vez, ela terá conhecido o seu coração.

Há 35 anos a minha mãe vive doente e há sete dias está em coma. Ela sempre dizia que queria morrer, mas agora a impressão que se tem é que ela pode ficar entre a vida e a morte para sempre. Eu gostaria de poder fazer alguma coisa para que ela não tivesse de ficar mais desse jeito.

Só procure rezar para ela durante cinco minutos, todas as noites antes de ir dormir. Reze para que ela morra, não para que viva por mais tempo. Reze para que ela possa deixar o corpo. Agora chega. Reze para que ela seja libertada do corpo; não há mais necessidade de arrastar essa existência.

Não se preocupe com a sua mãe; será bom se ela morrer. Às vezes viver é bom; outras vezes é melhor morrer. Nada é bom por si mesmo; depende do caso. Toda noite, simplesmente a ajude a partir.

Nossos apegos ao corpo são tão profundos que, mesmo que ele esteja doente e que no nível consciente nós queiramos partir, no nível inconsciente nós nos apegamos a ele. Se esse apego inconsciente acabar, ela morre no mesmo instante. O corpo está pronto para morrer, é só a mente que está apegada. A sua mãe pode dizer que quer morrer, mas isso é só da boca para fora. Lá no fundo ela quer viver. Lá no fundo ela continua tendo esperança apesar de tudo. Talvez algo aconteça e ela fique saudável outra vez; ela conseguirá andar novamente... Quem sabe? Pode ser que surja algum remédio milagroso. Ela continua com esperanças.

Particularmente uma pessoa que está doente há trinta e cinco anos, que não viveu, naturalmente se apega ainda mais à vida. Este é o paradoxo: normalmente achamos que uma pessoa doente há trinta e cinco anos e paralisada há quatorze anos só pode querer morrer, mas esse não é o raciocínio certo. A vontade de morrer só brota naturalmente quando a pessoa viveu toda a vida dela, quando ela viveu tão profundamente que o fruto fica maduro e pronto para cair. Mas essa mulher não viveu.

Ela tem sessenta e oito anos, mas podemos subtrair trinta e cinco da vida dela. Então ela só viveu trinta anos e agora isso também só é um sonho perdido no passado. Ela pode ter começado a esquecer isso também e a perguntar a si mesma se algum dia ela viveu. Portanto, se você não viveu, o apego é maior.

Nos últimos dois meses, eu cuidei de minha irmã que estava morrendo de câncer no hospital. Eu pude cuidar dela e lhe dar o meu amor, mas não consegui fazê-la meditar; ela se recusava a encarar a morte. Para mim foi uma surpresa ver que, depois de tudo o que ela sofreu, um grande sorriso começou, pouco a pouco, a brotar em seus lábios no último instante.

A pergunta que você fez traz à baila uma questão fundamental: se, por acaso — e vou explicar a você o que significa esse "por acaso" —, se, por acaso, alguém morre em grande sofrimento, como acontece no caso do câncer, o sofrimento causado pela doença não deixa que a pessoa caia na inconsciência.

Então, um pouco antes da morte, quando o corpo se separa da alma, ocorre uma grande experiência que só os místicos, os praticantes de meditação conhecem. No caso deles, essa experiência não acontece por acidente, eles se preparam para isso. A meditação dessas pessoas nada mais é do que um esforço para se desidentificar do corpo.

A meditação de fato os prepara para a morte, por isso eles podem morrer sem ficar inconscientes; ao passo que, normalmente, a pessoa morre na inconsciência. A pessoa, portanto, não sabe que ela está separada do corpo, que ela não morreu. Só a ligação entre ela e o corpo se desfaz, se desintegra, e a consciência dela está tão tênue que a separação entre o corpo e a alma corta esse fio de consciência.

O praticante de meditação, porém, se coloca várias vezes na mesma posição de modo consciente, permanecendo fora, distante do próprio corpo. Em outras palavras, o praticante de meditação vive a morte muitas vezes de maneira consciente, de modo que, na ocasião em que ocorre, ela já não é encarada como uma experiência nova. O praticante de meditação sempre morre dando risada.

Você estava tentando ensinar meditação à sua irmã. Mas era difícil porque, quando a pessoa está passando por tal sofrimento, tudo o que você fala parece bobagem. Mas, quando ela de fato morreu, no último instante, quando a separação aconteceu, ela deve ter percebido, "Meu Deus, eu achei que eu era o corpo e era por isso que eu sofria! Essa identificação é que me fazia sofrer!" Aí a separação acontece, o fio é cortado — e ela sorri.

Com certeza você deve ter ficado intrigada com o que aconteceu, pois ela estava lutando contra a morte, lutando contra o sofrimento e não estava ouvindo você ou fazendo qualquer esforço para aprender a meditar. Mesmo assim, ela morreu num estado extremamente meditativo. Isso aconteceu acidentalmente.

A coisa mais importante da vida é aprender que você não é o corpo. Isso lhe dará uma grande liberdade com relação à dor e ao sofrimento. Não que o sofrimento deixará de existir, não que não haverá mais nenhuma dor ou nenhum câncer. Eles ainda existirão, mas você não estará mais identificado com eles. Você será apenas um observador. E, se conseguir observar o seu próprio corpo como se ele fosse o corpo de outra pessoa, você terá atingido algo de extrema importância. A sua vida não terá sido em vão. Você terá aprendido a lição, a maior lição que um ser humano pode aprender.

Na minha maneira de ver, a meditação deveria ser algo compulsório para todos os estudantes e aposentados. Deveria existir universidades e faculdades que ensinassem meditação. Todos os hospitais deveriam ter uma ala para as pessoas que vão morrer. Antes de morrer, elas deveriam aprender a meditar. Então, milhões de pessoas poderiam morrer com um sorriso no rosto, com alegria. Então a morte seria pura liberdade, liberdade do cárcere que você chama de corpo.

Você não é o corpo. Foi isso que a sua irmã compreendeu no último instante. Ela deve ter sorrido diante do seu próprio entendimento e pelo fato de ter resistido à morte. Deve ter sorrido diante da sua própria indisposição para aprender a meditar. O sorriso dela contém muito esforço e eu entendo que você tenha ficado intrigada.

Não se esqueça. O sorriso dela poderia ter se transformado numa experiência cheia de significado para você. Ela lhe deu um presente, um presente inestimável. Ela não conseguia dizer nem sequer uma palavra, não havia tempo, mas o sorriso dela disse tudo.

Existem histórias sobre místicos que podem lhe explicar a diferença entre o que é acidental e o que é cultivado com dedicação. O sorriso da sua irmã foi acidental; ela não estava preparada para ele. Mas não há por que esperar pelo acidental. Você pode se preparar para ele.

Um grande monge zen declarou aos seus discípulos, "Eu vou morrer hoje. Não me impeçam!"

Os discípulos retrucaram, "Mas quem impediria? Que estranho!... Ninguém declara a própria morte desse modo, de uma hora para outra. O senhor estava simplesmente falando sobre questões grandiosas e, de repente, diz que vai morrer!"

O monge respondeu, "Estou cansado. Não me atormentem. É por isso que estou dizendo para que não me impeçam. Vocês só têm de fazer uma coisa: têm de me sugerir um jeito".

Os discípulos disseram, "Mas que jeito podemos sugerir? Se quer morrer, então morra!"

O mestre disse, "Não quero morrer de um jeito comum".

Eles perguntaram, "Que jeito é comum?"

Ele disse, "O jeito comum é deitar na cama e morrer. Noventa e nove vírgula nove por cento das pessoas preferem morrer desse jeito. É isso que elas escolhem. Eu não quero fazer parte dessa multidão. Só pensem um pouco e me sugiram alguma idéia original, pois eu não vou morrer todo dia, mas uma vez só! Convém perfeitamente morrer de um jeito original. Eu vivi de um jeito original; por que deveria morrer como todo mundo?"

Os discípulos não sabiam o que dizer. Que jeito seria original? Alguém sugeriu, "O senhor pode morrer sentado; as pessoas costumam morrer deitadas".

O mestre disse, "Isso não é original. Para começar, não há muita diferença entre morrer deitado ou sentado; além disso, muitos santos devem ter morrido sentados na posição de lótus. Eu não morrerei. Vocês não são capazes de sugerir nada... e ainda fingem que são meus discípulos!"

Os discípulos retrucaram, "Nunca pensamos que o senhor fosse nos fazer uma pergunta como essa!"

Alguém disse então, "Se o senhor acha que morrer sentado não é muito original, que tal morrer de pé?"

O monge respondeu, "Isso parece um pouco melhor".

Mas alguém fez uma objeção, "Eu ouvi falar de um santo que uma vez morreu de pé".

O velho sábio disse, "Isso é muito difícil, mas esse homem acabou com todas as possibilidades também. Pense um pouco mais. Sugira outra coisa porque você acabou com a idéia de morrer de pé. Você disse que ela não é original".

O discípulo disse, "Um jeito original seria ficar de ponta-cabeça".

O mestre exclamou, "Fico muito satisfeito ao ver que eu tenho como discípulo alguém que pensa com originalidade! Eu vou fazer o possível!"

Então ele ficou de ponta-cabeça e morreu!

Os discípulos ficaram completamente desorientados, pois, em todos os rituais, a pessoa sempre ficava deitada numa cama. Essa era uma situação sem precedentes. Era preciso antes colocar o mestre numa cama, mas ele era um homem muito resistente, muito bravo. Era o tipo de homem que, mesmo depois da morte, castigaria os discípulos ou poderia começar a falar outra vez, dizendo, "Assim não... Vocês estão fazendo do jeito comum outra vez!"

Alguém sugeriu, "O melhor jeito é fazer o seguinte: a irmã dele vive num mosteiro aqui perto. Ela é mais velha do que ele, talvez seja melhor chamá-la. De qualquer jeito nós temos de avisá-la de que o irmão morreu. Deixe que ela sugira o que fazer".

A irmã veio e provou que era realmente irmã do mestre. Ela disse, "Seu idiota! A vida toda você foi uma amolação, nunca fez nada direito. Não é assim que se morre. Levante-se e deite-se na cama!" Contam que o morto se levantou e se deitou na cama. A irmã então disse, "Agora feche os olhos e morra!" E ela não ficou ali para ver, logo foi embora! Para as pessoas que fazem meditação profunda, a vida é um jogo, assim como a morte.

Depois que a irmã havia partido, o santo morto abriu um olho e perguntou, "Aquela cadela já foi? Ela vive me torturando... só porque é três anos mais velha do que eu. Mas agora não há mais por quê... Eu vou morrer do jeito mais comum". Ele então fechou os olhos e morreu.

Ficou até mais difícil para os discípulos saber se ele estava morto ou não. Eles tentaram beliscá-lo, abrir os olhos dele, "O senhor ainda está aí... ou não está mais?", mas o mestre estava realmente morto. Eles esperaram, não havia pressa; deram a ele mais meia hora. Talvez ele abrisse os olhos mais uma vez. Mas o ancião estava morto.

É desse jeito que um praticante de meditação deve morrer — com alegria, espirituosidade, sem levar nada a sério. A vida é uma brincadeira e a morte tem de ser a maior delas.

Eu estava presente quando o pai de um amigo meu estava à beira da morte. Ele nos disse, "Eu sinto como se tivesse dois corpos: um está doente e o outro é perfeitamente saudável".

Dissemos a ele que o corpo saudável era o verdadeiro e que ele ficasse com esse. Ele então fechou os olhos e toda a energia em volta da cama do hospital mudou. Mal podíamos acreditar nessa nova energia. Um pouco depois ele morreu tranqüilamente.

Eu fiquei comovido ao ver alguém que, no momento da morte, estava pronto para deixar tudo para trás com tanta confiança, lucidez e tranqüilidade.

A experiência que você viveu é sempre possível quando alguém está morrendo. Tudo o que é preciso é ter um espírito alerta. O homem que estava morrendo estava consciente e não é preciso muita consciência para que essa experiência ocorra.

No momento da morte, o seu corpo físico e o seu corpo espiritual começam a se separar. Normalmente, eles estão tão entranhados um no outro que você não sente essa separação. Mas, no momento da morte, um pouco antes de ela acontecer, esses corpos deixam de se identificar um com o outro. Eles começam a seguir caminhos diferentes; o corpo físico segue para os elementos físicos e o corpo espiritual segue adiante em sua peregrinação, rumo a um novo nascimento, a uma nova forma e a um novo útero.

Se a pessoa está um pouco alerta, ela consegue ver a si mesma, e como vocês disseram a ele que o corpo saudável era ele e o corpo doente, morrendo, não era... Nesses momentos, é muito fácil confiar, pois tudo está acontecendo diante dos próprios olhos da pessoa. Ela não consegue se identificar com o corpo que está se despedaçando e consegue imediatamente reconhecer o fato de que ela é o corpo saudável, mais profundo.

Mas vocês podiam tê-lo ajudado até um pouquinho mais. Isso foi bom, mas não o suficiente. Até mesmo a experiência desse homem, de se desidentificar do corpo físico, mudou na mesma hora a energia do quarto; ele ficou silencioso e tranqüilo.

Mas, se vocês tivessem aprendido a arte de ajudar uma pessoa à beira da morte, não teriam parado onde pararam. Era preciso dizer a ele outra coisa, absolutamente necessária, pois ele estava num estado em que podia confiar. Todo mundo está, no momento da morte. É a vida que cria problemas e dúvidas e adiamentos; a morte não tem tempo para adiar. O homem não pode dizer, "Vou tentar" ou "Vou tentar amanhã". Ele tem de fazer a coisa naquele mesmo instante, no ato, porque não há garantias de que estará vivo no momento seguinte. O mais provável é que não esteja. E o que ele vai perder se confiar? De qualquer jeito, a morte levará tudo embora. Então não existe o medo de confiar; não há mais tempo para pensar a respeito. E existe a lucidez de que o corpo físico está se afastando cada vez mais.

Foi muito bom dizer a ele, "Você é o corpo saudável". Em seguida vocês deveriam ter dito, "Você é uma testemunha dos dois corpos. O corpo que está morrendo é o físico e o corpo que lhe parece saudável é o psicológico. Mas você é quem? Você pode ver os dois corpos; você com certeza é um terceiro, você não pode ser nenhum desses dois".

Se vocês tivessem dito a essa pessoa, "É muito bom que você tenha dado esse passo; você está fora do corpo físico. Mas agora você se identificou com o corpo psicológico. Você também não é esse corpo; você é só consciência, pura consciência e percepção..." Se vocês tivessem ajudado essa pessoa a compreender que ela não era nem mesmo esse corpo nem o outro, mas algo sem corpo, sem forma, uma consciência pura, então a morte dela teria sido um fenômeno completamente diferente.

Vocês viram a mudança na energia; vocês teriam visto outra mudança na energia. Vocês viram o silêncio descendo; vocês teriam percebido música também, uma certa energia dançante também, uma certa fragrância enchendo todo o ambiente. E o rosto do homem teria mostrado um outro fenômeno — uma aura de luz.

Se ele tivesse dado mais um passo, a morte dele também teria sido a última. No bardo dos tibetanos, eles a chamam de "a grande morte", pois a pessoa não volta a nascer numa outra forma, em outra prisão; ela permanece no eterno, na consciência oceânica que preenche todo o universo.

Portanto, lembre-se, pode acontecer a muitos de vocês. Você pode estar com um amigo ou com um parente, com a sua mãe ou com o seu pai. Enquanto eles estão morrendo, ajude-os a perceber duas coisas: primeira, que eles não são o corpo físico — para uma pessoa à beira da morte, é muito fácil reconhecer esse fato. Segunda, que é um pouco difícil, mas se a pessoa consegue reconhecer a primeira, existe a chance de que ela reconheça a segunda também — que ela não é nem sequer o segundo corpo; ela está além dos dois corpos. Ela é liberdade pura e consciência pura.

Se ele tivesse dado o segundo passo, vocês teriam visto um milagre acontecendo à volta dele — algo, não só o silêncio, mas algo mais vivo, algo que pertence à eternidade, à imortalidade. Todos vocês que estavam presentes teriam ficado cheios de gratidão ao ver que essa morte não era um momento de lamentações, mas se tornara um momento de celebração.

Pouco tempo atrás eu estive com alguém poucas horas antes de essa pessoa morrer, embora houvesse no quarto algo que eu só posso descrever como uma forte energia. O que acontece em torno de uma pessoa à beira da morte?

No momento em que uma pessoa morre, ela libera toda a sua energia. Se for receptivo, você sentirá. Se estiver acessível, você sentirá o seu próprio nível de energia subindo. Isso depende de vários fatores — do tipo de pessoa que está morrendo e do tipo de energia que ela costumava ter. Se ela demonstrava muita raiva e violência, então o melhor será não ficar perto dela, pois toda a raiva reprimida e toda a violência reprimida serão extravasadas e você poderá sentir toda essa energia afetando você desnecessariamente. Isso é muito natural, pois, quando alguém está morrendo ou está morto, você sempre fica em silêncio ao lado dessa pessoa — ninguém faz barulho, ninguém fala. A morte é um fenômeno tão misterioso que todo mundo fica em estado de choque.

Então, a primeira coisa que se deve observar é o tipo de pessoa que está morrendo. Se ela tiver sido amorosa, compassiva, gentil, sempre prestativa e generosa, então fique perto dela e sente-se em silêncio, pois será muito bom para você. Quando ela estiver partindo, essas energias serão irradiadas à volta dela. Mas, se ela foi sexualmente reprimida, se foi um estuprador ou algum tipo de criminoso, é melhor não ficar perto dela, pois tudo o que ela tiver acumulado em vida será extravasado. Ela estará seguindo para uma nova casa, portanto a antiga mobília será deixada na antiga casa. Ela não pode carregar toda a mobília com ela; isso se propagará à volta dela.

Por causa disso, na Índia, as três maiores religiões — o Hinduísmo, o Jainismo e o Budismo — estabeleceram que o corpo da pessoa que morre tem de ser queimado o mais rapidamente possível, para que ele não irradie coisas desnecessárias e prejudiciais para as pessoas. E a maioria das pessoas está reprimindo coisas vis. Então, na Índia, só os santos não são queimados; eles são uma exceção. O corpo deles é mantido em *samadhis* — um tipo de túmulo, de modo que ele possa continuar irradiando energia durante anos, às vezes centenas de anos. Mas o corpo das pessoas comuns é imediatamente queimado, o mais rápido possível.

Outras religiões do mundo optaram por não queimar o corpo, mas colocá-lo numa sepultura. É perigoso. Significa que você está represando acúmulos de raiva, de ódio, de sexualidade e de impulso homicida — todos os tipos de energia, que continuarão irradiando do túmulo e poderão afetar alguém. Eles são infecciosos.

No Oriente, sempre que morre um homem que tenha conhecido a si mesmo, ele anuncia de antemão quando vai morrer. Assim todos os discípulos podem partilhar da energia do mestre — seu último presente. Ele quer morrer entre os seus, entre os seus próprios discípulos, que podem entendê-lo e ser receptivos a ele. O tesouro de toda uma vida de belos sentimentos, ele derrama sobre eles.

No que diz respeito à pessoa que está à beira da morte ou morta, é preciso ficar muito atento.

Existe uma antiga parábola. Um homem estava morrendo. Ele tinha quatro filhos e todos estavam presentes. Ele disse para o mais velho, "Chegue mais perto, quero lhe transmitir uma mensagem". Mas o filho não se aproximou. Mesmo à beira da morte, o velho era muito bravo e ele disse, "Sempre soube que você não prestava para nada; não pode nem receber uma mensagem de um moribundo e eu sou seu pai". Mas o jovem permaneceu onde estava, como uma estátua de cera; não saiu do lugar.

O velho fez o mesmo pedido ao segundo filho, mas este também não se mexeu. Ele então pediu ao terceiro, que também não se mexeu. Mas o quarto era muito jovem, por isso ele se aproximou; e o pai sussurrou em seu ouvido, "Todos esses três são traidores; eles me traíram. Seja leal a mim. Faça uma coisa. Quando eu estiver morto, corte o meu corpo em pedaços, jogue os pedaços na casa dos vizinhos e chame a polícia".

O menino disse, "Mas por quê?"

O pai respondeu, "Apenas dê um pouco de paz à minha alma. Vendo-os todos algemados, indo para a delegacia, minha alma terá mais paz do que jamais teve antes".

Os três filhos conheciam o pai perfeitamente bem. Ele passara a vida toda brigando. Passava o dia inteiro nos tribunais. Toda a vida dele não passara de uma briga. Eles estavam com medo de ouvir sua última mensagem e saber que se tratava de algo perigoso, mas não poderiam negar a um homem à beira da morte o seu último desejo.

Então o pai morreu e eles todos perguntaram ao jovem o que o homem dissera. O rapaz disse, "Eu não tinha idéia de que o nosso pai era assim. Não posso fazer o que ele me pediu. Mas a alma dele sofrerá demais".

Essa é uma antiga parábola cujo significado é o seguinte: tudo o que a pessoa foi ao longo da vida continuará sendo até o final, até o último instante. A energia em si é natural, mas a forma que ela toma num homem depende dele, da sua personalidade e das atitudes que tomou durante toda a vida.

Bennett lembra em sua autobiografia que, depois de lutar na segunda guerra mundial, ele ficou tão esgotado que sentia que estava prestes a morrer. Mas ele queria ver George Gurdjieff, seu mestre, pelo menos mais uma vez, pelo menos antes de morrer. Então ele foi vê-lo em Paris.

Bennett entrou na sala de Gurdjieff e este lhe disse, "O que aconteceu com você, Bennett? Está com uma aparência tão pálida, como se fosse morrer! Você veio na hora certa. Chegue mais perto". Gurdjieff pegou nas mãos de Bennett e olhou-o nos olhos. Em dois minutos Bennett começou a sentir uma incrível torrente de energia. Mas esse foi apenas um lado da história. Ao mesmo tempo ele viu Gurdjieff ficar pálido e ficou com receio do que ele estava fazendo. Então Bennett o deteu dizendo, "Pare! Eu já estou bem!"

Gurdjieff então disse, "Não se preocupe comigo". De alguma forma ele conseguiu ir até o banheiro e fechar a porta. Depois de dez minutos voltou a sair e parecia perfeitamente bem.

Bennett conta, "Nunca pensei que fosse possível transferir energia de um jeito tão simples".

Se alguém com quem você tem uma ligação próxima está morrendo — o seu pai, a sua mãe, a sua mulher, o seu marido, um filho ou um amigo — e você gostaria de fazer alguma coisa para ajudar... A pessoa está morrendo e você está vivo — você pode se sentar ao lado dela; pode pôr a mão sobre o coração dela; pode pegar nas suas mãos e ficar em silêncio e em paz. A sua paz e o seu silêncio serão transferidos, transmitidos a ela. Se puder ajudar a pessoa a morrer em paz e em silêncio, você terá feito um belo gesto, um gesto virtuoso. Você talvez se sinta um pouco fraco, cansado ou exausto, mas isso não é nada; basta descansar um pouco e você se sentirá bem outra vez.

Por isso, você pode ajudar a pessoa que está nas últimas a passar para um plano de vida melhor, mas, para isso, você tem de ficar em silêncio e tem de estar em paz. Assim você estará num plano mais elevado e a energia pode fluir.

A energia flui como a água — para baixo. Ela não pode fluir para cima. Então, lembre-se, a energia pode ser trocada nos dois sentidos. Se a pessoa for conhecida por ser mau caráter, é melhor evitá-la. Você não poderá ajudá-la; pelo contrário, ela pode dar algo a você — lhe passar uma das suas perversidades e plantar algumas das sementes dela no seu coração e no seu ser. É melhor evitá-la. Mas, se a pessoa for boa, não tiver feito nenhum mal a ninguém... O principal é saber que, se você ama a pessoa, se sente alguma coisa por ela, você pode lhe doar a sua energia. A hora é essa e é também a sua última chance; você não terá outra oportunidade para lhe dar um presente.

Não pode haver presente melhor do que esse, pois ele pode mudar toda a jornada futura dessa pessoa. Se morrer em paz e em silêncio, ela nascerá num plano mais elevado. Mas você tem de ter muita cautela. Não tente se sentar em meditação e ajudar Adolf Hitler — não tente. Isso está além da sua capacidade. Você não pode doar energia para ele; ele lhe doará energia — e com mais facilidade ainda, se você estiver em silêncio e em paz.

Você tem de ter muito cuidado com quem está à beira da morte, pois pode acontecer muita coisa entre vocês dois. A menos que você esteja suficientemente alerta para que nada possa afetá-lo, a sua vida futura pode ser afetada, assim como a da pessoa. Se você estiver consciente, não há problema; você pode sentar, em plena consciência, até ao lado de Adolf Hitler. Ele não terá como prejudicar você. Talvez você possa ajudá-lo um pouco.

Qual a relação entre amor e responsabilidade? Minha mãe está numa casa de repouso há anos e pode morrer a qualquer momento. Eu sinto que deveria passar mais tempo ao lado dela, mas, por outro lado, isso me parece um fardo.

Não existe nenhuma relação entre amor e responsabilidade, pois o amor *é* responsabilidade. Mas essa palavra tem de ser muito bem compreendida, o que ela significa.

Eu insisto no significado original da palavra. Responsabilidade significa capacidade de responder. Não significa dever. Responsabilidade — verifique o significado original da palavra — significa ser responsivo. O amor é uma resposta! Quando o outro chama, você está pronto. Quando o outro convida você, você se aproxima dele. Quando o outro não o convida, você não interfere nem o invade. Quando o outro canta, você canta em resposta. Quando o outro lhe estende a mão, você a pega, em profunda resposta.

Responsabilidade significa receptividade e prontidão para responder. Alguém está chamando e você não responde, continua fechado. Alguém quer amar, mas você não ajuda, não coopera; em vez disso, cria uma barreira para o amor.

Mas, no sentido que você usa, o amor não tem responsabilidade. A palavra foi corrompida, adulterada e destruída. A mãe diz ao filho, "Eu sou a sua mãe, você é responsável por mim". O marido diz, "Eu sou o seu marido e trabalho duro por você; você tem responsabilidade por mim". O pai diz ao filho, "Não seja irresponsável! Sempre que fizer algo, antes pense em mim". Isso não é responsabilidade. Você corrompeu uma palavra bonita; ela ficou feia. A responsabilidade virou quase um sinônimo de dever, e dever é uma palavra feia.

O amor é belo. Se ama a sua mãe, você a ama, mas isso não pode ser um dever. Se é um dever, então é melhor não amar, pois o dever não vai satisfazê-la. E, se você está cumprindo o seu dever porque ela é sua mãe e lhe deu a vida, o que você pode fazer? Tem de cuidar dela; se ela está doente, você tem de se sentar ao lado dela... Mas, se isso não passa de um dever, a mente fica o tempo todo contra ela. Você fica se sentindo sufocado; fica se sentindo sobrecarregado e aprisionado. Você gostaria de se rebelar e armar uma revolta. Se a sua mãe morrer, você não pode dizer isto a ninguém, mas se sentirá aliviado.

Que tipo de responsabilidade é essa? A mãe morre e o filho fica profundamente aliviado? É claro que ele chora e se lamenta. Não porque ele esteja apenas querendo mostrar aos outros que ele está chorando e se lamentando; na verdade, se você amava a sua mãe, não deverá haver nenhuma lágrima. Mas você não amou a sua mãe e agora não existe mais essa possibilidade. Você nunca amou a sua mãe e agora ela se foi! Daí as lágrimas, o choro e os lamentos.

Isso é patológico, não é saudável. Se você realmente amou a sua mãe, então para que chorar ou se lamentar? Ela se foi. Um profundo silêncio circunda você. Nesse profundo silêncio, você começa a entender a morte e toma consciência da sua própria morte.

Se o seu pai ou a sua mãe morre, essa é uma indicação de que você também vai morrer; então você fica envolvido pela morte. Procure entendê-la.

Enquanto a sua mãe estava viva, ela ajudou você a entender a vida. Agora ela se foi, abriu uma outra porta, a porta da morte, para olhar lá dentro, pois ela partiu e você terá de acompanhá-la. Se você ama uma pessoa, quando essa pessoa se vai, você não sente alívio — e também não chora nem lamenta. Em profundo silêncio, você aceita o fato, a sua impotência diante dele, e o amor continua — porque o amor não acaba com o corpo, o amor não acaba com a mente. O amor continua a fluir.

Não, não pergunte qual a relação entre amor e responsabilidade — não existe relação nenhuma. Quando não existe amor, a questão da responsabilidade vem à tona. Quando não existe amor, você começa a falar em dever. Quando existe amor, o próprio amor é responsabilidade.

Como ficar e o que fazer com os meus sentimentos quando uma pessoa querida morre?

A morte aconteceu, a pessoa que você ama morreu. Não comece a pensar. Não pegue os *Upanishades*, o Gita, a Bíblia. Não pergunte aos Cristos ou aos Budas. Deixe-os em paz. A morte está ali; olhe para ela, vá ao encontro dela. Aceite a situação totalmente. Não pense a respeito. Você vai pensar o quê? Só vai repetir as mesmas bobagens. A morte é um fenômeno tão novo, tão desconhecido, que o seu conhecimento não vai ajudar em nada. Então deixe a mente de lado. Entre em profunda meditação com a morte.

Não faça nada, pois o que você pode fazer de útil? Você não sabe nada! Então fique na ignorância. Não adote um conhecimento falso, emprestado dos outros. A morte chegou; você está diante dela. Enfrente a morte ficando totalmente presente. Não comece a pensar, porque aí você estará fugindo da situação, estará se ausentando dali. Não pense. Esteja presente diante da morte.

Haverá tristeza, haverá pesar, você sentirá sobre você um pesado fardo — deixe. Isso faz parte, faz parte da vida e do amadurecimento, e faz parte da realização suprema. Fique com a morte e esteja totalmente presente. Isso será uma meditação e você passará a ter uma compreensão profunda da morte. Ela própria se tornará vida eterna.

Mas não se volte para a mente e para o conhecimento. Fique com a morte; então ela se revelará para você e você saberá o que ela é. Você conhecerá os domínios interiores da morte. Ela levará você ao próprio centro da vida — porque a morte é o próprio centro da vida. Ela não é contra a vida, ela é o próprio processo da vida, mas a mente entra em contradição, dizendo que a vida e a morte são contrárias uma da outra. Aí você continua pensando e, como a raiz é falsa, a oposição é falsa, você nunca chega a nenhuma conclusão que seja verdadeira e real.

Sempre que você tiver um problema na vida, fique com o problema sem que a mente interfira — isso é o que eu chamo de meditação — e só o fato de ficar ali com o problema será o bastante para solucioná-lo. E, se você estiver realmente presente, a morte não lhe acontecerá novamente, pois você saberá o que ela é.

Nós nunca fazemos isso — nunca fazemos isso com o amor, com a morte, com nada que seja autêntico, verdadeiro. Nós sempre nos perdemos em pensamentos e os pensamentos tornam tudo falso. Eles são emprestados, não são seus. Eles não podem libertar você. Só a verdade que pertence a você pode lhe trazer libertação.

A morte parece tão sem sentido e deprimente! Depois de todos esses anos de trabalho comigo mesma, tentando entender o que é a vida, percebo que não entendi coisa nenhuma. Agora uma grande amiga minha está em coma e os médicos dizem que ela vai morrer. Eu não sei se estou com raiva dela, com raiva dos médicos ou com raiva de mim mesma.

O único problema é que você continua esperando demais de si mesma. Por que você não pode simplesmente ser o que é? Se você não entende, não entende! Por que esse esforço constante para fazer alguma coisa, para se tornar alguma coisa ou para ser alguma coisa que você não é?

O único entendimento que existe é este: a pessoa precisa se aceitar como ela é. O que mais ela pode fazer? Todo esse esforço em nome do crescimento não passa de uma viagem do ego. Você sempre acabará frustrada e, sempre que surgir uma crise, você chegará num ponto em que sentirá que nada aconteceu. Mas por que deveria acontecer alguma coisa?

A expectativa de que algo tem de acontecer é o que está criando o problema. Por que algo deveria acontecer? Por que toda essa expectativa em torno disso? Você continuará tentando fazer com que aconteça e planejando como acontecerá; isso a deixará tensa. E, quando não acontece, você cria uma falsa pretensão de que aconteceu, pois não pode viver infeliz o tempo todo. Para esconder essa infelicidade, a pessoa cria uma máscara de entendimento. Mas essa máscara cairá muitas e muitas vezes. Sempre que surgir um problema de verdade, você mais uma vez verá que ficou nua e a máscara não está funcionando.

Portanto, estou insistindo numa coisa: aceite a situação em que você se encontra. Não há como fugir dela. É isso que é preciso entender: aceite-se do jeito que você é. Não que você cresceu. Você perceberá de repente que não é preciso mudar nada. A partir daí todas as situações servirão para alguma coisa; elas a trarão de volta para a realidade.

As crises são uma bênção; elas sempre lhe trazem de volta para a terra. Do contrário, você começa a se perder em fantasias.

Todos os outros amigos dela falam do estado maravilhoso em que ela deve estar, que ela parece tão tranqüila em seu coma. Eu posso dizer isso também, mas na realidade não acredito que seja verdade.

Não, não é preciso dizer nada. Se os outros estão dizendo, pode ser que estejam certos; pode ser que ela esteja se sentindo assim. Mas não é preciso que você sinta o mesmo. Você não é como eles. E não é preciso que eles se sintam como você, portanto não pense que eles estão fingindo. Eles podem estar certos. Isso não é problema deles, é um problema seu.

Só é preciso entender uma coisa: que você é assim e que não precisa entender nada. Aceite esse não-entendimento. Você está brigando com ele; é por isso que está deprimida. Está se sentindo ignorante, incapaz de entender coisa alguma, burra, idiota — aceite! Por que você quer ser uma espécie de sábia ou algo parecido? Aceite, aí o problema desaparece, pois ele foi criado por uma não-aceitação profunda. De alguma forma, você continua rejeitando a si mesma de maneiras sutis.

Não é uma questão de saber o que dizer da sua amiga — não é isso o que importa. Tudo o que você diz sobre alguém é basicamente sobre você mesma, e toda a situação em que está, diz respeito a você. Se ela está ou não num lugar bonito, não é problema seu; você não tem nada a ver com isso. E como você pode saber se ela está num lugar bonito ou não? Só dá para ter certeza de uma coisa: seja qual for o espaço em que você estiver, você continuará criando problema para si mesma. Pare de brigar consigo mesma. Simplesmente veja que isso não tem sentido. Se você não entendeu, não entendeu e ponto final. O que pode fazer? Aceite isso e o problema desaparece.

É nesse ponto que começa a haver crescimento: quando há aceitação, não luta. Não se trata de se esforçar para conseguir alguma coisa, mas de relaxar naquilo que se é. Aí você não ficará deprimida; pode se sentir impotente, mas não deprimida. E a impotência é um belo sentimento, pois toda prece nasce da impotência. A impotência é um belo sentimento porque é um estado de não-ego. Você se sentirá impotente e quanto a isso não poderá fazer nada. Alguém está morrendo. Você ama a pessoa e não pode fazer nada. Sente-se totalmente impotente, de mãos amarradas — no entanto, isso é belo. Você não pode nem sequer ajudar a pessoa que está morrendo, então o que mais pode fazer?

Isso vira depressão se você pensar em termos de ego. Aí você gostaria de ficar forte, mais poderosa e mais capaz de entender, para que da próxima vez que alguém estiver em dificuldade e você perceber que essa pessoa está sofrendo, você possa ajudá-la. É isso que você está fazendo. Então fica deprimida por não ter crescido ainda.

Se você se sente impotente, simplesmente se curve diante dessa profunda impotência. Você se senta ao lado da sua amiga e reza: "Estou impotente e não há nada que eu possa fazer". Nessa impotência você verá não só a si mesma como alguém impotente, como toda a humanidade. Nessa impotência, você verá que todos os egos são falsos. De repente o ego perde toda a importância. E nessa humildade você desaparece. Outra coisa surge: a prece. Não há nada que se possa fazer. Sempre que alguém está numa situação difícil, você reza e mais nada.

Mas as pessoas gostam de fazer outras coisas além de rezar, pois a prece significa impotência.

Eu sempre rezei, mas agora eu não sei quem está lá para ouvir.

A sua prece deve ser uma estratégia para conseguir alguma coisa. Você reza com uma finalidade. Reza e depois verifica se adiantou alguma coisa ou não. Então isso não é prece; é só um método. Se mais nada adiantar, você reza para Deus e acha que a prece vai resolver alguma coisa. E quando também não resolve, você fica ainda mais deprimida. Você não sabe quem vai ouvir, o que dizer ou o que não dizer.

Não é isso o que interessa — a prece é um fim em si mesmo. Ela é só um brado de humildade, um brado profundo de impotência. Não que você reze para alguém — pode não haver ninguém lá para ouvir; você simplesmente se sente desamparada como uma criança. As crianças chamam pela mãe ou pelo pai. Eles talvez não estejam, podem nem estar vivos, mas isso não faz diferença. A criança começa a chorar e esse choro é purificador.

Não que a sua amiga receberá ajuda. Meu ponto de vista é totalmente diferente: *você* vai receber ajuda. E não por causa da prece, mas só porque o fato de rezar faz com que você se sinta purificada. Você voltará a se sentir mais calma e serena. Será capaz de aceitar melhor e ficará mais aberta. Até a morte você pode aceitar.

As pessoas rezam — isso também é uma técnica para elas, faz parte de um esforço do ego. Não estou falando desse tipo de prece, mas da prece que nasce de uma situação em que você sente que não pode fazer nada. Não que algo acontecerá por causa da prece; você é que será transformada. Você não sentirá que está faltando algo. Você se sentirá preenchida. Sentirá uma certa calma renovada que nunca sentiu antes.

E isso sempre acontece perto da morte, pois a morte é o momento mais crucial de todos. Sempre que você ama alguém — um amigo — e ele está morrendo, uma grande oportunidade se abre para você, porque esse momento fará com que você sinta uma grande impotência. E, se você conseguir rezar — não estou dizendo para verbalizar, dizer alguma coisa —, se conseguir simplesmente chorar pela sua impotência e deixar que as lágrimas escorram, você se sentirá purificada. Isso será uma purificação. Você sairá dessa mais jovem, rejuvenescida e renovada.

Então não fique deprimida com isso, porque não vai adiantar nada. Se puder aproveitar a morte, aproveite e não há problema. Mas, se ficar deprimida, isso de nada adiantará; é pura perda de tempo. Não se pode desperdiçar a morte desse jeito. Essa crise surgirá repetidas vezes, pois ninguém vive para sempre. Então aprenda com ela. Trata-se de uma grande disciplina para observar a morte.

E no dia em que ela morrer — ela morrerá um dia —, faça uma celebração. Primeiro purifique-se com a morte dela. Na verdade, diante da morte dela, tente aprender a morrer. Deixe que a sua morte aconteça também. Aproveite essa oportunidade para saber o que é a morte, de modo que possa sentir o seu sabor e o seu aroma. E, quando ela morrer, todos vocês devem fazer dessa morte uma celebração — dancem, cantem e fiquem extasiados.

A morte deve ser bem-vinda; ela é um dos maiores acontecimentos da vida.

Só existem três grandes acontecimentos na vida: o nascimento, o amor e a morte. O nascimento já aconteceu — você não pode fazer nada a respeito. O amor é algo excepcional; ele acontece a muito poucas pessoas e você não pode saber nada a respeito dele. A morte acontece a todos e você não pode fugir dela. Essa é a única certeza. Então, aceite-a, alegre-se com ela, delicie-se.

Mas, antes de morrer, a sua amiga lhe dará uma oportunidade para ficar purificada, pura e meditativa. Então, quando ela deixar o corpo, você poderá se deliciar com esse fenômeno.

Minha vida ficou muito vazia desde que a minha mulher morreu três anos atrás. Se a vida e a morte são dois compartimentos diferentes, existe algum jeito de nos comunicarmos com as pessoas que estão do lado de lá — algum jeito astral, algum tipo de comunicação sutil?

Todo mundo chega nesse ponto mais cedo ou mais tarde. A pessoa tem de ver que tudo é vazio, que tudo foi um belo sonho — a esposa e o marido e toda a viagem —, um belo sonho, mas que tem de acabar. Nenhum sonho pode durar para sempre.

A pessoa tem de entender esse vazio que inevitavelmente chegará.

Quanto antes ele vier, melhor, porque só esse vazio fará com que você se volte para dentro.

A verdadeira busca só começa quando a pessoa começa a sentir que a vida não tem sentido. Se tiver, quem vai se preocupar? Se existir um certo contentamento e as coisas continuarem fluindo bem, se a pessoa tiver sucesso na vida e a vida for cheia de ocupações e ambições, quem vai se preocupar com a verdade e com Deus? Só esse vazio faz com que o homem saia em busca da verdade — verdade esta que persistirá mesmo depois da morte.

Essa tem sido uma grande experiência para você, mas você continua ansioso. E é por isso que está tentando descobrir: "Existe um jeito de se comunicar com as pessoas que estão do lado de lá — algum jeito astral, um tipo de comunicação sutil? É possível?" Isso significa que você ainda está tentando evitar, de alguma forma, esse vazio. Ele não pode e não deve ser evitado. A pessoa tem de enfrentá-lo em vez de fugir dele.

Ora, você pode procurar coisas como viagens astrais ou experiências extra-sensoriais e parapsicologia; existe um monte de bobagem por aí. Você pode se preencher com essas coisas e mais uma vez criar um certo conforto. Pode procurar médiuns e bater um papinho com a sua mulher, mas isso não passará de uma brincadeira. Se a sua mulher não pode viver mais, não tem sentido nenhum pautar a sua vida nesses joguinhos; é esse o nome que eu dou a isso.

Chegou o momento de você olhar para o seu eu interior e, depois disso, a passagem da sua mulher não será mais considerada uma maldição — será considerada uma bênção, pois, se ela estivesse presente, você continuaria da mesma forma. Talvez essa seja uma oportunidade enviada por Deus. Pode ser uma ruptura.

Se você começar a explorar esse vazio, isso vai virar meditação. A meditação nada mais é do que entrar nesse vazio. Se você conseguir penetrar no âmago do seu ser, todos os problemas serão solucionados e você não se sentirá mais ansioso para falar com a sua mulher ou com qualquer pessoa. Você simplesmente passará a conhecer a sua própria eternidade. E nessa eternidade todo mundo passa a ser eterno.

Você não verá a sua mulher como uma entidade separada novamente, pois a entidade separada só existe com o corpo e o sistema cerebral. A sua mulher está presente, mas é como se você quebrasse a lâmpada; a luz ainda está lá, mas você não pode ver porque o meio pelo qual ela se manifestava não existe mais. O corpo foi queimado e as células cerebrais não mais existem. Agora ela é pura consciência. A onda desapareceu no oceano.

Em vez de pensar nessa onda e sonhar com ela, mergulhado em lembranças e em nostalgia — isso é pura perda de tempo, pois a morte virá logo... antes que você esteja preparado.

A morte não me causa medo agora.

O medo sempre existe. E, quando a sua morte chegar, você ficará com medo. Você está se consolando; você não sabe. Você acredita que a morte não existe; você quer acreditar nisso, mas não é algo que você saiba. É um consolo. Nós vivemos nos consolando. Não queremos acreditar que a mulher simplesmente morreu e não resta mais nada, né? Isso é mais do que podemos suportar; nos deixa muito abalados. Só a idéia de que ela continua existindo, que a alma é eterna... E eu não estou dizendo que essas idéias estejam erradas. Estou simplesmente dizendo que, para você, essas idéias não passam disso, de idéias; elas não são a sua experiência. Se não são a sua experiência, quando a morte vier você ficará abalado, porque as idéias de nada adiantarão...

Viva essas experiências, aí sim essas idéias servirão para alguma coisa. Do contrário, todo mundo acredita, mas chora e lamenta quando alguém morre. Todo mundo sabe, todo mundo acha que sabe, mas muito raramente alguém chega a saber de verdade. Porque saber dá trabalho, é preciso ter muita persistência para mergulhar no seu próprio ser, que é uma jornada sombria no qual todo mundo está sozinho. Quanto mais fundo mergulhar, mais sozinho estará, porque ninguém pode ir com você. Nem mesmo o mestre pode ir com o discípulo. No estágio final, você estará sozinho — pura consciência. Mas aí você saberá e, de posse desse saber, a vida vira uma brincadeira, um teatro. Se ela continua depois da morte ou não, não faz diferença; é imaterial.

Mas isso não aconteceu. Você pode fazer com que aconteça, mas, se continuar a acreditar nesses consolos, não acontecerá. Esses consolos são perigosos e são o que os pretensos santos continuam dando às pessoas; eles só fazem as pessoas acreditarem.

Crença não é conhecimento; isso tem de ficar bem claro. Crença não é conhecimento. Crença é crença, só isso. Ela é emprestada. E, claro, ela consola; ela o ajuda a continuar levando a vida. Ao passo que, sem ela, a vida ficaria tão angustiante que a pessoa começaria a pensar em suicídio ou poderia enlouquecer; a vida poderia ficar insuportável. Essas crenças são como pára-choques; elas protegem você. Elas envolvem você, protegem você dos fatos agressivos da vida.

Um tipo de escapismo?

Um tipo de escapismo. Mas a verdade está ali. A chama da verdade arde no interior de todas as pessoas e a entrada é possível; todo mundo é capaz de mergulhar dentro de si. A pessoa só tem de tomar essa decisão e ter coragem; ela só tem de trabalhar um pouquinho.

Se você apenas dedicar uma ou duas horas por dia à meditação, logo não precisará mais de crenças. E, quando a pessoa sabe que está num terreno sólido, acaba o medo da morte, pois a morte deixa de existir. Como ela pode ter medo se a morte não existe?

Minha filha de um ano morreu pouco tempo atrás; não posso entender por que a vida lhe foi tirada.

A vida é extremamente precária e acidental; a qualquer momento a pessoa pode partir. Então não se preocupe em saber por que ela aconteceu; não existe um por quê. Todas as respostas a essa pergunta, "Por quê?", serão apenas consolos para, de alguma forma, racionalizar algo que é um mistério, mas para o qual, racionalizando, podemos encontrar algum consolo. Não estou interessado em consolar ninguém, pois esse é um jogo perigoso, essa consolação. Ela mantém você escondido atrás dos pára-choques.

A verdade é que a criança estava viva e de repente não estava mais. Isso faz você entender que a vida é como um sonho. A vida é feita de uma matéria chamada sonhos. Podemos ter um lindo sonho, mas ele pode se estilhaçar por causa de qualquer coisinha — basta um barulho e o sonho acaba. Pode ter sido um sonho bom e você fica chateada e quer fechar os olhos para que ele continue, mas agora não dá mais.

Em vez de procurar explicações e consolações, olhe sempre a verdade nua e crua. Ela é triste, machuca e é dolorosa; olhe para ela, ela é assim, mas não tente deixá-la mais clara, de alguma forma. Todas as explicações e todas as filosofias nada mais são do que esforços para esclarecer o que não pode ser esclarecido, o que é sombrio e misterioso.

Quando surgem momentos como esse, eles têm um significado profundo, porque nesses momentos o despertar é possível. Quando uma criança morre, isso é um choque; você pode despertar com esse choque, em vez de chorar e desperdiçar a oportunidade. Depois de alguns dias, o choque não será mais um choque; o tempo cura tudo. Depois de alguns anos, você se esquecerá de que foi um choque. No final da vida, você pode ver a situação como se a tivesse visto num filme ou a lido num romance. Com o tempo, ela irá se apagando até que vire apenas um eco...

Agarre essa oportunidade agora. Esse é o momento em que ela pode ajudá-la a ficar alerta e consciente. Não perca a oportunidade; todos os consolos são meios de se perder as oportunidades.

Nunca pergunte por quê. A vida não tem porquês, assim como a morte também não tem. Não se pode saber por que, nem é necessário saber. A vida não é um problema que precise ser solucionado, assim como a morte também não é. A vida e a morte são, ambas, parte do mesmo mistério, que não conhece resposta. O ponto de interrogação é definitivo.

Portanto, tudo o que se pode fazer em situações como essa é despertar, pois esses choques podem se tornar uma guinada. O pensamento pára. O choque é tamanho que a mente fica anuviada. Nada parece fazer sentido; tudo parece perdido. Você se sente um total estranho, um forasteiro... sem raízes. Esses momentos são extremamente significativos, são momentos em que você pode conhecer uma nova dimensão. E a morte é uma das maiores portas para o divino. Quando alguém próximo morre, assim como um filho, uma mãe, é quase como se você mesmo morresse... é como se você tivesse morrido. Uma parte de você morre.

Veja simplesmente que a vida é um sonho e que tudo vai acabar um dia, será pó sobre pó. Nada dura para sempre. Não podemos fazer deste mundo o nosso lar. Ele é uma hospedaria, um pernoite; pela manhã você vai partir. Mas existe uma coisa que existirá para sempre e que é permanente: a sua observação, o seu testemunhar. Todo o resto acaba, todo o resto vem e vai embora; só o testemunho permanece.

A testemunha é tudo o que existe. Seja só uma testemunha e não se identifique. Não seja mãe; do contrário você se identifica. Seja só uma testemunha, um observador silencioso. Esse ato de observar ajudará você tremendamente. É a única chave que abre a porta dos mistérios. Não que ele solucione alguma coisa; ele só torna você capaz de viver o mistério e de vivê-lo plenamente.

Desde a morte da avó, a minha filha me pergunta sobre a morte. Ela quer saber para onde tudo vai quando morre.

Isso é muito bom... Todas as crianças se interessam pela morte; é uma curiosidade natural. Mas não dê uma resposta, porque todas as respostas são falsas. Então nunca dê uma resposta. Diga só que você não sabe; que nós morreremos e descobriremos. E deixe que haja um entendimento tácito sobre todas aquelas coisas para as quais você não sabe a resposta.

Se a criança pergunta algo que você não sabe, aceite a sua ignorância. Nunca sinta que a aceitação dessa ignorância possa ser prejudicial; ela nunca é. Os pais sempre acham que aceitar a própria ignorância será prejudicial; como ficará a imagem deles diante do filho? Mas, na verdade, acontece justamente o contrário. Mais cedo ou mais tarde, a criança vai descobrir que você nunca soube e mesmo assim você respondeu, como se soubesse. E, no dia em que reconhecer isso, a criança se sentirá enganada e perderá todo o respeito por você. Mais cedo ou mais tarde, as crianças acabam descobrindo que os pais são tão ignorantes quanto qualquer pessoa, tão impotentes quanto qualquer pessoa, estão tateando no escuro como qualquer pessoa, mas eles fingiram e esse fingimento é muito destrutivo. Então, sempre que houver alguma coisa que você não saiba, diga, "Eu não sei. Estou tentando descobrir".

A morte é uma daquelas coisas das quais não podemos dizer nada, a não ser que vamos voltar para casa, vamos voltar para o mesmo lugar de onde viemos. Nós também não sabemos. Viemos todos da mesma fonte desconhecida e voltaremos para ela.

A morte é a conclusão de um ciclo.

Mas as duas extremidades — o começo e o fim — estão ocultas em mistério.

É assim como se um pássaro entrasse num cômodo pela janela, voejasse por ali durante alguns segundos e saísse pela outra janela. Só vemos o pássaro quando ele está dentro do cômodo. Não sabemos de onde ele vem e nem para onde ele vai. Tudo o que conhecemos é esse curto espaço de tempo, esse intervalo; não sabemos de onde ele vem nem para onde vai.

A vida toda é assim. Vemos uma criança nascer; o pássaro entrou — de onde ele veio ninguém sabe. Então um dia a pessoa morre; o pássaro se vai. E a vida é só o que existe entre o nascimento e a morte... uma breve passagem.

Faça com que a criança fique consciente desse mistério. Em vez de lhe dar uma resposta, é melhor torná-la consciente do mistério que nos cerca, para que ela comece a sentir cada vez mais assombro e se maravilhe cada vez mais. Em vez de lhe dar uma resposta pronta, é melhor criar um questionamento. Ajude a criança a ficar mais curiosa, ajude-a a querer investigar. Em vez de dar uma resposta, faça com que a criança faça mais perguntas. Se o coração dela começar a indagar, já é suficiente; é isso o que todos os pais podem fazer pelos filhos. Assim a criança buscará as suas próprias respostas por conta própria.

Nunca dê respostas. Essa pode ser uma das coisas mais perigosas que o homem praticou ao longo das eras e a maior das calamidades. Somos muito arrogantes quando damos respostas; perdemos toda a humildade. Esquecemos que a vida continua desconhecida, um enigma. Nós a vivemos e, mesmo assim, ela continua desconhecida; estamos vivendo e, mesmo assim, ela continua desconhecida. Seu caráter insondável continua igual — intacto. O homem progrediu em conhecimento; todos os dias esse conhecimento aumenta muito; milhares de pesquisas continuam sendo feitas, aumentando o conhecimento humano; milhares de livros são escritos. Mas o fundamental ainda continua igual.

Diante do fundamental, somos humildes e impotentes.

Então ajude o seu filho a sentir cada vez mais o mistério.

EPÍLOGO

1. UM FLOCO DE NEVE SE DESMANCHANDO NO AR

O mestre zen Bassui escreveu a seguinte carta para um dos seus discípulos, que estava à beira da morte:

"A essência da sua mente não nasceu, então ela nunca morrerá. Ela não é uma existência, que é perecível. Não é um vazio, que é mero vácuo. Não tem cor nem forma. Ela não usufrui nenhum prazer nem sofre nenhuma dor.

"Eu sei que você está muito doente. Na condição de aluno zen, você está enfrentando essa doença de frente. Você pode não saber exatamente o que está passando, mas questione-se: qual é a essência dessa mente? Pense apenas nisso. De mais nada você precisará. Não tenha nenhuma ambição. O seu fim, que é infinito, é um floco de neve se desmanchando no ar."

A morte não é uma inimiga. Ela assim parece porque nós nos apegamos demais à vida. O medo da morte surge desse apego. E por causa dele não conseguimos saber o que é a morte. Não apenas o que é a morte, mas também o que é a vida.

O homem que não conseguir conhecer a morte, também não conseguirá conhecer a vida, pois no fundo elas são dois galhos da mesma árvore. Se você tem medo da morte, você basicamente persistirá, pois é a vida que traz a morte. É vivendo que você um dia vai morrer.

Você gostaria de ficar congelado, de modo que não pudesse fluir e a morte não pudesse acontecer. Você gostaria de ficar parado num certo ponto do caminho, para nunca chegar ao mar e desaparecer.

O homem que tem medo da morte se apega demais à vida; mas a ironia é que, mesmo apegando-se demais à vida, ele não consegue enxergar o que a vida é. Seu apego à vida vira uma barreira para que ele a entenda. Ele não consegue entender a morte, nem consegue entender a vida; ele continua vivendo num profundo mal-entendido, numa grande ignorância.

Portanto, essa é uma das coisas mais fundamentais para se ver: a morte não é uma inimiga. Ela não pode ser. Na verdade, não existe inimigo nenhum. Toda a existência é uma coisa só. Tudo é amigável. Tudo é seu, pertence a você e você também pertence a tudo. Você não é um estranho aqui.

A existência lhe deu a vida; a existência foi sua mãe. Então, quando morre, você simplesmente volta para a fonte original a fim de descansar e nascer outra vez.

A morte é como um descanso. A vida é atividade; a morte é descanso. E, sem descanso, a atividade não é possível. A vida é como o dia e a morte é como a noite. E, sem a noite, o dia não pode existir. É a noite que prepara você para o dia, é a noite que rejuvenesce você, que lhe restitui a energia. Você cai em sono profundo assim como a morte levará você.

Toda noite você vive a morte — uma pequena morte —, por isso de manhã se sente tão vivo. Infelizes são aqueles que não morrem todas as noites. Pela manhã, eles estão mais cansados do que estavam quando foram para a cama. Eles ficam sonhando, ainda se apegam à vida em seus sonhos. Eles não vivem uma entrega. Não deixam que a morte tome conta deles, corrija muitas coisas e proporcione descanso, relaxamento, novas energias. Essas pessoas são desventuradas. As pessoas de sorte são aquelas que caem num sono profundo, um sono sem sonhos. Pela manhã, elas estão vivas outra vez, prontas para enfrentar a vida e suas múltiplas formas, cheias de alegria, cheias de resposta, prontas para enfrentar qualquer desafio que a vida apresente.

A morte é como a noite. A vida é yang e a morte é yin. A vida é masculina e a morte é feminina. A vida é agressão, ambição — um grande esforço para conquistar muitas coisas. E a morte é o relaxamento de todas as agressões — uma jornada interior. Um relaxamento para dentro de si mesmo. O pessoal do zen chama isso de "refúgio de descanso".

A vida é uma aventura; você se afasta de si mesmo, fica cada vez mais distante. Quanto mais distante você está, mais infeliz se sente. Você sai em busca da felicidade, mas quanto mais busca mais se distancia dela. E você pode ver isso na sua própria vida. Isso não é uma filosofia, é uma simples constatação. Todo mundo está em busca da felicidade. Mas, quanto mais longe você vai, mais infeliz se sente.

A vida é uma busca pela felicidade — mas traz infelicidade. Um dia você fica farto, cansado, aborrecido. A aventura perde a graça. Você relaxa em si mesmo, você volta. Quanto mais perto chega de si mesmo, mais feliz você fica. Quanto mais esquece a felicidade, mais feliz fica. No dia em que parar de buscar a felicidade, você fica feliz.

A vida é uma promessa de felicidade, mas só uma promessa. Ela nunca cumpre o que promete. A morte cumpre. Por isso eu repito: a morte não é uma inimiga. A morte é a sua casa, para onde você vai voltar depois de muitas jornadas — cansado, frustrado, exausto — em busca de abrigo, de descanso, para recuperar a sua vitalidade perdida. Isso é uma coisa.

A outra coisa é: a vida e a morte não estão tão separadas como você pensa. Você acha que a vida foi algo que começou quando você nasceu e que a morte acontecerá no dia em que você morrer. Portanto, entre elas há um intervalo de setenta, oitenta, cem anos. Não é assim. O nascimento e a morte andam juntas durante a sua vida inteira. No momento em que começa a respirar, você começa a morrer também. Em *todos* os momentos, existe vida e existe morte — as duas rodas da mesma carroça. Elas andam juntas. São simultâneas. Você não pode separá-las desse modo — setenta anos é um período muito grande. Você não pode separá-las tanto — elas estão presentes a todo instante. A todo momento algo está nascendo em você e algo está morrendo.

O morrer e o viver andam juntos. No período de setenta anos, você dá um fim a esse morrer e viver. Você está cansado do jogo. Quer ir para casa. Você brincou com castelos de areia. Você brigou, travou batalhas por causa desses seus castelos de areia: este é meu e aquele é seu e agora chega! A noite chegou, o sol se pôs e você quer ir para casa. Depois de setenta anos, você entra num profundo repouso. Mas o morrer e o viver continuam juntos. Se enxergar isso por esse ângulo, você conseguirá um grande discernimento. A todo momento, ambos estão presentes.

Então não há por que ter medo. A morte não vai acontecer em algum momento no futuro. O futuro cria problemas. Ela vai acontecer em algum momento no futuro — como se proteger? Como criar uma Grande Muralha da China para se proteger dela? Que providências devem ser tomadas para que ela não aconteça ou para que pelo menos demore um pouco mais.

Mas ela já está acontecendo! Não é uma questão do futuro. Ela já estava acontecendo desde que você chegou aqui. Você não pode adiá-la, não pode fazer nada a respeito! Não existe nenhuma forma de fazer algo a respeito. Ela é o próprio processo da vida — morrer é parte do próprio processo da vida.

Por exemplo, ela chega de modo muito claro e pronunciado quando você faz amor. Naturalmente, porque o amor dá a você uma sensação de vida. Mas você já observou? Depois de cada ato de amor, você fica deprimido. Relaxado, silencioso, mas também com uma espécie de frustração. No auge do amor você está também no auge da vida e, então, de repente, você resvala para a morte. Cada ato de amor leva a vida ao apogeu e, naturalmente, dá a você um vislumbre do abismo da morte que a circunda. O vale da morte é muito claro quando o auge da vida é muito elevado.

A partir dessa experiência, duas culturas surgiram neste mundo. Uma é contra o sexo e a outra é contra a morte.

A cultura contra o sexo dá mais ênfase à frustração que acompanha o ato sexual. Ela está mais concentrada no vale. Ela diz, "Olhe, não se atinge nada, só frustração. Era tudo ilusão; esse auge, esse orgasmo, era só ilusório, momentâneo. Veja o que realmente acontece no fim — só frustração. Mais uma vez você se estatela no chão. Então tudo não passava de um tipo de ilusão que você criou, mas essa é a realidade".

Depois de cada ato sexual, todo mundo começa a pensar em celibato, em como sair dessa roda miserável, como sair desse círculo vicioso. A idéia do celibato e do *Brahmacharya* surgiram por causa dessa segunda parte. Ela existe! As pessoas que são contra o sexo só vêem essa parte. As pessoas que são contra a morte não a vêem. As pessoas que são contra a morte, elas só vêem o cume, elas não vêem o vale. O vale existe, mas elas só escolheram o cume.

Mas, veja, existe um corolário para isso. Se você só vir o cume, o ápice, você também terá muito medo da morte, pois não terá passado por nenhuma experiência dela. Então a morte sempre será desconhecida. Só quando você morrer, cruzará com ela. Nesse momento ela será excessiva, será nova demais e desconhecida demais; será um choque muito grande para você.

Portanto, as pessoas que são contra a morte e que só vêem o ápice da vida, o pico orgásmico do ato sexual, evitarão o vale, não olharão para ele. Então, um dia, o vale afinal aparece. Elas ficam com muito medo. Por isso, no Ocidente, onde o sexo ficou mais livre e as pessoas são menos contra o sexo, elas são mais contra a morte. Elas brigam contra a morte. De algum modo é preciso acabar com ela.

No Oriente, as pessoas são contra o sexo. Elas só olham para o vale. Não olham para o cume; dizem que o cume é só uma ilusão. Como elas olham para o vale, tendem cada vez mais para a morte, ficam prontas para morrer. Na verdade, ficam esperando morrer, na expectativa de morrer, desejando morrer, sonhando em morrer. No Oriente, o maior ideal é aprender a morrer de modo tão definitivo que você nunca mais volte a nascer. Essa é a morte definitiva.

No Ocidente, a idéia é criar uma situação em que você não morra nunca, em que você continue vivendo — para sempre. As duas atitudes são desequilibradas. Ambas criam uma espécie de desequilíbrio em você e esse desequilíbrio é a desgraça do homem.

O homem de verdade, autêntico, enfrentará tudo; ele não escolherá. Não dirá, "Eu só verei o vale e esquecerei o cume" ou "Eu só verei o cume e manterei o vale no esquecimento". Esse homem verá a ambos assim como são. Ele não fará uma escolha.

Não escolher é zen. Zen é ver as coisas como elas são na totalidade — bom e ruim, céu e inferno, vida e morte, dia e noite, verão e inverno — ver como elas são. O Zen não é uma filosofia do tipo "ou isso ou aquilo". Ele não dá a você uma escolha porque ele diz, "Se você escolher, sempre terá medo daquilo que não escolheu".

Perceba, se escolher algo, você vai ficar constantemente acuado pelo que não escolheu, pois o que foi preterido é rejeitado, é reprimido. O que é preterido quer revanche. Está se preparando — um dia, num momento de fraqueza, explodirá violentamente.

Portanto, a pessoa que é contra o sexo fica sempre com medo da revanche do sexo — ele pode explodir a qualquer momento. E aquela que tem medo da morte, que é contra a morte, naturalmente tem pavor de que a morte esteja chegando. Ela sabe, existe um entendimento tácito. Se você vê isso ou não, pouco importa. O fato de não ver não fará com que a morte acabe. Ela existe. Você sabe que ela existe e que está chegando. E está ficando mais próxima a cada momento que passa.

A pessoa que é contra o sexo terá medo de que a sexualidade irrompa a qualquer momento em sua consciência. E a pessoa que é contra a morte terá medo de que ela esteja se aproximando a cada dia, tomando posse dela e destruindo sua vida.

Os dois tipos de pessoas são dominados pelo medo; os dois tipos vivem num estado belicoso, continuamente em conflito. Eles nunca conquistam uma tranqüilidade serena, um equilíbrio. O equilíbrio acontece quando você não escolhe, quando vê o fato como ele é. A vida não é uma questão do tipo "ou isto ou aquilo", não há o que escolher. Tudo vem junto. A sua escolha não muda nada. Ela só leva você para uma espécie de ignorância. Aquilo que você escolhe é uma parte da realidade e aquilo que não escolhe também é. A parte que não escolheu da realidade continuará perseguindo você, esperando para ser aceita. Ela não pode desaparecer,

EPÍLOGO

não há como fazê-la desaparecer. Se você amar demais a vida e não quiser aceitar o fato da morte... a morte fica ali à espreita, como uma sombra.

O Zen diz: Veja ambas — elas são uma só coisa, elas estão juntas. Vendo-as juntas, sem escolha, sem preconceito, você as transcende. Vendo-as juntas, você não fica mais identificado com a vida nem fica identificado com a morte. Quando não está identificado, você está livre, está liberto.

A identificação é o que aprisiona. Que isso fique bem claro, pois é a causa básica de toda a infelicidade, de toda escravidão.

Identificação — essa palavra é muito significativa. Ela significa que você se identificou com uma parte. Você se juntou a uma parte da vida e começou a achar que essa parte é o todo. Não há nada errado com a parte em si, mas uma parte é uma parte; ela não é o todo. Quando você começa a achar que a parte é o todo, surge a parcialidade. Quando você começa a afirmar que a parte é o todo, você fica cego para o todo. Você fica em conflito com a realidade.

E você não pode brigar contra a realidade, lembre-se. Você não pode vencer a realidade. É impossível. Isso não acontece, não pode acontecer. Você só pode vencer *com* a realidade, nunca vencer a realidade. A vitória acontece com a realidade. É por isso que todos os grandes mestres sempre colocaram tanta ênfase na entrega. Entregar significa ficar com a realidade. Aí a vitória é certa — porque a realidade *vai* vencer. É sempre a realidade que vence. Se você estiver com ela, você será um vencedor; se estiver contra ela, vai ser um perdedor. E nós somos todos perdedores, estamos sempre brigando.

Escolhemos uma pequena parte e afirmamos que ela é o todo. Escolhemos a vida, tiramos a vida do seu contexto básico — a morte — e dizemos, "Esse sou eu. Eu sou a vida". Agora você só vai arrumar confusão. Você ficará aprisionado nessa identificação. Como lidará com a morte agora? E ela existe, está acontecendo a todo momento e vai pegá-lo desprevenido um dia desses.

Você se identificou com o corpo, "Eu sou o corpo", então está encrencado. Você se identificou com a mente, "Eu sou a mente", então está encrencado. Identificar-se é arranjar encrenca. A identificação é a matéria de que é feita a ignorância. Depois que deixa a identificação de lado, depois que começa a não se identificar com mais nada, você vira simplesmente uma testemunha — não fica dizendo, "Este sou eu" ou "Aquilo sou eu". Você vira simplesmente uma testemunha. Você vê a vida enquanto ela passa, vê a morte enquanto ela passa, vê o sexo enquanto ele passa, vê a frustração, a alegria, o sucesso, o fracasso. Você só observa; continua sendo um mero observador. Você não se prende a nada; não afirma "Eu sou isto". *Sem* afirmar, quem é você? Sem se confinar e sem definir você, sem dar uma limitação a si mesmo, se você consegue continuar fluindo, só olhando, existe uma libertação. Uma grande libertação.

A pessoa não-identificada é livre. Identificada, ela está encarcerada.

O Zen diz: Não se identifique com nada, seja o que for. Assim, a transcendência acontece naturalmente. Você vê a infelicidade e continua observando. Vê a infelicidade surgindo, engolfando você, envolvendo-o como uma fumaça escura, mas você continua observando. Você a vê, não a julga. Não diz, "Isto sou eu" ou "Isto não sou eu". Você não diz nada, continua sem julgar. Você simplesmente vê que o fato é esse, que a infelicidade existe.

Então, assim como um dia apareceu, um dia ela começa a desaparecer. As nuvens tinham se acumulado e agora estão desaparecendo e o sol brilha e há felicidade. Você não se identifica com isso também. Você só vê que o sol voltou, que as nuvens desapareceram. Não diz, "Este sou eu"; nem diz, "Este não sou eu". Você não faz *nenhum* tipo de afirmação sobre si mesmo. Simplesmente continua a observar.

Muitas vezes acontecerá — a infelicidade virá, a felicidade também — muitas vezes você terá sucesso, muitas vezes fracassará. Muitas vezes ficará deprimido e muitas vezes se sentirá muito bem. Observando toda essa dualidade, pouco a pouco, você perceberá que está além de todas as dualidades.

E vida e morte — é uma dualidade. Mente e corpo — é uma dualidade. Mundo e Nirvana — essa é uma dualidade. Todos esses são dualidades. Se você conseguir ver através delas, se conseguir ver com clareza, e não escolher, você tem algo de transcendental — a testemunha. Essa testemunha nunca nasce e nunca morre.

EPÍLOGO

A morte e a vida entram no campo de visão da testemunha, mas ela é eterna. Já existia antes de você nascer e existirá quando você já tiver partido. Você já veio para este mundo milhões de vezes e ainda pode vir outras vezes, mas mesmo assim nunca veio de fato. O mundo aparece em você assim como um reflexo aparece no espelho. Nada, na verdade, acontece ao espelho. Ou você acha que algo acontece ao espelho?

Você está diante do espelho e ele reflete o seu rosto. Você acha que algo acontece ao espelho? Nada acontece. Você vai embora, o espelho fica vazio. Outra pessoa fica diante do espelho, ele reflete o rosto dela — seja feia ou bonita —, o espelho não tem escolha, ele não faz escolhas. Você traz uma linda rosa, ele a reflete; você traz um espinho pontiagudo, ele o reflete. Você traz um rosto bonito, ele o reflete; traz um rosto feio, ele o reflete. Ele não tem escolha. Ele não diz, "Isto não é bom então eu não vou refletir" ou "Isto é bom então vou me apegar a isso. Por favor, não vá embora. Fique. Eu sou você, você sou eu". Não, o espelho simplesmente reflete.

Esse caráter de espelho é o que eu chamo de testemunho. E isso porque o espelho permanece livre de todas as impressões. Ele reflete, mas nenhuma impressão se acumula nele. Esse é o estado de consciência. É disso que se trata a meditação.

Observe, veja, fique alerta, mas não escolha. E não se identifique com nenhuma parte. A parte não é o todo. A parte é a parte e, mais cedo ou mais tarde, a parte passará, porque ela não pode ficar por muito tempo. E, quando ela passar, você ficará infeliz, pois não estará disposto a deixá-la; você se apegará a ela, pois se identificou com ela. Mas ela terá de passar, e você ficará infeliz e chorará, se lamentará — mas isso é criação sua. Se você tivesse ficado como o espelho não haveria problema. Não importa o que acontecesse, tudo ficaria bem. Você continuaria imperturbável e tranqüilo.

Esse é o cerne de todas as religiões. Não é uma questão de prática, não é uma questão de aprender conceitos, dogmas. Não é uma questão de entoar sutras. É uma questão de discernimento! E esse discernimento está ao seu alcance. Não é preciso recorrer a ninguém para ter discernimento. Você sempre o teve consigo. Desde o começo. Ele existe, o espelho existe. Basta começar a usá-lo.

Tente algumas vezes e você ficará surpreso! A mesma coisa que perturbava você no passado, deixa de perturbar. Alguém insulta você — você simplesmente observa, não se identifica com aquilo. Não diz, "Ele me insultou!" Como alguém pode insultar *você*? Você mesmo não sabe quem você é, como alguém pode saber? A pessoa não pode insultar você. Ela pode ter insultado alguma imagem que ela tem de você, mas não você. Ela pode ter alguma idéia a seu respeito e essa idéia ela está insultando. Como ela pode insultar *você*? Ela não pode nem sequer ver você.

Se você continuar alerta e atento, ficará surpreso — o insulto é feito, mas não afeta você, não o perturba. A calma é radiante. Nenhuma vibração, nenhuma onda, nem mesmo uma marola surge dentro de você. E você se sentirá extremamente feliz quando conhecer essa qualidade de espelho. Então você ficará integrado.

Aí, alguém vem e elogia você. Tente novamente. Fique atento. Não pense que essa pessoa está elogiando você. Ela pode estar elogiando alguém que ela pensa que você é. Pode estar elogiando você por motivos anteriores que ela mesma tenha. Eles não tem nada a ver com você. Você simplesmente vê o fato: "Esta pessoa está me elogiando". Mas continua como um espelho. Não acredita piamente no elogio! Não se apegue ao elogio! Se você acreditar nele ficará em apuros. O ego vai crescer — com a identificação, surge o ego.

E depois você vai ficar esperando que todo mundo elogie você assim como aquela pessoa. Mas ninguém vai elogiá-lo da mesma forma. Aí você vai ficar magoado e infeliz. E amanhã essa pessoa pode não elogiá-lo outra vez. Pode já não haver motivo. Ou amanhã ela pode começar a achar que estava errado ou pode querer se vingar de você. Sempre que alguém elogia você, pode contar que essa pessoa acabará por insultá-lo também — porque ela tem de se vingar, tem de pôr tudo em pratos limpos.

Surge o desequilíbrio. Quando uma pessoa elogia você, ela na verdade não se sente bem; o elogio a magoa. Ela tem de lhe mostrar que você está acima dela, isso dói. Ela pode não deixar transparecer no momento, mas vai ficar magoada, ressentida. E, algum dia, se surgir a oportunidade, ela mostrará a você quem você é; ela o colocará no seu devido lugar. Então você ficará muito ressentido. Essa pessoa o elogiara tanto e agora magoa você. Mas ela não fez nada. Foi você; você que se apegou à idéia que ela colocou na sua cabeça.

O que leva uma pessoa a se aproximar, pouco a pouco, da iluminação é o fato de não se identificar com nada, de observar, manter essa qualidade de espelho.

Rinzai estava dando uma palestra, em certa ocasião, sobre o "Homem Verdadeiro Sem Títulos". É isso o que eu quero dizer quando me refiro à qualidade de espelho — "O Homem Verdadeiro Sem Títulos". Existe dentro de você um Homem Verdadeiro Sem Títulos. Ele não é nem homem nem mulher, nem hindu nem muçulmano, nem bom nem mau — ele não tem títulos —, nem culto nem inculto, nem oriental nem ocidental, ele não tem títulos — nem é santo nem é pecador, ele não tem títulos. E esse é o verdadeiro homem dentro de você.

Um monge, perplexo, procurou Rinzai e perguntou, "Quem é o Homem Verdadeiro Sem Títulos?" Rinzai agarrou-o pelo pescoço e gritou, "Fale! Fale!" O monge ficou tão aturdido que não conseguiu dizer nada. Rinzai largou-o e exclamou, "Que coisa mais inútil é esse Homem Verdadeiro Sem Títulos!"

O que Rinzai fez foi criar uma situação. O homem perguntou, "Quem é o Homem Verdadeiro Sem Títulos?" Rinzai agarrou-o pelo pescoço e gritou, "Fale! Fale!" Ele chocou o homem. Nesse choque, todos os títulos caem por terra. Nesse choque, ele não é ninguém, simplesmente ninguém, um espelho. Nesse choque, a mente pára de funcionar. Nesse choque, o homem fica simplesmente aturdido. Rinzai criou uma situação para que ele pudesse olhar esse homem verdadeiro sem títulos, essa qualidade de espelho.

Mas o homem não aproveitou a oportunidade, ele começou a pensar em como responder. "O que o meu Mestre está fazendo comigo? É isso o que se deve fazer com alguém que faz uma pergunta?" Ele deve ter tido pensamentos como esses. Ele não entendeu o espírito da coisa. É por isso que Rinzai exclamou, "Que coisa mais inútil é esse Homem Verdadeiro Sem Títulos!"

No momento em que o seu espelho começa a se apegar a algo, você vira um inútil. No momento em que ele é coberto e se apega a alguma coisa, acumula pó, você vira um inútil. No momento em que o espelho deixa de acumular pó, você passa a ter um imenso valor, você é um deus. A única diferença entre um Buda e você é esta: o seu espelho acumulou muito pó e o espelho do Buda está completamente livre de pó. Os seus pensamentos nada mais são do que pó.

Mas às vezes você dá um grande valor ao pó. Você diz, "Este pó é de ouro, não é um pó comum. É puro ouro! Eu tenho de mantê-lo. Não posso deixar que ninguém o roube de mim; ele é muito valioso".

É assim que você se apega à vida. Você acha que o pó é muito valioso. E, por ter-se apegado, você acha que a morte é sua inimiga, que ela vai roubá-lo. A morte está chegando e roubará de você *todo* o seu ouro, todas as pedras preciosas que você carregou esse tempo todo. Ela tirará todo o pó do seu espelho — e esse pó é o que você considera a sua *vida inteira*. Por isso você tem medo.

Se você visse o principal, a morte seria sua amiga. Na verdade, muito mais amiga do que a própria vida. Por que eu digo isso?

Digo isso porque, ao longo da vida, você ficou apegado, acumulou pó. A morte leva embora todos os seus apegos e todo o pó. Se você conseguisse ver o principal, sentiria uma imensa gratidão pela morte. O que você não consegue fazer, a morte faz por você. É por isso que, se você conseguir fazer, não existe morte para você; a morte deixa de ser necessária. Se um homem puder limpar a sua consciência por meio da meditação, ele nunca morrerá.

Eu não estou dizendo que o corpo dele não morrerá — isso é uma coisa natural. Mas ele nunca cruzará com a morte. A morte acontece apenas ao pó que se acumula no espelho. O espelho nunca morre! O espelho em si é imortal. O testemunho é um processo imortal, é eterno. O viajante continua; só suas vestes ficam rotas e puídas e têm de ser trocadas. O viajante continua; só que o pó se acumulou em seu corpo e ele precisa tomar um banho.

Mas, se você começar a achar que o pó é você, você não tomará banho. Existem pessoas que têm muito medo de tomar banho — como se elas fossem perder algo, algo de valor. Existem pessoas que têm medo de meditar, porque a meditação é um banho. Ela tira todos os pensamentos absurdos que você acumulou — todo o lixo que você costuma carregar na cabeça. E a sua cabeça está sofrendo, está muito pesada e você está infeliz, mas você continua carregando o lixo com a idéia de que ele é muito valioso.

A morte é uma grande amiga; ela tira de cima de você todos os fardos. Alivia você de tudo o que se acumulou. Depois que você deixa que esse alívio aconteça voluntariamente, a morte se torna o *samadhi*. Se você não deixa que ele aconteça voluntariamente, então a morte não é um *samadhi*, ela é dor. Agora veja o mais importante. A mesma coisa pode ser uma dor absoluta ou uma alegria absoluta. Depende da sua interpretação, de como você vê as coisas, de como encara uma certa experiência e de quanto você mergulha nela.

Se você é muito obstinado e possessivo, então a morte será muito dolorosa e será uma grande angústia. Você sofrerá. Você não sofrerá por causa da morte; sofrerá por causa da sua obstinação, por causa da sua possessividade, por causa dos seus apegos, por causa da sua ganância e tudo o mais. Mas, se você não é obstinado, se não é muito possessivo, se não é ganancioso, se não é egoísta, se não é agressivo, a morte de repente muda de figura. Ela vem como uma brisa fresca de existência. Ela vem e purifica você. Ela lhe proporciona um descanso muito necessário. Ela purifica você. Leva você para a fonte eterna de onde você surgirá novamente. Se for até ela voluntariamente, você nascerá numa forma melhor, pois aprendeu algo com a forma anterior. Se não for até ela voluntariamente, não será por isso que a morte deixará de jogá-lo na fornalha e de queimá-lo contra a sua vontade, e você terá de voltar novamente na mesma forma, pois não terá aprendido nada.

O aluno que não aprendeu nada tem de repetir de ano até aprender. Um Buda é uma pessoa que aprendeu *todas* as possibilidades de todas as formas. Ele foi uma rocha e aprendeu. Foi uma árvore e aprendeu. Foi um tigre e aprendeu. Foi um homem e uma mulher e aprendeu. Foi um deus e aprendeu. E continuou aprendendo, aprendendo, aprendendo... E um dia ele concluiu com todas as formas. Passou por todas — observando, ficando alerta sem escolher, mantendo o espelho brilhante, desanuviado, ele passou por todas as formas. E agora chegou num ponto em que não é mais necessário aprender. Ele aprendeu a lição. Então ele desaparece. A morte torna-se o nirvana. Ele se dissipa por toda a existência e torna-se uma fragrância. Então ele toma a forma cósmica. Pequenas formas já não são mais necessárias. Ele aprendeu tudo o que havia para aprender com elas. Tudo o que estava contido nessas pequenas formas ele decodificou. Ele cresceu. Agora não precisa mais voltar para a escola. Ele se tornou parte do todo. Espalhou-se pelo todo. Agora ele é uma canção no coração da mente cósmica, uma bênção, uma paz. Ele não virá mais, de onde está não há mais retorno.

Esse é o aprendizado definitivo. Mas a pessoa tem de passar por todas as formas. E a morte traz uma grande lição, muito maior do que a vida. A morte traz uma possibilidade muito intensa de entender, porque a vida é um grande leque — a morte chega de um modo extremamente potencial num momento muito breve. Num único instante, ela abala você. Se não está alerta, você deixa de captar o momento, o momento é minúsculo. Se você está alerta, então esse momento torna-se, ele mesmo, uma porta para o divino.

Quando você deixa de ficar apegado à morte, deixa de ter medo da morte, a morte passa a ser um jogo, uma brincadeira.

Ouça esta bela história:

Quase cego aos noventa e seis anos e sem conseguir ensinar ou trabalhar mais no mosteiro, o mestre zen Yamamoto decidiu que era hora de morrer, então ele parou de se alimentar. Quando seus monges lhe perguntaram por que ele se recusava a comer, o mestre disse que não era mais útil e que se tornara um fardo para todos.

EPÍLOGO

Com noventa e seis anos... já bastava. E o ancião achava que chegara a hora de morrer, então parara de se alimentar. A morte é simplesmente um descanso. É hora de descansar. Ele começou a se preparar para se aposentar. Essa é a compreensão que se deve ter.

Os discípulos disseram ao mestre, "Se morrer agora" — era janeiro e estava muito frio — "numa época tão fria, todo mundo passará frio no funeral e você será um incômodo ainda maior para todo mundo, por isso, coma!"

Eles eram pessoas e tanto, hem? A razão que eles deram era: "Por favor, pense no frio. Você estará à beira da morte, é janeiro e está muito frio, e você será um aborrecimento ainda maior para todos. Teremos de ir ao seu funeral... então comece a comer".

Isso só pode acontecer num mosteiro zen com um mestre zen e discípulos zen. Ninguém está preocupado com a morte. A morte é normal. O mestre está pronto para morrer, mas leva em conta os discípulos. Esses discípulos estão muito próximos da iluminação. Eles dizem, "Pare com essa bobagem! Agora não é o momento certo. Por que vai criar problema para nós? Sim, você é uma amolação — noventa e seis anos —, mas será ainda mais se morrer no meio de janeiro. Faça o favor de comer!"

Então o ancião deu risada e continuou a comer, mas, quando o tempo esquentou, ele parou novamente de se alimentar e em pouco tempo tombou e morreu.

A morte também é um jogo, algo com que brincar. Assim você não fica com medo. Não há nada que temer. Você nem a leva a sério. Olha para ela e vê que ela não tem nada de sério. Você pode imaginar algo assim acontecendo no Ocidente? Impossível! Só pode acontecer no Oriente, onde as pessoas aceitam tanto a vida quanto a morte assim como elas são.

E isso só pode acontecer quando você sabe que ninguém vai morrer — é por isso que eles puderam brincar com o ancião e ele deu risada. Ele não ficou ofendido. Pense só nos discípulos dizendo, "Isso será uma amolação, senhor, morrer bem no meio de janeiro. Está tão frio que seria um incômodo para todos nós ir ao funeral".

Veja o x da questão, o senso de humor da coisa — como se a vida e a morte não fossem mais do que piadas, como se o ancião fosse apenas encenar uma cena de teatro, como se não fosse de verdade!

É assim que é a morte. Simplesmente como se ele fosse encenar uma cena de teatro. "Por favor, não encene agora; quando o tempo esquentar, você poderá encenar". O ancião deu risada, não ficou ofendido. Ele deve ter se divertido muito. Essa foi uma grande sacada dos discípulos. Eles encararam a morte com senso de humor. Se você começa a falar da morte com senso de humor, isso indica que você é uma pessoa de entendimento. Pouco a pouco, você se torna o Homem Sem Títulos, o verdadeiro Homem Sem Títulos. Se encara a morte com senso de humor, você já a transcendeu. E transcender a vida e a morte é explorar a sua realidade.

Outra historinha:

Quando Tozan estava morrendo, um monge lhe disse, "Mestre, os seus quatro elementos estão em desequilíbrio, mas existirá alguém que nunca fique doente?"

"Existe", disse Tozan.

Ele estava muito doente. Todo o corpo dele estava simplesmente se desintegrando. Os quatro elementos não tinham mais coesão. Havia um tipo de distúrbio em seu corpo. Os elementos estavam tentando se libertar uns dos outros. Tozan era velho e estava à beira da morte, e os discípulos perguntaram, "Os seus quatro elementos estão em desequilíbrio, mas existirá alguém que nunca fique doente?"

"Existe", disse Tozan.

"Esse alguém olha para *você*?, perguntou o monge.

"É função minha olhar para ele", respondeu Tozan.

"E quando você mesmo olhar para ele?", perguntou o monge.

"Nesse momento eu não vejo nenhuma doença", respondeu Tozan.

Dentro de você, existem dois mundos: o mundo do nascimento e da morte e o mundo que é transcendental. Sim, o corpo pode ficar doente, no entanto, pode não haver doença nenhuma em você — se você não se apegar à doença, se não se identificar com ela, se não começar a pensar "Eu estou doente". Trata-se apenas de um tipo de hipnose. Ela é aprendida ao longo de muitas e muitas portas.

Quando você sente fome, o que diz? "Eu estou com fome." Você não, o corpo está com fome, o seu organismo. Você é só o observador, é só quem está vendo que o corpo está com fome. Então você come e fica satisfeito e então diz, "Agora eu estou satisfeito, comi bastante". Você não está satisfeito, porque não era você que estava com fome! Primeiro você viu que o seu corpo estava com fome, agora sente que ele está satisfeito, mas você é só uma testemunha. Primeiro o seu espelho refletiu a pessoa com fome diante de você e agora o seu espelho está refletindo a pessoa satisfeita diante de você. Mas o seu espelho nunca teve fome nem nunca ficou satisfeito.

Num dia você está saudável e no outro está doente — o espelho reflete! Num dia você é jovem, no outro dia você é velho. Num dia você é amoroso, no outro sente ódio. Num dia você elogia, no outro você condena. O espelho continua refletindo. A função do espelho é apenas refletir o que aparecer. Mas toda vez você se identifica.

Pare de se identificar com as coisas que estão diante de você e você perceberá que nunca fica doente, que nunca fica com fome e que nunca nasceu e nunca vai morrer. Você é a própria fonte da eternidade. Você é eterno.

Agora, a história:
Bassui escreveu a seguinte carta para um dos seus discípulos que estava à beira da morte...

Normalmente, quando escreve para alguém que está à beira da morte, você escreve coisas que consolem a pessoa — você acha que ela precisa de consolo. E todos os seus consolos são falsos; todos eles são mentirosos.

Mas, quando um mestre zen escreve uma carta para alguém que está à beira da morte e que foi seu discípulo, ele escreve simplesmente a verdade. Na realidade, se alguém está morrendo, essa é a hora de se dizer a verdade, pois pode não haver outra chance. Pelo menos deixe que a pessoa saiba a verdade antes de partir deste mundo, deixe-a ficar consciente do fato verdadeiro. Não há necessidade de consolá-la, pois as consolações não ajudam em nada.

As consolações são como canções de ninar. Sim, é bom, fazem com que as pessoas sintam um certo conforto. Elas são como tranqüilizantes. Não transformam você, só ninam você, fazem com que fique entorpecido. Elas, na realidade, deixam você confuso, enquanto a realidade continua a mesma. As suas consolações não mudam nada, nem podem mudar. Elas são brinquedinhos que se dão às crianças.

O mestre zen Bassui escreveu para um dos seus discípulos que estava à beira da morte: este é um grande momento. A morte é um grande momento. Ela deve ser aproveitada ao máximo. A morte é uma oportunidade tão grande, uma possibilidade tão criativa que a pessoa pode se iluminar por meio dela. Se você não aproveitou a vida, não deixe de aproveitar a morte. Use a porta para sondar o divino.

O mestre escreveu:

A ESSÊNCIA DA SUA MENTE NÃO NASCEU, ENTÃO ELA NUNCA MORRERÁ.

A essência da sua mente — isso é o que eu chamo de qualidade de espelho. Essa é a própria essência da mente. Por que dizemos que ela é essencial, fundamental? Porque ela persiste.

Veja... Você era uma criança. A primeira vez que abriu os olhos, você não tinha pensamentos, mas essa capacidade de ser como um espelho já existia. Não se trata de algo que alguém tenha dado a você; você nasceu com ela. Ela faz parte da sua essência, é a sua natureza. A criança abre os olhos; ela não sabe dizer que árvores são estas: se são palmeiras ou pinheiros — ela não sabe dizer. Ela não sabe nem mesmo que se trata de árvores. Não consegue nem mesmo ver que são verdes, mas verá o verdor. Não será capaz de rotulá-las como verdes ou de dizer "Isto são árvores; estas são palmeiras e aquelas são pinheiros" — não.

Mas tudo será refletido com exatidão. Não haverá nenhum idioma. A visão dela será clara. Ela não terá nenhum pó. É por isso que as crianças ficam tão entusiasmadas com coisinhas pequenas — porque todas as coisinhas pequenas são quase psicodélicas para elas. Elas não têm barreiras, seus olhos estão límpidos, o espelho está límpido. Ele reflete a realidade como ela é.

Essa capacidade — essa qualidade de espelho — não é ensinada por ninguém. Ela não é condicionada pela sociedade. O idioma será ensinado; você não nasce com ele. Se nasceu numa família japonesa, você aprenderá japonês. Se nasceu numa família francesa, aprenderá francês. Seja o que for que lhe ensinarem, você aprenderá. Mas tanto a criança japonesa quanto a francesa, quando abrem os olhos pela primeira vez, são simplesmente espelhos. O espelho japonês não é mais japonês e o francês não é mais francês. Sim, a criança japonesa virará japonesa e a francesa virará francesa e milhares de outras coisas irão se acumular — a educação, a escola, a faculdade, a universidade, a religião, a igreja e outras coisas irão se acumular.

Portanto, *tudo* o que é ensinado a você não é a sua essência. Vem de fora. Isso que você recebe de fora é emprestado, não é a sua natureza. Aquilo que veio com você, só com você, ninguém lhe ensinou — é a sua natureza essencial. É a sua alma. Descobri-la em si mesma é descobrir algo que está além do nascimento e da morte.

A ESSÊNCIA DA SUA MENTE NÃO NASCEU, diz o mestre,
ENTÃO ELA NUNCA MORRERÁ.

Só aquilo que nasce morre; só aquilo que começa acaba. Se você tem uma polaridade, terá a outra; mas se falta a primeira, não haverá a outra. Se existe algo em você que não nasceu, que já estava lá antes de você nascer, então ele também estará depois da morte.

A capacidade de ser como um espelho não tem nada a ver com ninguém, ela não foi dada por ninguém. Ela é você, o seu ser autêntico. Esse é o verdadeiro Homem sem Títulos. O espelho vai aprender muitas coisas, vai ser condicionado de várias maneiras — tudo isso será não-essencial. É por isso que eu digo que, se você é hindu, vai ficar muito apegado aos títulos. Se é indiano, mais uma vez ficará apegado aos títulos. Lembre-se do Verdadeiro Homem sem Títulos.

E trata-se do mesmo homem! Você e eu não estamos separados nessa qualidade de espelho. Trata-se de uma *única* qualidade! É nessa qualidade que consiste a consciência.

ELA NÃO É UMA EXISTÊNCIA, diz o mestre, QUE É PERECÍVEL.

Isso tem de ficar claro: ELA NÃO É UMA EXISTÊNCIA, QUE É PERECÍVEL. Ela é a própria existência!

Os existencialistas, no Ocidente, fazem uma distinção entre essas duas palavras: existente e existência. Essa distinção é valiosa, ela será útil aqui.

Nós dizemos que uma árvore existe, mas não podemos falar de Deus da mesma maneira, dizer que Deus existe. Por quê? Porque a árvore um dia esteve na não-existência e um dia voltará a estar. Então a árvore existe de um jeito diferente do que Deus existe, pois Ele nunca foi inexistente e nunca será. Podemos dizer que a árvore existe porque ela às vezes desaparece da existência.

A árvore está existindo — ela pode passar a ser inexistente. Deus não é algo existente, Ele é a própria existência. Ele não pode passar a não existir, não há como. Na verdade, dizer que Deus existe é uma redundância, porque Deus significa exatamente existir. Dizer que Deus existe não está certo. Dizer que a árvore existe está certo, dizer que a cadeira existe, que o homem existe está certo, porque eles podem desaparecer no não-existir. Mas dizer que Deus existe não está certo.

Deus SIGNIFICA "existência"! Então é redundante dizer que Deus existe. Isso é o mesmo que dizer "Existe existe" ou "Deus Deus". Não faz sentido, é uma redundância.

O mestre disse para o discípulo:

ELA NÃO É UMA EXISTÊNCIA, QUE É PERECÍVEL.

Ele quis dizer que a essência da sua mente não é algo existente. Ela não passou a existir, de modo que não pode deixar de existir. Ela é a própria existência.

Você sempre esteve aqui! E sempre estará. Você não pode ir para lugar nenhum, lembre-se. Então não fique com medo de ir para algum lugar. Não há *como* você ir e não existe nenhum *lugar* para onde ir e não existe *ninguém* para ir! Tudo simplesmente existe. Tudo existiu e sempre existirá. Este *agora* contém toda a eternidade — todo o passado e todo o futuro. Toda a existência converge para este momento, para o aqui e agora. No canto do cuco está o canto de todos os cucos — passado e futuro. No ouvir da sua voz está o ouvir da voz de todas as pessoas — passado e futuro. No falar está todo o falar de todos aqueles que tinham algo a dizer no passado e de todos aqueles que um dia terão algo a dizer no futuro.

Tudo existe... Nada sai da existência. As formas mudam, com certeza; as roupas mudam; os nomes mudam. Mas essas coisas não são o seu ser essencial. Você continua mudando de casa, continua mudando de corpo, continua mudando de mente — mas o essencial, a qualidade de espelho, o verdadeiro Homem Sem Títulos continua o mesmo. Ele não pode mudar. Ele não tem partes que possam ser mudadas, ele é imperecível.

NÃO É UM VAZIO, QUE É MERO VÁCUO.

Ouça novamente. O mestre diz, "Mas não entenda mal" — porque, quando falamos do Homem Sem Títulos ou quando falamos do caráter de espelho, você pode começar a pensar que o espelho está simplesmente vazio. O espelho não está simplesmente vazio, muito embora ele às vezes pareça estar. E você sabe que, sempre que não há ninguém diante dele, ele está vazio. Sim, vazio de forma, vazio do outro, mas não vazio de si mesmo.

Quando existe alguém olhando para o espelho, o espelho fica pleno da sua natureza de espelho, mas não vazio. Na verdade, quando alguém está diante do espelho, ele deixa de parecer tanto um espelho. Esse reflexo está obstruindo sua plenitude. Algo desconhecido, algo de fora está ali. Quando tudo se vai e nada é refletido, o espelho *não está* simplesmente vazio. Não se trata de um vazio negativo. Ele está pleno da sua própria natureza de espelho. Ele é só um espelho, um espelho perfeito — *que não está refletindo nada*, mas é um espelho perfeito.

Ou olhe para o espelho de um jeito diferente. Nossa mente está tão apegada às coisas; é por isso que olhamos para elas e depois decidimos. Uma sala está cheia de móveis e você diz, "A sala está cheia de móveis". Depois alguém tira os móveis e você diz, "A sala está vazia agora". O que isso significa?

Você está muito apegado aos móveis. Você só pensa nos móveis, nunca pensa na sala. Agora a sala está cheia dela mesma! Antes ela não estava tão cheia dela mesma — a mobília estava obstruindo seu caráter de sala. Uma sala significa espaço.

Antes havia mobília demais ali dentro; o espaço estava obstruído, ocupado. Ela não estava cheia de si mesma; algo de fora estava obstruindo-a de várias maneiras. Ela não era tão livre. Agora a mobília foi tirada e você diz que ela está vazia. Antes você dizia que ela estava cheia, agora diz que está vazia. Vazia do quê? Vazia de móveis. Mas existe um outro jeito de olhar para a sala — agora ela está cheia dela mesma, cheia de espaço. Agora ela está cheia de si mesma.

Então o mestre diz, "Não pense que estou dizendo que esse eu essencial é só um vácuo vazio, não". Antes ele estava cheio de móveis — os pensamentos, as lembranças, os desejos, identificações: eu sou o corpo, eu sou a mente, eu sou hindu, eu sou cristão, isto e aquilo. Ela está cheia de móveis, de entulho. Então um dia, quando você joga todo esse entulho fora e fica sendo apenas uma consciência que não escolhe, você pode começar a achar, ou no mínimo a interpretar mal, que agora você é só um vácuo, que não há mais nada. Na verdade, pela primeira vez a mente tem total liberdade para ser ela mesma — ela desabrochará. Essa consciência desabrochará e se tornará um lótus.

Isso é liberdade, isso é libertação. Livre de todo o lixo, livre de tudo que é alheio a ela, livre de tudo que vem de fora — os hóspedes se foram, o anfitrião está à vontade. Quando os hóspedes estavam lá o anfitrião não estava à vontade. Você sabe. Quando os hóspedes chegam, você não fica tão à vontade. O anfitrião fica aprisionado na sua própria casa. Ele não tem mais liberdade de ir e vir assim como tinha antes. Ele tem de cuidar dos hóspedes. Eles podem estar dormindo; você não pode ligar o seu alto-falante, o seu rádio, a sua TV, muito alto; você não pode ouvir música do jeito que gosta; tem de avisar as crianças para ficarem quietas — vocês têm um hóspede. Têm de se adaptar a ele.

Quando o hóspede está presente, o anfitrião passa para um plano secundário e o hóspede passa para o primeiro plano. É isso o que acontece. Abarrotados de pensamentos e desejos, os hóspedes ficaram muito importantes e o anfitrião fica quase em segundo plano, fica quase esquecido. É até esquecido. E os hóspedes estão na casa dele faz muito tempo. Eles não vão embora. Viraram moradores permanentes e o anfitrião está quase sendo expulso da própria casa.

Então, quando de repente os hóspedes vão embora, você pode sentir como se ficasse um vácuo vazio. Isso não é verdade. O Budismo, o Zen, têm sido ambos muito mal-interpretados porque eles falam de *shunyata* — vazio. *Shunyata*, vazio, é Deus para Buda. Mas a palavra gera confusão. As pessoas pensam, "Vazio? Parece muito negativo". Mas não é, ele é simplesmente uma indicação de que agora você é só você mesmo, está vazio de todo o resto, vazio do outro. Agora você está simplesmente em sintonia com o seu ser, só com você mesmo, só com a sua condição essencial de buda. Não é vazio, é pleno. É perfeito, porque é a fonte de tudo.

ELA NÃO É UM VAZIO, QUE É MERO VÁCUO. NÃO TEM COR NEM FORMA.
ELA NÃO USUFRUI NENHUM PRAZER, NEM SOFRE NENHUMA DOR.

Você acha que sofre! Você nunca sofreu! Você acha que usufrui, mas você nunca usufrui nada. Você sempre foi apenas uma testemunha. O sofrimento existiu, mas você nunca sofreu. Existiu o prazer, mas você nunca usufruiu dele. Eles foram fases que passaram, climas passageiros, nuvens que cercaram a lua e foram embora. Mas você! Você continuou em si mesmo, imperturbável, sereno. Existe um ditado zen que diz:

Eu me movimento o dia todo e não saio do lugar. Eu sou como a lua sob as ondas, que nunca deixam de se formar.

"As ondas continuam se formando. Eu me movimento o dia todo e não saio do lugar." Sim, há uma grande movimentação ao redor, mas bem no centro — no centro do ciclone — nada se move. Nenhuma dor, nenhum prazer, nenhuma felicidade, nenhuma infelicidade, nenhum céu, nenhum inferno — você nem ganha nada nem perde nada. É sempre igual! Absolutamente igual. O gosto ali continua o mesmo. Ele é eterno.

Eu me movimento o dia todo e não saio do lugar. Eu sou como a lua sob as ondas, que nunca deixam de se formar.

As ondas nunca deixam de se formar. Você já viu o reflexo da lua nas ondulações de um lago? As ondinhas continuam se formando, mas e o reflexo da lua? Você acha que o reflexo da lua também se move? Primeiro, ele não passa de um reflexo, então não pode se mover. Segundo, como as ondas podem mover uma coisa ilusória, que nunca esteve ali de verdade. Elas não podem.

Exatamente o mesmo acontece com você. Quando o prazer surge e passa, ele é uma onda e você está refletido na onda; você acha que o seu reflexo está se movendo. Ele fica distorcido, com certeza. Mas você nunca fica distorcido! A lua no céu nunca é distorcida pelas ondas que se formam abaixo. Mas você pode ver outra lua refletida no lago e pode sentir que a lua de verdade não é afetada, mas essa lua sob as ondas certamente é afetada. As ondas a carregam, espalham-na por todo o lago.

Mas como você pode espalhar um reflexo? O reflexo a princípio nem existe. Portanto, quando você vê a si mesmo sendo afetado por algo que acontece à sua volta, saiba que se trata somente de um reflexo seu nas coisas que parecem afetá-lo. Você, a lua de verdade que está no céu, continua o mesmo. Mas você esqueceu completamente quem é. Você esqueceu completamente que você está além de todas as coisas que acontecem; que nada acontece nas profundezas do seu ser, que ele fica sempre igual.

EPÍLOGO

Eu sei que você está muito doente. Na condição de aluno zen, você está enfrentando essa doença de frente.

Enfrentar a doença de frente significa não deixar de ver que você não é a doença. É isso o que significa enfrentar a doença de frente: ver que "Eu não sou a doença".

Você pode não saber exatamente o que está passando, mas questione-se...

Questione-se: quem está sofrendo? Quem está morrendo? Quem está ficando velho? Questione, continue questionando, e pouco a pouco você verá que "Aquele que está sofrendo não sou eu, aquele que está ficando velho não sou eu, aquele que vai morrer não sou eu". E, lembre-se, isso não é algo que tenha sido fornecido; essa resposta não tem de ser dada pela sua memória — porque você sabe qual ela é, você já ouviu alguém dá-la, já a leu nos *Upanishades*, já ouviu grandes mestres falando a respeito. Você não a encontrará puxando pela memória, você tem apenas de perguntar. Continue martelando a pergunta na sua cabeça, "Quem está sofrendo?" Da próxima vez que você tiver uma dor de cabeça, pergunte "Quem está sofrendo?" Da próxima vez que a sua perna ficar dormente, pergunte "Quem está ficando dormente?"

E não se preocupe em responder a pergunta, pois a resposta será mentirosa. Você pode ser muito sábio, pode dizer, "Tudo bem, eu sou a alma e este é o corpo". Mas isso será falso. Deixe que a resposta venha naturalmente. Ela *não deve* vir da memória, deve vir do seu ser. Deve ser um lampejo; não ser verbal. Deve ser uma constatação, um *satori*, um vislumbre.

Dá para perceber a diferença? Quando uma coisa vem da memória, você fica repetindo como um papagaio. Eu estou aqui dizendo que você não é a sua dor de cabeça. Amanhã você pode tentar — então, você senta-se em silêncio e se pergunta, "quem está sofrendo?" E da memória vem a resposta: "Eu não estou sofrendo, eu sou uma alma transcendental, eu sou a testemunha". Observe, isso tudo vem da memória. Não serve para nada. Jogue isso fora!

Deixe que a resposta venha na forma de um lampejo, de uma constatação, de um clarão súbito, uma clareza — e você vê: "Eu não estou sofrendo". Lembre-se, o negócio é *conseguir ver*. Não se trata de uma resposta trazida da memória; trata-se de um lampejo que vem do âmago mais profundo do seu ser. Você tem de jogar fora a rede do questionamento. E, se você continuar jogando fora a rede e não ficando com o que a sua memória falsa traz à tona, mais cedo ou mais tarde você consegue fisgar o peixe que o libertará. Ele liberta. A verdade liberta.

...QUESTIONE-SE: QUAL É A ESSÊNCIA DESSA MENTE?

Primeira pergunta: quem está sofrendo? Assim você pode ver que o sofrimento está acontecendo à sua volta, mas não em você. Ele está acontecendo muito próximo a você, mas, mesmo assim, não está no centro. Ele está acontecendo na periferia, não no centro. O centro está intacto.

Então, a primeira coisa é ver onde está o sofrimento. Desidentifique-se desse sofrimento. Essa pergunta ajudará você, como uma espada, a cortar fora a identificação.

A pergunta seguinte é: Qual é a essência dessa mente? Quem é esse que está sofrendo?

Primeira indagação: quem está sofrendo? Assim a antiga identificação com o corpo, com a doença e com a mente acaba e você tem de dar uma olhada no ponto mais íntimo do seu ser. Agora pergunte: Que mente essencial é essa?

PENSE APENAS NISSO.

E essa mensagem é para um homem à beira da morte, lembre-se. O mestre está dizendo, "Enquanto estiver morrendo, pense apenas nisso. Antes da morte, só veja uma coisa: você não está sofrendo. E depois, quando estiver passando pela morte, continue a perguntar: 'Quem é este que não está sofrendo?'" "Quem sou eu?", assim como Raman Maharshi costumava dizer: "Quem sou eu?"

Só pense nisso enquanto a morte estiver acontecendo, pois a morte levará *tudo* embora. Se essa pergunta, ao menos, puder ser levada para a morte, se essa pergunta permanecer enquanto você estiver morrendo, você conseguirá atingir o *samadhi*, conseguirá experimentar o fruto da iluminação.

PENSE APENAS NISSO. DE MAIS NADA VOCÊ PRECISARÁ.

O mestre está certo, é isso mesmo. De mais nada você precisará se conseguir fazer essas duas coisas: desidentificação da vida e de toda a vida que se acumulou à sua volta e, segundo, a pergunta "Quem sou eu?"

DE MAIS NADA VOCÊ PRECISARÁ. NÃO TENHA NENHUMA AMBIÇÃO.

Nem sequer pense em iluminação. Nem mesmo deseje a condição de Buda. Nem pense em nirvana. "Não tenha nenhuma ambição!", pois, se tiver, você perde a sua mente essencial, perde o contato com a mente cósmica. Deseje algo... e você cai. É por meio do desejo que ocorre a queda original. Então não tenha nenhum desejo.

Ele conhecia perfeitamente o seu discípulo. Ele não desejaria dinheiro, não desejaria prestígio nem poder. Nem tampouco outro nascimento ou outra vida — nada disso tinha importância. Isso termina com a primeira pergunta: desidentificar-se.

Mas havia a possibilidade de que o discípulo desejasse a condição de Buda. Ele poderia começar a pensar que nasceria num plano mais elevado da existência, na condição de Buda, de uma alma iluminada. Mas aí o desejo surgiria, entraria em cena.

Mais uma vez ele cairia da mente original. A mente original só fica intacta quando você não deseja nada. No momento em que deseja, você se afasta dela. Deixa de estar nela, então é mais uma vez pego na armadilha de novas jornadas e acaba se extraviando.

Pense apenas nisso. Qual é a essência dessa mente? De mais nada você precisará. Não tenha nenhuma ambição. O seu fim, que é infinito, é um floco de neve se desmanchando no ar.

Não há nada com que se preocupar. Você se desmanchará como um floco de neve no ar. Você não vai morrer, só vai desaparecer. Sim, você não existirá mais como uma forma individual. A forma desaparecerá no que não tem forma — o floco de neve se desmanchando no ar. Mas você estará ali e ainda mais. Quando o rio desaparece no oceano, ele não está morrendo — está se tornando o oceano, está se espalhando, ficando maior, imenso, enorme, infinito.

A morte, se você se apegar à vida, parecerá morte. Se não se apegar à vida, a morte parecerá transformação, liberdade. Você estará livre do aprisionamento da forma, você ficará sem forma. Então haverá uma grande alegria. Um homem que consegue morrer como um floco de neve se desmanchando no ar é abençoado. Há um grande êxtase, um grande silêncio e uma grande paz; alegria absoluta. Haverá celebração no próprio âmago do seu ser.

É preciso aproveitar a vida e é preciso aproveitar a morte. Tudo tem de ser aproveitado para se chegar nessa mente essencial, pois essa mente essencial é *satchidananda* — é verdade, é consciência, é bem-aventurança.

Às vezes pode parecer total loucura a pessoa ter de deixar de lado todos os apegos, até mesmo o apego à vida. Pode parecer total loucura que a pessoa tenha de transformar até a morte num caso de amor. Pode parecer loucura, mas a vida *é* uma loucura; ela é um paradoxo.

John Wheeler disse, "Estamos falando de coisas que são absolutamente loucas. Será que algo que *não seja tão* louco pode estar certo?"

O Zen está certo porque é absolutamente louco. O Zen está certo porque é absolutamente paradoxal. A vida é um paradoxo. Tudo o que é verdadeiro na vida vai ser um grande paradoxo. Sim, é preciso viver a vida e morrer a morte.

Vivendo, penetre no âmago mais profundo da vida. Morrendo, penetre no âmago mais profundo da morte. E esse âmago profundo é o mesmo para os dois — é a mente essencial.

EPÍLOGO

"Vida" não é um substantivo, lembre-se; nem "morte" é um substantivo. "Vida" e "morte" são verbos. "Existência" é um verbo, não é um substantivo. A vida é um processo, a morte é um processo. E quem está passando pelo processo? Quem está avançando nessa carroça de duas rodas? Quem é o peregrino? Quem é este que continua viajando com tantas formas diferentes? Essa mente essencial, essa não-mente, essa qualidade de espelho, esse testemunhar tem de ser encontrado em todos os caminhos e por meio de todas as possibilidades. Tudo na vida tem de ser dedicado a essa investigação, a essa busca, só assim a pessoa chega em casa. E, enquanto não chega em casa, você continua descontente. Você pode ter muito dinheiro, pode ter muito poder, mas continuará sem poder nenhum, continuará sendo um mendigo.

No dia em que você descobrir essa originalidade do seu ser, esse Homem sem Títulos, esse antiqüíssimo Eterno, nesse dia você se torna o imperador. Nesse dia *tudo* é uma bênção. Nesse dia, nada estará faltando. E nesse dia você dará uma boa risada também, pois verá que nunca faltou nada — era só você que estava emaranhado nos reflexos. Você ficou preocupado com os hóspedes e perdeu o rumo de casa. Seja o anfitrião!

SOBRE **OSHO**

Osho desafia categorizações. Suas milhares de palestras abrangem desde a busca individual por significado até os problemas sociais e políticos mais urgentes que a sociedade enfrenta hoje. Seus livros não são escritos, mas transcrições de gravações em áudio e vídeo de palestras proferidas de improviso a plateias de várias partes do mundo. Em suas próprias palavras, "Lembrem-se: nada do que eu digo é só para você... Falo também para as gerações futuras".

Osho foi descrito pelo *Sunday Times*, de Londres, como um dos "mil criadores do século XX", e pelo autor americano Tom Robbins como "o homem mais perigoso desde Jesus Cristo". O jornal *Sunday Mid-Day*, da Índia, elegeu Osho – ao lado de Buda, Gandhi e o primeiro-ministro Nehru – como uma das dez pessoas que mudaram o destino da Índia.

Sobre sua própria obra, Osho afirmou que está ajudando a criar as condições para o nascimento de um novo tipo de ser humano. Muitas vezes, ele caracterizou esse novo ser humano como "Zorba, o Buda" – capaz tanto de desfrutar os prazeres da terra, como Zorba, o Grego, como de desfrutar a silenciosa serenidade, como Gautama, o Buda.

Como um fio de ligação percorrendo todos os aspectos das palestras e meditações de Osho, há uma visão que engloba tanto a sabedoria perene de todas as eras passadas quanto o enorme potencial da ciência e da tecnologia de hoje (e de amanhã).

Osho é conhecido pela sua revolucionária contribuição à ciência da transformação interior, com uma abordagem de meditação que leva em conta o ritmo acelerado da vida contemporânea. Suas singulares meditações ativas **OSHO** têm por objetivo, antes de tudo, aliviar as tensões acumuladas no corpo e na mente, o que facilita a experiência da serenidade e do relaxamento, livre de pensamentos, na vida diária.

Dois trabalhos autobiográficos do autor estão disponíveis:

Autobiografia de um Místico Espiritualmente Incorreto, publicado por esta mesma Editora.

Glimpses of a Golden Childhood (Vislumbres de uma Infância Dourada).

OSHO INTERNATIONAL MEDITATION RESORT

Localização

Localizado a cerca de 160 quilômetros a sudeste de Mumbai, na florescente e moderna cidade de Puna, Índia, o **OSHO** International Meditation Resort é um destino de férias diferente. Estende-se por 28 acres de jardins espetaculares numa bela área residencial cercada de árvores.

OSHO Meditações

Uma agenda completa de meditações diárias para todo tipo de pessoa, segundo métodos tanto tradicionais quanto revolucionários, particularmente as Meditações Ativas **OSHO**®. As meditações acontecem no Auditório **OSHO**, sem dúvida o maior espaço de meditação do mundo.

OSHO Multiversity

Sessões individuais, cursos e *workshops* que abrangem desde artes criativas até tratamentos holísticos de saúde, transformação pessoal, relacionamentos e mudança de vida, meditação transformadora do cotidiano e do trabalho, ciências esotéricas e abordagem "Zen" aos esportes e à recreação. O segredo do sucesso da **OSHO** Multiversity reside no fato de que todos os seus programas se combinam com a meditação, amparando o conceito de que nós, como seres humanos, somos muito mais que a soma de nossas partes.

OSHO Basho Spa

O luxuoso Basho Spa oferece, para o lazer, piscina ao ar livre rodeada de árvores e plantas tropicais. Jacuzzi elegante e espaçosa, saunas, academia, quadras de tênis... tudo isso enriquecido por uma paisagem maravilhosa.

Cozinha

Vários restaurantes com deliciosos pratos ocidentais, asiáticos e indianos (vegetarianos) a maioria com itens orgânicos produzidos especialmente para o Resort **OSHO** de Meditação. Pães e bolos são assados na própria padaria do centro.

Vida noturna

Há inúmeros eventos à escolha com a dança no topo da lista! Outras atividades: meditação ao luar, sob as estrelas, shows variados, música ao vivo e meditações para a vida diária. Você pode também frequentar o Plaza Café ou gozar a tranquilidade da noite passeando pelos jardins desse ambiente de contos de fadas.

Lojas

Você pode adquirir seus produtos de primeira necessidade e toalete na Galeria. A **OSHO** Multimedia Gallery vende uma ampla variedade de produtos de mídia **OSHO**. Há também um banco, uma agência de viagens e um Cyber Café no *campus*. Para quem gosta de compras, Puna atende a todos os gostos, desde produtos tradicionais e étnicos da Índia até redes de lojas internacionais.

Acomodações

Você pode se hospedar nos quartos elegantes da **OSHO** Guesthouse ou, para estadias mais longas, no próprio *campus*, escolhendo um dos pacotes do programa **OSHO** Living-in. Há além disso, nas imediações, inúmeros hotéis e *flats*.

> http://www.osho.com/meditationresort
> http://www.osho.com/guesthouse
> http://www.osho.com/livingin

Para maiores informações: **http://www.OSHO.com**

Um *site* abrangente, disponível em vários idiomas, que disponibiliza uma revista, os livros de Osho, palestras em áudio e vídeo, **OSHO** biblioteca *on-line* e informações extensivas sobre o **OSHO** Meditação. Você também encontrará o calendário de programas da **OSHO** Multiversity e informações sobre o **OSHO** International Meditation Resort.

Websites:
> http://**OSHO**.com/AllAbout**OSHO**
> http://**OSHO**.com/Resort
> http://**OSHO**.com/Shop
> http://www.youtube.com/**OSHO**international
> http://www.Twitter.com/**OSHO**
> http://www.facebook.com/pages/**OSHO**.International

Para entrar em contato com a **OSHO International Foundation**:

> http://www.osho.com/oshointernational
> E-mail: oshointernational@oshointernational.com

Impressão e acabamento:

tel.: 25226368